本书为国家社会科学基金教育学一般项目"核心素养视阈下的中小学教师课程领导力研究"（项目编号：BHA180120）的最终研究成果

核心素养视域下的中小学教师课程领导力研究

许锋华 等◎著

科学出版社

北京

内 容 简 介

核心素养是课程改革的基石，教师是推进课程改革与培育核心素养的关键。《义务教育课程方案（2022年版）》提出，义务教育课程应"聚焦核心素养，面向未来"；联合国教科文组织指出，"协作和团队合作应成为教师工作的特征"。这些都对教师课程领导力提出了更高要求。

本书在对教师课程领导力内涵进行诠释的基础上，建构了课程领导认知力、实践力与认同力多维复合的 K-VPI 教师课程领导力理论模型，并依据此模型对中小学教师课程领导力的现状进行了实证研究，据此探索了中小学教师课程领导力提升的行动策略。研究发现，我国教师课程领导力存在结构失衡、总体水平偏低、领导意愿与自我认同匮乏、专业支持有效性不足等问题。为此，本书提出了"立足自身，夯实教师进行课程领导的意愿及能力""因校制宜，发挥学校对教师课程领导的支持作用""减负增效，优化教师参与课程领导的制度与环境"等改进对策。

本书可供师范院校、教师专业发展中心、教育行政部门人员、中小学校长、教师以及从事教师教育研究的学者参阅。

图书在版编目（CIP）数据

核心素养视域下的中小学教师课程领导力研究/许锋华等著. —北京：科学出版社，2023.6
ISBN 978-7-03-075700-5

Ⅰ.①核⋯ Ⅱ.①许⋯ Ⅲ.①课程-教学研究-中小学 Ⅳ.①G632.3

中国国家版本馆CIP数据核字（2023）第102364号

责任编辑：孙文影 冯雅萌／责任校对：张小霞
责任印制：赵 博／封面设计：润一文化

科学出版社 出版
北京东黄城根北街16号
邮政编码：100717
http://www.sciencep.com
北京建宏印刷有限公司印刷
科学出版社发行 各地新华书店经销
*
2023年6月第 一 版 开本：720×1000 B5
2024年3月第二次印刷 印张：17 3/4
字数：301 000
定价：118.00 元
（如有印装质量问题，我社负责调换）

前　言

随着全球化、信息化与知识经济的快速发展，以及人类生存处境的日益复杂，人才培养面临着前所未有的挑战。其中的关键问题是人才培养的质量规格，即教育应该培养什么样的人，才能够适应世界变化的新趋势与新需求。在此背景下，核心素养成为国际组织与世界各国对此问题的具体解答。核心素养是对21世纪人才培养质量的具象描绘。1997年，经济合作与发展组织（以下简称经合组织）率先启动了"素养的界定与遴选：理论和概念基础"项目（Definition and Selection of Competencies: Theoretical and Conceptual Foundations）之后，联合国教科文组织与欧盟等国际组织也开始探索制定核心素养框架。受此影响，各国也开始了关于核心素养的本土化探索，并将之融入教育方针与课程政策之中。2014年，《教育部关于全面深化课程改革落实立德树人根本任务的意见》发布，首次从官方角度提出要"研究制订学生发展核心素养体系"。2020—2022年，《普通高中课程方案和语文等学科课程标准（2017年版2020年修订）》《义务教育课程方案和课程标准（2022年版）》相继出台。这些决定着基础教育发展走向的政策均以核心素养为主线，并奠定了核心素养在我国新一轮基础教育课程改革中的基础性地位。较之以往，基于核心素养的课程改革更加强调调用多方面课程资源与打造多样化课程情境的，因而更加需要多元课程主体的协同支持，这对教师的课程领导力提出了迫切要求。核心素养背景下，课程领导力越来越被视为衡量教师专业水平的关键指标，国际知名教育学者甚至将课程领导力视为"教师能动性的一种显著形式"①。2021 年，联合国教科文组织在报告《一起重新构想我们的未来：为教育打造新的社会契约》中指出，"协作和团队合作应成为教师工作的特征。我们应该支持教师作为教育环境、关系、空间和时间的重要召集人，与他人共同工作。要想实现高质量的教学，团队和有利的环境缺一不可，这些条件能够确保学生在身体、社会和情感上的需求得到满足"②。由此可以认为，以教师课程领导力作为推动教师专业发展与学校教育变革的突破口具有重要的时代意义。

本书以核心素养为视域，建构中小学教师课程领导力理论模型，开展中小学教师课程领导力现状与影响因素的实证研究，并据此探索中小学教师课程领导力提升的行动策略，研究结果如下：

核心素养的有效落实亟须教师的课程领导力，而教师以发展学生的核心素养作为课程领导力运用与发展的终极指向是其先决条件，为此需要聚焦教师在核心素养视域下的课程领导力。核心素养视域下的教师课程领导力是指教师以发展学生核心素养为目标，引领和指导学生、同事与家长等课程主体共同建构与落实课程愿景的能力。展开来说，指向核心素养的教师课程领导力是教师促成课程主体间合力的专业力量，亦是教师课程领导认知力、教师课程领导实践力与教师课程领导认同力交织而成的复合力量。合作与合力是贯穿核心素养视域下教师课程领导力的主线，教师课程领导力的本质是将教师个人的课程领导卓识转化为课程专业共同体的课程领导共识。

本书以核心素养为导向，围绕教师课程领导认知力、实践力与认同力三大维度，建构了 K-VPI 教师课程领导力理论模型。该模型包含 3 个一级指标、12 个二级指标、15 个三级指标。从三大维度的静态关系来看，核心素养视域下的教师课程领导认知力是观念基础，教师课程领导实践力是行动潜能，教师课程领导认同力是信念支撑，三大维度及其构成要素作为复合式整体而存在，并通过这一整体性力量增益学生的核心素养。用动态发展的眼光来看，各维度的发展往往呈现不平衡、非同步的特征，当核心素养视域下的教师课程领导力日趋成熟，三大维度之间的联系愈加紧密乃至融为一体，至此阶段，往往标志着教师已经成为卓越的课程领导者。教师课程领导力通达核心素养的作用机理因情境而异。在课堂教

---

① Harris A，Jones M，Crick T. 2020. Curriculum leadership：A critical contributor to school and system improvement. School Leadership & Management，40（1）：1-4

② 联合国教育、科学及文化组织. 2022. 一起重新构想我们的未来：为教育打造新的社会契约. 北京：教育科学出版社，93

学情境中，教师通过开展生本化、班本化的课程实践培育学生的核心素养；在专业共同体情境中，教师通过促进专业合作提升教师共同体的核心素养教育力；在学校管理情境中，教师通过推动课程制度与文化建设营造素养导向的学校生态；在校外课程情境中，教师通过经验推广以在同仁中发挥素养培育的示范引领效应。

本书根据 K-VPI 教师课程领导力理论模型开发了研究工具，并对中小学教师课程领导力的现状进行了混合实证研究。在量化研究方面，对位于东、中、西部的山东、湖北、四川等 20 个省份的共计 19 521 名中小学教师开展了问卷调查。在质性研究方面，遵循程序化扎根理论范式，研究了在 6 省 15 所中小学校招募而来的 109 位教师的课程领导力现状及其认知。结果表明，我国中小学教师培育学生核心素养的课程领导力获得了一定程度的发展，体现出显著的群体差异性，但也存在由结构性失衡导致的教师课程领导力总体水平偏低、因领导意愿与自我认同匮乏桎梏教师课程领导力的有机生长、因专业支持有效性不足掣肘教师课程领导力的发展后劲、因课程自主权受限制约教师课程领导力的有效发挥以及因工作负担过重限制教师课程领导力的运用与提升等主要问题。在影响因素方面，以场动力理论为参照，以实证数据为依托，核心素养视域下教师课程领导力的发展是教师个体场域、学校场域以及社会场域交互作用的结果，教师自身的领导意愿与能力是推动其课程领导力发挥与发展的原动力，在此基础上，学校场域以及社会场域因素起着重要的诱导作用。为此，需要从夯实教师进行课程领导的意愿及能力、因校制宜地发挥学校对教师课程领导的支持作用以及通过减负增效优化教师参与课程领导的制度与环境等方面协同努力，促进中小学教师课程领导力的提升，为学生核心素养的发展提供更好的保障。

通过上述努力，本书对中小学教师课程领导力及相关研究做出了进一步推进。从理论方面来看，本书有助于推进教师课程领导力基本理论研究，并借此推动教师领导力与课程领导力理论的完善；有助于厘清教师课程领导力影响机制，在场动力理论视角下推动教师课程领导力影响因素的研究；有助于拓展核心素养的研究视角，为核心素养的本土化研究探索新的生长点。从实践方面来看，本书的结论可以为政策制定者提供一定借鉴，通过政策优化帮助教师改善课程教学环境，提升教师的核心素养教育力。本书同样存在一些局限性。例如，本书仅从教师的角度探讨了教师课程领导力的生成机制及其现实阻碍，缺乏对利益相关者的综合考察；教师样本的均衡性有待进一步加强；中小学教师课程领导力各维度以及影响因素各指标的细分合理性仍有待来自思辨与实证的多方检验与发展。诚如本书所指出的，教师课程领导力是一项基于情境的动态变项，不断变化发展着的实践会持续向理论工作者提出新的命题与挑战，这就迫使有关研究者保持高度的机敏与开拓精神，随时做好自我更新与拥抱新质的准备。本书是笔者在教师课程领导力研究方面的阶段性成果，笔者将以此作为一项长久志业，立足时代发展的现实需要与理论诉求进行持续的深化探索。

目　　录

前言

第一章　核心素养与教师课程领导力概述 ………………………………… 1
第一节　核心素养概述 ……………………………………………………… 2
第二节　教师课程领导力相关概述 ……………………………………… 14

第二章　教师课程领导力：学生核心素养发展的关键保障 ……………… 46
第一节　核心素养的有效落实亟须教师的课程领导力 ……………… 47
第二节　核心素养视域下教师课程领导力概念澄明 ………………… 51
第三节　核心素养视域下教师课程领导力内涵诠释 ………………… 61
第四节　核心素养视域下教师课程领导力特征分析 ………………… 64

第三章　核心素养视域下教师课程领导力模型建构 …………………… 69
第一节　核心素养视域下教师课程领导力维度划分的基本考量 …… 70
第二节　K-VPI 教师课程领导力结构的深度剖析 …………………… 72
第三节　K-VPI 教师课程领导力要素间关系的多维审视 …………… 76
第四节　教师课程领导力通达核心素养的作用机理 ………………… 80
第五节　场动力理论视角下教师课程领导力影响因素分析框架 …… 85

第四章 教师课程领导力总体水平、群体差异与影响因素的实证调查 …… 93
- 第一节 研究设计 …… 94
- 第二节 核心素养视域下中小学教师课程领导力总体概况 …… 114
- 第三节 核心素养视域下中小学教师课程领导力差异分析 …… 128
- 第四节 教师课程领导力影响因素探寻：基于场动力视角 …… 144

第五章 教师视角下的课程领导力图景：基于深度访谈的经验澄明 …… 168
- 第一节 研究设计与实施 …… 169
- 第二节 教师课程领导力的经验感知 …… 183
- 第三节 教师课程领导力的具体实践 …… 186
- 第四节 教师课程领导力的认同倾向 …… 192
- 第五节 教师课程领导力发挥与发展的现实阻碍 …… 194

第六章 核心素养视域下教师课程领导力发展的总体反思 …… 199
- 第一节 核心素养视域下教师课程领导力发展现状概述 …… 200
- 第二节 核心素养视域下教师课程领导力发展的困境审思 …… 218

第七章 核心素养视域下教师课程领导力提升的对策探寻 …… 234
- 第一节 立足自身，夯实教师进行课程领导的意愿及能力 …… 235
- 第二节 因校制宜，发挥学校对教师课程领导的支持作用 …… 243
- 第三节 减负增效，优化教师参与课程领导的制度与环境 …… 252

参考文献 …… 269

附录 …… 271
- 附录1 教师课程实践情况调查问卷 …… 271
- 附录2 教师课程领导力访谈提纲 …… 275

后记 …… 276

第一章
核心素养与教师课程领导力概述

作为新时期学生发展的质量规格，核心素养成为2014年以来新一轮基础教育课程改革的基石，并通过新修订的义务教育及普通高中课程标准，对中小学教育生态的重塑提出了现实要求。核心素养的复杂性、情境性、跨学科性与高阶性不仅对学生的成长提出了更高的要求，更对教师的角色定位与素养结构提出了新的挑战，即教师必须从传统的知识传授者与个体发展者转变为新型的课程领导者，通过专业协作推动构建课程领导共同体，实现课程能力的自我提升与共同体的整体发展，进而借助更好的自我与更好的共同体，促进学生核心素养的发展。由此可知，核心素养的有效落实呼唤教师的课程领导力，而深刻理解与建构核心素养视域下的教师课程领导力离不开对相关成果的全面梳理与系统反思。因此，本章首先对核心素养的内涵、概念框架与落实机制进行概述，进而围绕领导力、教师领导力、课程领导力以及教师课程领导力的研究进展进行分项梳理，并客观、辩证地剖析已有研究的可取之处与认知局限，借此引出本书的主要意图。

第一节　核心素养概述

核心素养是20世纪与21世纪之交在世界范围内逐渐铺开且广受响应的一场教育改革。英国继续教育联盟和澳大利亚梅耶委员会是较早开始研究核心素养的国际组织。1997年，经合组织开展的"素养的界定与遴选：理论和概念基础"项目在国际上引起巨大反响，以此为标志，"核心素养热"在越来越多的国家和地区蔓延开来[1]。其中，核心素养的内涵释义、概念框架与落实机制为共同焦点。

一、核心素养的内涵

核心素养是国际社会为应对21世纪对个体与社会发展的挑战所提出的概念，即学习者通过学习或教育过程（不限于学校教育）所应获得的能够适应终身发展和社会发展需要[2]，或者有助于实现成功人生和健全社会的少数关键品质技能。因此，核心素养又叫作"21世纪素养"或"21世纪技能"[3]。虽然国际上各组织与国家在界定与架构核心素养时绕不开其特定的历史文化传统，但全球化背景下国际社会在21世纪面临的挑战与背景具有较大的相似性，基于全球视野的研究也逐渐达成了关于核心素养的诸多共识。

首先，立足21世纪，需要从不同角度界定核心素养。崔允漷从学生学习结果的角度提出核心素养是"未来社会所需要的人才形象"[4]。另有学者从功能性角度出发对之加以界定。林崇德等认为核心素养是"学生应具备的，能够适应终身发展和社会发展需要的必备品格和关键能力"[5]。蔡清田认为"核心素养是人民适应现在生活及面对未来挑战所应具备的知识、能力与态度，也是现代人获得成功生活与功能健全社会所需的素养"[6]。以上定义都兼顾了核心素养的个体价值与社会功能。此外，也有学者从质性角度对核心素养加以界定，例如，钟启

---

[1] 常珊珊，李家清. 2015. 课程改革深化背景下的核心素养体系构建. 课程·教材·教法，35（9）：29-35.

[2] 核心素养研究课题组. 2016. 中国学生发展核心素养. 中国教育学刊，（10）：1-3.

[3] 张华. 2016. 论核心素养的内涵. 全球教育展望，45（4）：10-24.

[4] 崔允漷. 2016. 追问"核心素养". 全球教育展望，45（5）：3-10, 20.

[5] 核心素养研究课题组. 2016. 中国学生发展核心素养. 中国教育学刊，（10）：1-3.

[6] 蔡清田. 2018. 核心素养的学理基础与教育培养. 华东师范大学学报（教育科学版），36（1）：42-54，161.

泉认为，核心素养的本质是一种"真实性学力"[1]。辛涛等则从教育目的的时代演进出发，认为核心素养应该是"全面发展的人"这一教育目标的操作化，是全面发展的具体体现[2]。蔡清田也认为，核心素养应该以全人教育为理念[3]。

其次，要从与传统育人目标的比较中凸显核心素养。正如余文森所注意到的，之所以要在"双基"与"三维目标"的基础上再发展出一个"核心素养"，主要是缘于核心要素对前二者的传承超越性[4]。其中，核心素养的两个重要超越表现为：其一，强调全面基础之上的综合。"双基"与"三维目标"将教育目的与培养目标进行了多维拆解，但容易导致分裂式育人的困境，核心素养则强调对知识、能力与情感态度价值观等基本面向的统整，每一项核心素养都是一个复合式晶体结构。欧盟认为，核心素养是学习者一生中需要发展的知识、技能和态度的动态组合[5]。蔡清田也指出，核心素养即个人必须适应社会的复杂生活情境需求所不可欠缺的知识、能力、态度的统整[6]。其二，核心素养明确了人才规格。"双基"与"三维目标"主要指出了课程与教学所应涵盖的基本向度，但未能言明教育所应指向的质性细目，而国际社会所提供的核心素养框架皆包含具体的人才成长标准，如创新素养、沟通素养等。

最后，要从与一般素养的对比中廓清核心素养的"核心"之要义。部分研究者指出，核心素养区别于一般素养，是具有少数关键性的高阶素养。褚宏启旗帜鲜明地主张，核心素养是能在21世纪促进个人与社会发展的关键少数素养，不是全面素养或者综合素养。因此，在教育目标问题上，核心素养的使命不是解决"全面发展什么"的问题，而是解决在21世纪"重点发展什么"的问题[7]。虽然核心素养的培育和生长离不开特定的情境，但已有研究强调核心素养一经形成便是一种可迁移、一般性、跨领域的素养，能够帮助个体应对不可预测的复杂情境与挑战[8]。因

---

[1] 钟启泉. 2016. "核心素养"赋予基础教育以新时代的内涵. 上海教育科研，(2)：1

[2] 辛涛，姜宇，刘霞. 2013. 我国义务教育阶段学生核心素养模型的构建. 北京师范大学学报（社会科学版），(1)：5-11

[3] 蔡清田. 2019. 国际视野下核心素养教育理念之研究及其实现. 当代教育科学，(3)：19-23

[4] 余文森. 2016. 从三维目标走向核心素养. 华东师范大学学报（教育科学版），34(1)：11-13

[5] European Council. 2021-02-05. Council recommendation of 22 May 2018 on key competences for lifelong learning. https://eur-lex.europa.eu/legal-content/EN/TXT/PDF/?uri=CELEX:32018H0604(01)&from=EN

[6] 蔡清田. 2018. 核心素养与课程设计. 北京：北京师范大学出版社，69

[7] 褚宏启. 2016. 核心素养的国际视野与中国立场——21世纪中国的国民素质提升与教育目标转型. 教育研究，37(11)：8-18

[8] 辛涛，姜宇，林崇德，等. 2016. 论学生发展核心素养的内涵特征及框架定位. 中国教育学刊，(6)：3-7, 28；刘坚，魏锐，刘晟，等. 2016. 《面向未来：21世纪核心素养教育的全球经验》研究设计. 华东师范大学学报（教育科学版），34(3)：17-21, 113

此，核心素养当属高级素养，其"在本质上是一种区别于基础能力的高级能力"。核心素养有别于基础素养，是个体在一个不确定的复杂情境中解决复杂问题的能力，涉及逻辑思维、分析、综合、推理、演绎、归纳和假设等高阶素养，也涉及自主自觉的行动、错综复杂的沟通交流等，这些都是具有高层次水准心智复杂性的展现。[1]对此，张华借鉴国外最新研究成果，将核心素养的实质进一步提炼概括为"专家思维"与"复杂交往"[2]。

二、核心素养的概念框架

基于核心素养的内涵释义，国际社会在充分把握时代发展对学生成长与未来公民的新要求、遵循学生身心发展规律与教育规律的基础上，以最新的教育研究成果为指导，以前沿的教育思想与先进的教育理念为导向，构建了既立足本土特点、又体现时代共性的核心素养框架，颇具代表性的核心素养框架如下。

（一）层级递进型核心素养框架

层级递进型核心素养框架以经合组织和新西兰的核心素养框架为代表。经合组织将核心素养划分为"互动地使用工具、在异质群体中的互动和自主行动"三个类别[3]，从人与工具、人与社会、人与自我之间的互动关系出发，将个人的发展置于社会生活之中[4]，并以反思为核心，统整三类关键能力。经合组织构建的核心素养框架体系是早期建立的核心素养模型之一，影响非常广泛，多个国家和地区参照这一模型进行了本土化核心素养体系的建构。例如，新西兰的核心素养框架就以经合组织的框架为母体，结合本国教育实践明确了核心素养的五大基本要素，即思考，与他人互动，使用语言、符号和文本，自我管理，参与和贡献[5]。

（二）多元交互型核心素养框架

多元交互型核心素养框架以欧盟、法国的核心素养框架等为代表。2018年，欧盟出台《欧盟终身学习核心素养建议框架 2018》(Council Recommendation of 22 May 2018 on Key Competences for Lifelong Learning)，这一框架对该组织 2006

---

[1] 褚宏启. 2016. 核心素养的国际视野与中国立场——21世纪中国的国民素质提升与教育目标转型. 教育研究, 37（11）：8-18

[2] 张华. 2016. 论核心素养的内涵. 全球教育展望, 45（4）：10-24

[3] OECD. 2021-10-09. Definition and selection of competencies（DeSeCo）. http://www.oecd.org/education/skils-beyond-school/definitionandselectionofcompetenciesdeseco.htm

[4] 李新. 2016. 核心素养结构的四种类型比较研究. 上海教育科研，(8)：20, 29-32

[5] 陈凯，丁小婷. 2017. 新西兰课程中的核心素养解析. 全球教育展望, 46（2）：42-57, 66

年提出的核心素养框架进行了调整，更新后的框架包含读写能力，语言能力，数学、科学能力与工程技术能力，数字能力，个人、社会能力与学习能力，公民能力，创业能力，文化意识与表达，共八项素养，每项核心素养分别包括知识、技能和态度三个层面[1]。相较于2006年版核心素养框架，2018年版核心素养框架在素养数量上仍为八项，但在内容上纳入了"跨文化能力、全球素养"概念，强化了"批判性思维、问题解决与创业能力"的特点[2]。法国作为欧盟的主要成员国之一，十分认同欧盟的核心素养框架和终身学习计划，并以此为基础建构了本国的核心素养体系，于2006年颁布《知识和能力的共同基础》(Socle commun de connaissances et de compétences)并提出七类核心素养，分别是掌握法语、能运用一门外语、具有数学和科学技术的基本能力、掌握通用的信息与通信技术、人文文化、社会能力及公民素养、自主能力和主动性。为深入推进终身学习，确保每个学生获得个人发展和事业上的成功，2015年，法国颁布《知识、能力和文化的共同基础》(Socle commun de connaissances, de compétences et de culture)，从五大领域界定学生发展目标，分别是用于思考和交流的语言、学习方法与工具、个体和公民教育、自然和技术的相关体系、表征世界和人类活动，从更加全面综合的角度强调学生整体素养的发展，同时更加彰显全球和全人类视野，这与欧盟有关终身学习的八大核心素养是一脉相承的[3]。

此外，2013年，联合国教科文组织发布研究报告《走向普遍学习：每位儿童应该学什么》(Toward Universal Learning: What Every Child Should Learn)，以终身学习作为教育行动与变革的指导原则，并提出了核心素养的七大学习领域：身体健康、社会情绪、文化艺术、文字沟通、学习方式与认知、数字与数学、科学与技术[4]。而早在1996年，联合国教科文组织发布的《教育——财富蕴藏其中》(Learning: The Treasure Within)研究报告就已初步显露出核心素养的影子，即提出终身学习的四大支柱——学会求知、学会做事、学会共同生活、学会生存，旨在培养21世纪的合格公民[5]。2003年，"学会改变"加入四大支柱中，由此形成了基于全民终身学习的五大支柱。

---

  [1] European Council. 2021-02-05. Council recommendation of 22 May 2018 on key competences for lifelong learning. https://eur-lex.europa.eu/legal-content/EN/TXT/PDF/?uri=CELEX:32018H0604(01)&from=EN
  [2] 陈晓雨，李保强. 2018. 欧盟新动态：更新核心素养，培育全球公民. 上海教育科研，(7)：11-15
  [3] 夏尔·提于斯，林静. 2018. 法国中小学生核心素养要求及评价——夏尔·提于斯与林静的对话. 华东师范大学学报（教育科学版），36(1)：149-154, 167
  [4] UNESCO. 2013. Towards Universal Learning: What Every Child Should Learn. Paris：UNESCO，4
  [5] 联合国教科文组织. 2014. 教育——财富蕴藏其中. 联合国教科文组织总部中文科译. 北京：教育科学出版社，49

（三）整体系统型核心素养框架

整体系统型核心素养框架以美国的"21世纪技能"为代表。2002年，美国教育部连同苹果公司（Apple Inc.）、全美教育协会（National Education Association）等有影响力的私有企业和民间研究机构，创建了美国21世纪技能联盟（Partnership for 21st Century Skills，P21）[1]，正式开启21世纪核心技能研究项目，致力于让每一位学生都为21世纪做好充足准备。P21框架由学习技能和支持系统两大部分构成，学习技能涵盖"学习与创新技能"（创造力与创新、批判思维与问题解决、交流沟通与合作）、"信息、媒体与技术技能"（信息素养、媒体素养、信息和通信技术素养）、"生活与职业技能"（灵活性与适应性、主动性与自我导向、社会与跨文化素养、效率与责任、领导与负责）三个方面；将21世纪核心素养的标准与评价、课程与教学、教师专业发展以及学习环境作为落实和推进核心素养的支持系统，同时还将核心科目和21世纪议题融入其中[2]，凸显对学生未来社会职业需求的核心关切，意在培养学生在将来工作和生活中所必须掌握的知识与技能。

（四）同心辐射型核心素养框架

同心辐射型核心素养框架以日本"21世纪型能力"和新加坡"21世纪素养"为代表。2013年，日本国立教育研究所提出了"21世纪型能力"框架，其核心是基础能力，中层是思维能力，外围则是实践能力。思维能力居于核心地位，并以基础能力为底层支撑，而实践能力则引导着思维能力[3]。这三种能力呈相互支撑、相互引导、相互依存的关系，无论何种课程都应当渗透其中。2010年，新加坡教育部公布了《21世纪素养与学生学习结果的框架》（Framework for 21st Century Competencies and Student Outcomes）。该框架以培养品德完善的人为价值取向，通过培育个人的核心价值、社交和情商能力（自我意识、自我管理、社会意识、人际关系管理、自我决策）以及21世纪新技能（公民素养、全球意识与跨文化技能；批判性与创造性思维；信息与交流沟通技能）来实现四种育人愿景：自信的人、主动的学习者、积极的贡献者和热心的国民。该框架以核心价

---

[1] 张华. 2016. 论核心素养的内涵. 全球教育展望，45（4）：10-24

[2] Partnership for 21st Century Skills. 2021-02-05. Framework for 21st century learning. https://www.apple.com/education/docs/Apple-P21Framework.pdf

[3] 钟启泉. 2016. 基于核心素养的课程发展：挑战与课题. 全球教育展望，45（1）：3-25

值为内核，向外发散演进，建构了核心素养的三维框架①。

在我国，核心素养研究初期主要受到国外研究的影响。例如，褚宏启等将核心素养分为三大类：学习与创新素养、数字化素养、职业和生活技能②。钟启泉借鉴日本框架将我国核心素养的概念框架整合为四层的同心圆结构：核心层是价值形成；内层是关键能力；中层是学习领域；外层是支持系统③。在立德树人背景下，国家对核心素养高度重视，我国的核心素养研究在政策驱动下越来越注重本土性。2013年5月，受教育部委托，北京师范大学牵头的"我国基础教育和高等教育阶段学生核心素养总体框架研究"重大项目正式启动，旨在构建适合我国学生个体终身发展和社会发展需要的必备品格和关键能力清单。为此，北京师范大学项目团队开展了基于学生核心素养的内涵研究、政策分析、国际比较等基础性研究以及相关的实证研究，经过多方专家研讨和意见征询，最终确立了核心素养的中国框架——《中国学生发展核心素养》，并于2016年9月正式发布。该框架包括文化基础、自主发展及社会参与三个方面，综合表现为人文底蕴、科学精神、学会学习、健康生活、责任担当、实践创新六大素养，具体细化为18个基本要点④。此外，北京师范大学中国教育创新研究院与美国21世纪学习联盟开展深度合作，双方在"4C"基础上新增文化维度，构建了"21世纪核心素养5C模型"，包括文化理解与传承（cultural competence）素养、审辨思维（critical thinking）素养、创新（creativity）素养、沟通（communication）素养、合作（collaboration）素养五个方面以及16个具体要点⑤。

三、核心素养的落实机制

以核心素养为基石重建课程与教学是落实核心素养与课程改革目标的主要途径⑥。目前，学界对于如何在课程与教学中融入核心素养有两种取向：其一是把核心素养视为一个整体，每门课程都要承担起实现这个整体目标的责任；其二是

---

① 师曼，刘晟，刘霞，等. 2016. 21世纪核心素养的框架及要素研究. 华东师范大学学报（教育科学版），34（3）：29-37，115
② 褚宏启，张咏梅，田一. 2015. 我国学生的核心素养及其培育. 中小学管理，（9）：4-7
③ 钟启泉. 2016. 基于核心素养的课程发展：挑战与课题. 全球教育展望，45（1）：3-25
④ 核心素养研究课题组. 2016. 中国学生发展核心素养. 中国教育学刊，（10）：1-3
⑤ 魏锐，刘坚，白新文，等. 2020. "21世纪核心素养5C模型"研究设计. 华东师范大学学报（教育科学版），38（2）：20-28
⑥ 左璜. 2016. 基础教育课程改革的国际趋势：走向核心素养为本. 课程·教材·教法，36（2）：39-46

将核心素养分解，不同学科课程各有侧重地培养不同的核心素养[①]。

第一种取向可被称为全面渗透机制。有的国家或地区将核心素养视为一个整体，强调每门课程均需全面渗透学生核心素养。例如，澳大利亚提出公民所必须具备的包括读写、计算、信息和通用技术、批判性和创造性思维、道德行为、个人和社会能力及跨文化理解七项通用能力与三大跨学科主题，要求基础教育阶段的各学科课程把七项通用能力融入其中，并在各学科中专门阐述本学科如何体现三大跨学科主题[②]。新西兰则根据国情规定了学生的五大核心素养，即思维素养，理解语言、符号及文本的素养，自我管理素养，参与贡献的素养，与他人互动的素养，要求五大素养都渗透于学校各门课程之中[③]。日本近期颁布的课程标准《学习指导要领》指出，教育目标是培养学生的"生存能力"，要关注学生的语言能力、科技应用能力等八个方面的素养；在课程设置中，这些素养在九门学科上均有所体现，凸显多个学科共同促成核心素养的培育[④]。

在我国，《中国学生发展核心素养》框架颁布以来，基于核心素养的课程、教学与评价研究受到学界越来越多的关注。其中，部分研究单独探索了基于核心素养的课程发展、教学改革与评价改进中的一个面向。例如，钟启泉指出，基于核心素养的课程发展，一线教师需要在"核心素养—课程标准—单元设计—学习评价"这一链环中聚焦核心素养展开运作，把握学校课程的整体结构，积累单元设计与学习评价的经验[⑤]。钱丽欣提出学校应在学生核心素养的指导下，以课程整合为依托，促进课程体系的改革与发展，逐渐建立起以学生核心素养为中心的新课程体系[⑥]。辛涛等提出我国亟须建立基于核心素养的课程体系，主要体现为设置具体化的教学目标，落实到要培养学生何种素养；规定核心学科领域学生需掌握的知识与技能；根据所要培养的素养和学科内容的特点进行针对性教学；规定通过一段时间的教育后学生在知识与技能上应达到的基本水平[⑦]。也有学者在借鉴前人建构的质量标准的基础上，对传统评价质量标准的新内涵和新评价的质

[①] 邵朝友，周文叶，崔允漷. 2015. 基于核心素养的课程标准研制：国际经验与启示. 全球教育展望，44（8）：14-22，30

[②] 王烨晖，辛涛. 2015. 国际学生核心素养构建模式的启示. 中小学管理，（9）：22-25

[③] New Zealand Ministry of Education. 2022-12-28. Key competencies and the New Zealand curriculum. http://key competencies.tki.org.nz/

[④] 辛涛，姜宇，王烨辉. 2014. 基于学生核心素养的课程体系建构. 北京师范大学学报（社会科学版），（1）：5-11

[⑤] 钟启泉. 2016. 基于核心素养的课程发展：挑战与课题. 全球教育展望，45（1）：3-25

[⑥] 钱丽欣. 2015. 课程整合：回应未来社会对学生核心素养的期待. 人民教育，（24）：33-35

[⑦] 辛涛，姜宇，王烨辉. 2014. 基于学生核心素养的课程体系建构. 北京师范大学学报（社会科学版），（1）：5-11

量标准进行整合，建立了核心素养评价的 11 项质量标准与内涵，探讨了这些质量标准运用于教育实践时需要注意的问题，并从学校课程方案设计的视角具体阐述了核心素养评价质量标准的应用路径[1]。也有相当一部分文献从系统的视角整体探讨了课程、教学与评价等问题。例如，杨志成提出，在教育政策层面，落实核心素养要构建学段核心素养、学科核心素养和学业质量标准；在核心素养校本化实践层面，要构建与核心素养相对应的育人目标体系与课程体系，革新学校的课堂教学方法，全面促进教师的专业发展[2]。有学者则尝试构建学生核心素养体系：注重学科融合性，融会贯通学科素养；构建垂直教育体系，将核心素养分层次、分阶段地融入各学段教育；同步实施课程改革，修订课程标准，重构课程体系，推进学校教学改革；完善质量评价标准，探索切实可行的评价方式[3]。刘晟等则认为课程、教学与评价三者均需围绕核心素养进行整体设计，具体包括如下方面：创设真实情境，开展基于问题解决的项目式学习；以学生为中心展开教学，激发学生的主动性与创造性；通过形成性评价，了解学生核心素养的表现；依托多样化的测评，落实和推进 21 世纪素养教育[4]。姜宇等指出基于学生核心素养的教育改革就是要将核心素养融入课程标准，并在此基础上改进课程实施，改善教材编写结构，改善教师教学方式；促进教师理解核心素养，建立通用的教师能力和资格标准，推进教师培训；考试评价要以核心素养为导向，渗透到教学改革的各个环节中去[5]。左璜指出以核心素养为本的基础教育课程改革主要表现在课程目标的更新、课程内容结构的调整、课程实施过程的创新、课程评价内容与形式的变革上[6]。此外，在教育实践层面，我国一些学校已率先进行了实践探索，并取得了不错的成效。例如，窦桂梅和胡兰以清华大学附属小学为例，批判过去的"一次性教育"，创建了"1+X"课程结构，"1"指优化整合后的国家基础性课程，"X"指实现个性化发展的特色课程，力求回归学生的核心素养，打造真

---

[1] 雷浩，崔允漷. 2020. 核心素养评价的质量标准：背景、内容与应用. 中国教育学刊，(3)：87-92

[2] 杨志成. 2017. 核心素养的本质追问与实践探析. 教育研究，38（7）：14-20

[3] 常珊珊，李家清. 2015. 课程改革深化背景下的核心素养体系构建. 课程·教材·教法，35（9）：29-35

[4] 刘晟，魏锐，周平艳，等. 2016. 21 世纪核心素养教育的课程、教学与评价. 华东师范大学学报（教育科学版），34（3）：38-45，116

[5] 姜宇，辛涛，刘霞，等. 2016. 基于核心素养的教育改革实践途径与策略. 中国教育学刊，(6)：29-32，73

[6] 左璜. 2016. 基础教育课程改革的国际趋势：走向核心素养为本. 课程·教材·教法，36（2）：39-46

正服务于人成长的课程①。夏雪梅以学生核心素养与课程的关联一致性作为划分标准,将当前的学校课程分成无关联的单一课程、无关联的碎片课程、表面关联的课程、实质关联的课程、部分实质关联的课程、有质量的素养课六种水平,并对某学校的课程进行了干预研究,将该校课程由无关联的碎片课程提升至实质关联的课程②。

可见,无论是国内还是国外,伴随着学生核心素养框架的拟订,课程体系发生着深刻变革,即由传统注重知识本位向素养本位转变。课程标准、教学方式、评价方式等都受到学生核心素养的影响,因应时代发展而做出调整与改变。归根结底,核心素养教育教学实践体系的构建,目的在于更加系统、连贯、有效地落实学生核心素养,将核心素养细化到课程学习中,贯穿各个学科与学段,促使学生把传授的知识和技能内化为自身的品格与能力。

第二种取向可被称为学科分解机制。芬兰在国家课程标准中明确规定了学生的核心素养,将其划分为七大主题,即成长为人,文化认同与国际化,信息素养与交际,参与行使公民与企业家的权利,对环境、健康和可持续发展的责任感,安全与交通,技术与个体,并根据不同学科的性质及学生身心发展的特点,将核心素养分解到各个学科中,直接指导教师的教育教学实践③。加拿大的大西洋区将一系列 21 世纪素养融入各学段的课程目标之中,形成了一套课程学习目标,在此基础上,学生可在各年段的课程学习中培育相应的素养④。西班牙则将语言交流素养、数学素养、了解物质世界并与之互动的素养、信息处理和数字素养、社会和公民素养、文化和艺术素养、学会学习、自主和个人主动性八大学生核心素养分散融入教育目标中,教育目标围绕核心素养体系有机展开,不同学段的目标相互衔接、密不可分,并规定了学生的最低表现⑤。为了将核心素养更好地融入课程体系之中,美国 21 世纪学习联盟建构了各核心学科的课程目标,使学生核心素养得以渗透于学科课程目标之中,进而推动核心素养的

---

① 窦桂梅,胡兰. 2015. 基于学生核心素养发展的"1+X 课程"建构与实施. 课程·教材·教法, 35(1):38-42, 48

② 夏雪梅. 2013. 基于学生核心素养的学校课程建设:水平划分与干预实例. 课程·教材·教法, 33(7):11-16

③ 辛涛,姜宇,王烨辉. 2014. 基于学生核心素养的课程体系建构. 北京师范大学学报(社会科学版),(1):5-11

④ 刘晟,魏锐,周平艳,等. 2016. 21 世纪核心素养教育的课程、教学与评价. 华东师范大学学报(教育科学版),34(3):38-45, 116

⑤ 尹小霞,徐继存. 2016. 西班牙基于学生核心素养的基础教育课程体系构建. 比较教育研究, 38(2):94-100

有效落实[1]。

为了有效连接学生核心素养与学科教学，有学者创造性地提出了"学科核心素养"这一概念[2]。研究表明，要在课堂上真正落实学生核心素养，需要以学科核心素养为依托，否则，学生核心素养将无法落地。但是，核心素养并不是各学科核心素养的简单相加，二者之间是目的与手段的关系，即核心素养是教育的总体目标，学科核心素养是实现核心素养的手段，必须服务于核心素养这个终极目标[3]。此外，学科核心素养充分展现了学科的育人价值，"是学生通过学科学习而逐步形成的正确价值观、必备品格和关键能力"[4]。学科核心素养意味着教学模式与学习方式的根本变革，当前的课程改革需要进一步厘清学科核心素养，明晰各学科对学生成长的价值与意义，进而使学科教育的重心回归到人的发展上。总而言之，学科核心素养是学科教育的根本，既能促进学生核心素养的有效落实，也能发挥学科独特的育人价值[5]。由此，近年来政府与学界越来越重视学科核心素养的重要作用与价值。在教育部印发的《普通高中课程方案和语文等学科课程标准（2017年版2020年修订）》《义务教育课程方案和课程标准（2022年版）》中，学科核心素养成为贯穿中小学各学段的关键育人导向，各门学科核心素养的具体构成也根据学段要求有具体的规定（表1-1与表1-2），这为教师开展教育教学活动提供了明确的指引。

表1-1　普通高中学科课程标准中各学科核心素养的构成要素[6]

学科	学科核心素养的构成要素
语文	语言建构与运用、思维发展与提升、审美鉴赏与创造、文化传承与理解
数学	数学抽象、逻辑推理、数学建模、直观想象、数学运算、数据分析
英语	语言能力、文化意识、思维品质、学习能力
思想政治	政治认同、科学精神、法治意识、公共参与
历史	唯物史观、时空观念、史料实证、历史解释、家国情怀

---

① 左璜. 2016. 基础教育课程改革的国际趋势：走向核心素养为本. 课程·教材·教法，36（2）：39-46
② 李润洲. 2018. 学科核心素养的培育：知识结构的视域. 教育发展研究，38（Z2）：43-49
③ 邵朝友，韩文杰. 2019. 学科核心素养与核心素养的关系辨析——基于学科核心素养逻辑起点的考察. 教育发展研究，39（6）：42-47
④ 中华人民共和国教育部. 2020. 普通高中语文课程标准（2017年版2020年修订）. 北京：人民教育出版社，4
⑤ 余文森. 2016. 从三维目标走向核心素养. 华东师范大学学报（教育科学版），34（1）：11-13
⑥ 教育部. 2022-11-29. 教育部关于印发普通高中课程方案和语文等学科课程标准（2017年版2020年修订）的通知. http://www.moe.gov.cn/srcsite/A26/s8001/202006/t20200603_462199.html

续表

学科	学科核心素养的构成要素
地理	人地协调观、综合思维、区域认知、地理实践力
物理	物理观念、科学思维、科学探究、科学态度与责任
化学	宏观辨识与微观探析、变化观念与平衡思想、证据推理与模型认知、科学探究与创新意识、科学态度与社会责任
生物学	生命观念、科学思维、科学探究、社会责任
信息技术	信息意识、计算思维、数字化学习与创新、信息社会责任
通用技术	技术意识、工程思维、创新设计、图样表达、物化能力
艺术	艺术感知、创意表达、审美情趣、文化理解
音乐	审美感知、艺术表现、文化理解
美术	图像识读、美术表现、审美判断、创意实践、文化理解
体育与健康	运动能力、健康行为、体育品德

表 1-2 义务教育课程所要培养的学生核心素养的构成要素[①]

学科	课程核心素养的构成要素
语文	文化自信、语言运用、思维能力、审美创造
数学	会用数学的眼光观察现实世界、会用数学的思维思考现实世界、会用数学的语言表达现实世界
英语（俄语、日语）	语言能力、文化意识、思维品质、学习能力
道德与法治	政治认同、道德修养、法治观念、健全人格、责任意识
历史	唯物史观、时空观念、史料实证、历史解释、家国情怀
地理	人地协调观、综合思维、区域认知、地理实践力
科学	科学观念、科学思维、探究实践、态度责任
物理	物理观念、科学思维、科学探究、科学态度与责任
化学	化学观念、科学思维、科学探究与实践、科学态度与责任
生物学	生命观念、科学思维、探究实践、态度责任
信息科技	信息意识、计算思维、数字化学习与创新、信息社会责任
劳动	劳动观念、劳动能力、劳动习惯和品质、劳动精神
艺术	审美感知、艺术表现、创意实践、文化理解
体育与健康	运动能力、健康行为、体育品德

---

① 中国政府网. 2022-03-25. 教育部关于印发义务教育课程方案和课程标准（2022 年版）的通知.
https://www.gov.cn/zhengce/zhengceku/2022-04/21/content_5686535.htm

围绕学科核心素养之落地问题，已有研究呈现出以下三种差异化视角。

一是从学科视角出发，探析不同学科核心素养的实践路径。例如，陈艳君和刘德军以英语学科核心素养为导向，建构了本土英语教学的理论框架，即"学得"本质观、"以人为本"主体观、"工具素养合一"目的观、"语文并行，精泛相生"内容观以及"知行结合"过程观[1]。肖广德等指出，面向学科核心素养的信息技术课程评价要将过程性评价与结果性评价结合起来，创设科学合理的评价情境，在评价标准上要同时兼顾能力与基础[2]。张秀红在核心素养的指导下挖掘知识背后蕴含的核心教育价值，以生物观念统领生物学教学，提出生物教学要设置真实情境，更关注概念整合与观念形成，进而引导学生更好地理解生命的本质、理解生物学[3]。

二是从整体视角出发，探索学科核心素养的培育路径。余文森论述了学科核心素养形成的机制，提出学科核心素养的主要载体是学科知识，应突出强调学科大概念、学科结构、学科思想与方法及学科情境四大要素；培育学科核心素养的主要路径是开展学科活动，必须展现实践性、思维性、自主性、教育性和学科性五大特性[4]。喻平则认为发展学科核心素养的核心要义是突破传统"知识理解"的束缚，从"知识理解"转向"知识迁移"，进而向"知识创新"提升；要实现此目标，在教育教学中应做到知识教学与文化教学相结合、结果性知识与过程性知识相结合、学科性知识与实践性知识相结合、外显性知识与内隐性知识相结合、证实性知识与证伪性知识相结合[5]。杨向东则指出当前的考试命题需指向学科核心素养，构建多个维度的评价框架；创设用于评价的真实情境，引发学生的学科核心素养表现；研制等级性评分标准，提高评价的科学性[6]。梁砾文和王雪梅认为，培育学科核心素养要打破学科之间割裂的思维方式，需从整体上把握各学科核心素养，建立相关学科互为补充的关系；既凸显学科本质，又彰显学科独特的育人价值[7]。

三是从大概念或大观念视角出发，探讨学科核心素养的实践路向。例如，邵

---

[1] 陈艳君，刘德军. 2016. 基于英语学科核心素养的本土英语教学理论建构研究. 课程·教材·教法，36（3）：50-57

[2] 肖广德，魏雄鹰，黄荣怀. 2017. 面向学科核心素养的高中信息技术课程评价建议. 中国电化教育，（1）：33-37

[3] 张秀红. 2017. 核心素养视域下的生物学观念：内涵、价值、内容体系及教学. 课程·教材·教法，37（9）：91-97

[4] 余文森. 2018. 论学科核心素养形成的机制. 课程·教材·教法，38（1）：4-11

[5] 喻平. 2017. 发展学生学科核心素养的教学目标与策略. 课程·教材·教法，37（1）：48-53，68

[6] 杨向东. 2018. 指向学科核心素养的考试命题. 全球教育展望，47（10）：39-51

[7] 梁砾文，王雪梅. 2017. 学科核心素养的内涵及培养模式. 外国中小学教育，（2）：61-67

朝友和崔允漷从大观念视角出发，探讨了学科课程教学方案的设计，提出在实际操作中要考虑五项关键行动，即选择核心素养等既有目标、从既有目标中确定大观念、依托大观念形成一致性的目标体系、基于大观念的学习要求设计评价方案、围绕主要问题创设与组织学习活动[①]。李刚和吕立杰则提出运用学科大概念的课程转化以推进学科核心素养融入课程实践，阐述了学科大概念在课程中实现的三个具体环节，即学科大概念的遴选分析、教材转化、教学转化[②]。此外，《普通高中课程方案和语文等学科课程标准（2017年版2020年修订）》中除凝练了学科核心素养外，还进一步精选了学科内容，重视以学科大概念为核心，使课程内容结构化、情境化；并研制了学业质量标准，各学科明确学生完成本学科学习任务后学科核心素养应该达到的水平，各个水平的关键表现构成了评价学业质量的标准[③]。

第二节　教师课程领导力相关概述

"教师课程领导力"是领导力理论与实践引入教育领域后，经由教师领导力与课程领导力的发展而创生的新概念。因此，本节首先厘清教师课程领导力的学术基础，如领导力、教师领导力与课程领导力，进而引入教师课程领导力的已有认知。

一、领导力概述

领导活动普遍存在于人类社会之中，领导力则是社会科学研究中的经典现象。从词源来看，"领导"与"领导力"均由英文"leadership"翻译而来，二者的主要区别在于："领导"是一个过程，而"领导力"是一种能力。

（一）领导力的内涵

目前，对于领导力的内涵，学界尚未形成统一的意见。已有研究主要从三种

---

① 邵朝友，崔允漷. 2017. 指向核心素养的教学方案设计：大观念的视角. 全球教育展望，46（6）：11-19

② 李刚，吕立杰. 2020. 落实学科核心素养：围绕学科大概念的课程转化设计. 教育发展研究，40（Z2）：86-93

③ 教育部. 2021-05-20. 教育部关于印发普通高中课程方案和语文等学科课程标准（2017年版2020年修订）的通知. http://www.moe.gov.cn/srcsite/A26/s8001/202006/t20200603_462199.html

视角出发来阐述其内涵：一是从能力层面进行界定，认为领导力是率领他人形成和实现共同愿景的能力[1]；二是从领导者与追随者之间的互动关系来理解领导力的内涵，指出领导力就是领导者与被领导者共同作用于客观环境并产生相应的物质力量与精神力量的总和[2]；三是从领导过程本身进行梳理，强调领导力产生于领导场并作用于领导资源配置过程[3]。

（二）领导力的构成

不同学者运用的研究视角或研究范式不同，这使得学界在领导力的构成上仍存在很大分歧，已有研究呈现出了以下差异化的视角。一是从领导过程出发研究领导力的构成。例如，中国科学院"科技领导力研究"课题组等以领导过程作为着力点，构建了领导力五力模型，包含前瞻力、感召力、影响力、决断力及控制力五种关键的领导能力[4]。童中贤则认为，领导力主要由领导注意力、领导激励力、领导决断力、领导驾驭力、领导摩擦力构成[5]。二是利用多元视角建构领导力模型。例如，王革等依据系统方法，提出领导者的精神-心理特质是在特定环境中形成的；领导环境、领导精神-心理特质、领导职能行为、领导绩效四个因素相互作用、演变或更替，并最终构成动态领导力[6]。

（三）关于领导力的代表性理论

教师课程领导力是基于领导力发展而来的，在明晰教师课程领导力之前，有必要厘清领导力理论的发展脉络。领导力理论古已有之，在西方主要体现在柏拉图所著的《理想国》中，柏拉图系统介绍了领导的素质和选拔。而在我国春秋战国时期，传统的领导思想也初步涌现，具体体现在老子的"无为而治"和孔子的儒家思想体系之中。系统的领导力理论研究则始于20世纪初。经过百年探索，领导力理论逐渐由零散走向系统，大致经历了四个阶段：领导特质理论、领导行为理论、领导权变理论和新型领导理论[7]。

---

[1] 任真，王石泉，刘芳. 2006. 领导力开发的新途径——"教练辅导"与"导师指导". 外国经济与管理，(7)：53-58

[2] 刘明辉. 2005. 论构建社会主义和谐社会的领导力. 中共福建省委党校学报，(12)：20-23

[3] 童中贤. 2002. 领导力：领导活动中最重要的功能性范畴. 理论与改革，(4)：95-97

[4] 中国科学院"科技领导力研究"课题组，苗建明，霍国庆. 2006. 领导力五力模型研究. 领导科学，(9)：20-23

[5] 童中贤. 2002. 领导力：领导活动中最重要的功能性范畴. 理论与改革，(4)：95-97

[6] 王革，王迎军，李娅，等. 2020. 基于动态系统观的领导力模型. 经营与管理，(9)：81-89

[7] 李明，毛军权. 2015. 领导力研究的理论评述. 上海行政学院学报，16（6）：91-102

1. 领导特质理论

领导特质理论是最早进行领导力研究的尝试之一，其主要对领导者应具备的素质进行研究。根据领导特性的不同释义，可将其分为传统特质理论和现代特质理论。19世纪末20世纪初，传统特质理论初现，又称为"英雄论"或"大人物论"，主要对国家或社会的英雄或领袖人物进行研究，试图通过分析这些人物的生理和心理特征来探究他们的领导特质，其核心思想为这些伟人的领导素质是与生俱来的，而不是通过后天培养的。现代领导特质理论在此基础上进一步发展，认为领导者的特质在具备先天品质的条件下可以通过后天培训得到加强[1]。

2. 领导行为理论

20世纪中期，行为主义盛行，研究者纷纷从领导力特质转向对领导行为的研究，关注领导者的外显行为。领导行为理论认为后天的培训和行为习得可以塑造有效的领导行为，同时，通过行为上的差异可以反观领导的有效性。此时期的领导力研究侧重于探析领导者的具体行为表现及其对员工下属和生产绩效的影响，从而明确领导者的高效行为[2]。

3. 领导权变理论

20世纪60—70年代，研究者将情境因素纳入领导力理论研究，力求更精确地描述和解释不同情境对领导行为的影响，领导权变理论应运而生。费德勒（Fiedler）最早提出了领导权变模型，不同于以往有关领导特质和行为的研究，他认为不同的情境需要不同的领导方式和风格，领导方式的有效性应视领导情境而定。此外，豪斯（House）提出的途径-目标理论也着重于情境的研究，将领导分为四种形态，即指导型领导者、支持型领导者、参与型领导者和成就取向型领导者，不同的领导风格会产生不同的效能[3]。此阶段的领导力研究者认为领导效能的高低受制于领导者所处的情境，而有效领导是领导者、员工、生产任务等外在情境相互作用的过程，这一观点相较于特质理论和行为理论来说是一大进步。

4. 新型领导理论

20世纪70年代以后，随着世界经济的高速发展，领导力理论面临着新的问题和考验，即如何充分调动员工的工作积极性，而传统的领导力理论不足以解决这些问题，因此研究者开始从新的视角去探索领导力的新理论和新模型。20世纪70年代末，新型领导理论渐入人们的视野，主要包括变革型领导理论、魅力型领

---

[1] 简文祥，王革. 2014. 西方领导力理论演进与展望. 科学学与科学技术管理，35（2）：80-85
[2] 胡剑影，蒋勤峰，赵兰琪. 2008. 国外领导理论研究评述. 中国人力资源开发，（11）：93-96
[3] 赵国祥. 2009. 领导理论研究的现状与展望. 河南大学学报（社会科学版），49（3）：133-138

导理论、道德领导理论等（表 1-3）。1978 年，伯恩斯（Burns）首次提出"变革型领导"的概念，巴斯（Bass）在其基础上进一步扩展，明确了变革型领导的定义，同时指出变革型领导的具体特质包含理想化影响力、鼓舞性激励、智力激发、个性化关怀，并以此来激发追随者的内在动机[1]。魅力型领导理论同样强调领导者凭借个人特质对员工施加影响。道德领导理论则强调领导者凭借自身专业和道德的权威，把学校转化为共同体，塑造并实现共同愿景。这些理论虽各有侧重，但其主要观点都是从象征和情感层面来阐述领导过程，强调领导者运用个人特质和行为来不断地进行变革和创新，以激励和鼓舞其他个体和组织，达到有效领导[2]。

表 1-3　主要的新型领导理论

新型领导理论	代表人物	主要观点
变革型领导理论	伯恩斯，巴斯	领导者通过倾听与合作引领下属，而不是靠命令与控制
魅力型领导理论	豪斯	强调领导者凭借个人特质对员工施加影响
道德领导理论	萨乔万尼（Sergiovanni）	领导者凭借自身专业和道德的权威，把学校转化为共同体，塑造并实现共同愿景
愿景型领导理论	纳努斯（Nanus）	通过建立共同愿景来激发追随者
分布式领导理论	斯皮兰（Spillance），哈里斯（Harris）	通过赋权、协作、分享来实现组织目标，主张每个个体都是领导者
真实型领导理论（也称诚信领导理论）	路桑斯（Luthans），阿华立（Avolio）	把领导者的积极心理能力与组织情境结合起来发挥作用，以一种被领导者确认为真实的方式从事领导工作
服务型领导理论	格林里夫（Greenleaf）	领导者扮演服务者角色，把自己的需要放在他人需要之后

（四）领导力模型剖析

迄今，有六种领导力模型理论值得特别关注：分布式领导模型、道德领导模型、变革型领导模型、WICS［wisdom（智慧），intelligence（智力），creativity（创造力），synthesized（综合）］领导模型、服务型领导模型、魅力型领导模型。本部分将对这些模型进行简述，以为本书欲建构的教师课程领导力模型提供参考。

1. 分布式领导模型

斯皮兰（Spillance）是分布式领导理论的奠基人之一。他在批判传统英雄式领导的基础上，提出领导工作并非领导者的个人行动，领导角色可以由多人共同承担，从而促使每一位成员的才能充分发展。此外，他认为分布式领导是由领导

---

[1] 陈致中，许俊仟. 2012. 变革型领导：理论、结构与最新研究综述. 现代管理科学，(9)：27-29，87
[2] 陈致中. 2013. 魅力型领导理论综述及对管理者的启示. 现代管理科学，(6)：33-35

者、追随者以及情境之间互动构成的，这三个要素共同组成了领导实践。如图1-1所示，领导者与追随者所处的情境限定了领导实践，领导实践则反作用于情境[①]。为此，不存在适用于所有情境的领导实践，领导实践不是一成不变的，而是一种动态的过程，会随着时间的推移动态调整，是由领导者与被领导者在特定情境中互相作用生成的[②]。

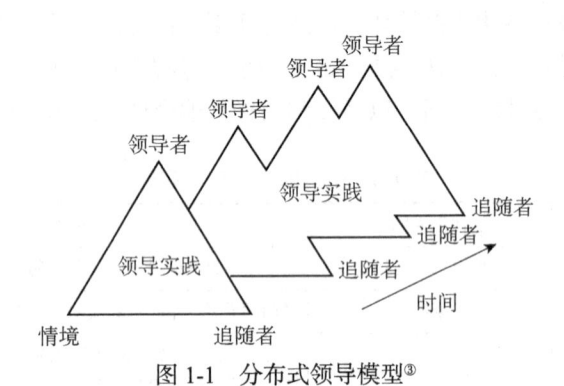

图1-1 分布式领导模型[③]

2. 道德领导模型

道德领导理论的重要代表人物是萨乔万尼（Sergiovanni），他在1992年首次提出"道德领导"的概念，并把其置于学校领导之中，认为道德领导是领导者凭借自身专业和道德的权威，把学校转化为共同体，塑造并实现共同愿景的过程。在此基础上，萨乔万尼提出了领导力的"五力模式"——技术力、人力、教育力、象征力以及文化力。从技术力来看，校长扮演"管理工程师"角色，使用各种策略对学校进行组织、协调。从人力来看，校长被视为"塑造人的工程师"，强调校长负责协调校内人际关系，为教师提供支持。从教育力来看，校长被看作"首席教师"，为教师提供咨询，并开展督导与评价。从象征力来看，校长被视为"首领"，为学校提供统一愿景。从文化力来看，校长扮演"高级教士"角色，强调校长在建构学校文化生活中的关键作用。[④]

3. 变革型领导模型

1978年，伯恩斯首次提出"变革型领导"概念，强调变革型领导不同于传统

---

① 张晓峰.2011.分布式领导：缘起、概念与实施.比较教育研究，33（9）：44-49
② 郑鑫，尹弘飚.2015.分布式领导：概念、实践与展望.全球教育展望，44（2）：96-106
③ Spillane J P. 2006. Distributed Leadership. San Francisco：Jossey-Bass，3
④ 〔美〕托马斯·J.萨乔万尼.2004.校长学：一种反思性实践观.张虹译.上海：上海教育出版社，119-131

的交易型领导，领导者与被领导者互相影响与作用。巴斯在其基础上进行了扩展，认为变革型领导通过激发下属的内在动机，构建和谐的人际关系，促使员工积极维护组织利益，为实现团队的共同目标而努力。[1]此后，巴斯进一步指出了变革型领导的构成要素：理想影响力、鼓励性激励、智力激励以及个人化考虑。理想影响力是指领导者以良好形象成为下属的榜样，不计较个人得失，愿意帮助下属，受到下属的认同与肯定。鼓励性激励是指领导者通过团队的共同目标唤起追随者的工作热情。智力激励是指领导者鼓励追随者以新的方式解决问题，以提高追随者的创造力。个人化考虑是指领导者通过倾听与合作关注下属的需求，而不是靠命令与控制[2]。

4. WICS 领导模型

WICS 领导模型是由美国著名心理学家斯滕伯格（Sternberg）提出的，他认为领导者应具备三个关键特质，即智慧、智力与创造力，三者协调综合，共同组成 WICS 领导模型[3]。智慧是指智慧的领导者能积极地采取策略平衡自身、他人与集体的利益。智力是指一个具备成功智力的领导者能扬长避短，有效地影响他人。创造力是指具备创造性的领导者能克服障碍、容忍模糊、重新定义并分析解决问题，从而进行成功的决策。该模型认为，领导者是由智慧、智力与创造力共同构成的综合体，这三个子系统相互作用，从而保障领导力的高效能[4]。

5. 服务型领导模型

格林里夫最早提出"服务型领导"概念，并建立了服务型领导理论[5]。他主张领导者的本质是仆人或服务者，为追随者提供必要的服务，从而获得追随者的信任与认同，同时提出服务型领导是由妥协能力、倾听、同理、直觉、预见等要素构成的。帕特森（Patterson）在此基础上进一步提出"领导者-追随者"模型，如图 1-2 所示，其构成要素包括领导关爱、谦卑、利他精神、愿景、信任、授权和服务[6]。该模型指的是领导者对追随者抱有关爱之心，保持谦卑的态度，认真倾听追随者的建议；把他人的需求放在自我需求之上，产生利他主义行为；为团队树立共同愿景，在彼此信任的基础上授权，并最终达到服务员工的目的。

---

[1] 转引自：李锐，凌文辁. 2007. 变革型领导的理论与研究述评. 科学管理研究，(6)：85-88，96
[2] 陈致中，许俊仟. 2012. 变革型领导：理论、结构与最新研究综述. 现代管理科学，(9)：27-29，87
[3] 转引自：胡中锋，王红. 2015. 斯腾伯格的 WICS 教育领导力模型述评. 中小学管理，(9)：25-28
[4] 转引自：李政，胡中锋. 2016. WICS 领导力模型：缘起、特征与启示. 高教探索，(8)：18-23
[5] 张志海，刘恒苹. 2013. 服务型领导：基本理念、建构困境与实现路径. 甘肃理论学刊，(2)：83-88
[6] 杨廷钫，凌文辁. 2008. 服务型领导理论综述. 科技管理研究，(3)：204-207

图 1-2 "领导者-追随者"模型

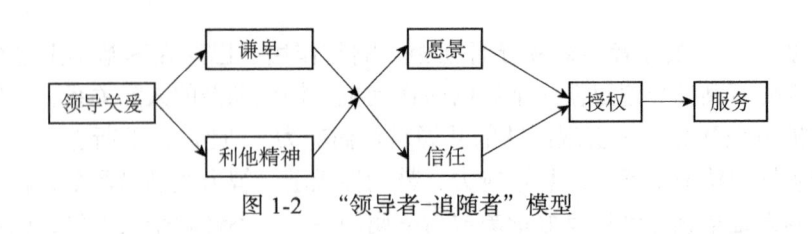

温斯顿（Winston）对"领导者-追随者"模型进行了优化。他认为追随者在接受领导者所提供的服务后也展示出其对领导者的关爱，在提高自我效能感的同时加深了对领导者的承诺，进而激发了追随者的内在动机及利他精神，最后达成追随者服务于领导者的目的。后来，温斯顿与合作者瑟夫（Cerff）在原模型的基础上添加了"希望"元素，因为追随者的希望水平是影响服务型领导授权的重要因素，而这会进一步影响追随者对领导者的服务（图1-3）。可见，服务型领导并非单向的领导者服务追随者的过程，而是二者在相互信任的基础上互相服务，从而实现良性循环，增强服务型领导的作用[1]。

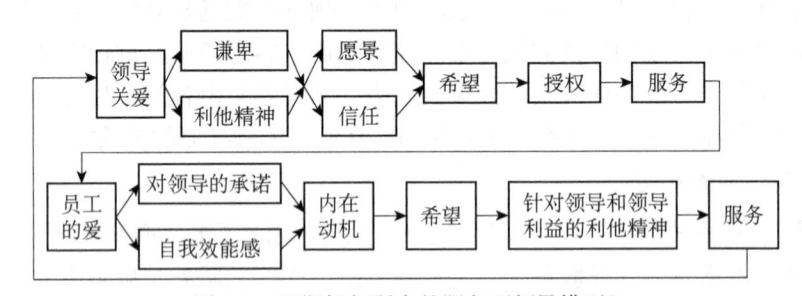

图 1-3 温斯顿与瑟夫的服务型领导模型[2]

6. 魅力型领导模型

20世纪20年代，韦伯在社会学领域提出"魅力型权威"概念。随后，豪斯将其引入管理学领域，提出一种新型领导理论，即魅力型领导理论。学界对魅力型领导的构成尚未形成统一意见，主要观点有豪斯的五因素模型、巴斯的六因素模型以及康格（Conger）和卡侬戈（Kanungo）的C-K模型。豪斯认为领导力模型是由角色模拟、形象塑造、阐明目标、表达高期望和信心以及激发行为动机五个因素共同构成的[3]。巴斯则在此基础上提出魅力型领导主要包括擅长印象管

---

[1] 邓志华，陈维政.2012.服务型领导理论模型的演化与检验.经济与管理，26（9）：53-56
[2] 邓志华，陈维政.2012.服务型领导理论模型的演化与检验.经济与管理，26（9）：53-56
[3] 转引自：董临萍，张文贤.2006.国外组织情境下魅力型领导理论研究探析.外国经济与管理，（11）：20-27，58

理、工作与价值观相联系、描绘愿景、角色榜样、富有表现力的行为、雄辩的口才六个方面[1]。相比之下，康格和卡侬戈的 C-K 模型更具代表性。他们指出魅力型领导由六个维度组成：①愿景激励，指通过树立组织的共同愿景，激励追随者努力实现目标的行为；②环境敏感性，指通过分析组织的内外部环境，提出改革措施并实现团队目标的能力；③成员需求敏感性，指领导者充分关注追随者的需求，并对其做出反应；④个人风险，指领导者为了集体利益而参与有风险的活动；⑤非常规行为，指领导者为完成团队共同愿景而采取出乎意外的行为；⑥不安于现状，提倡采取一定的冒险行为或打破常规来实现组织目标[2]。

综上所述，领导力理论起源于管理学、组织行为学、心理学、政治学等相关学科，虽然其为教育研究提供了重要参考，但若要应用到教育领域，需要发生教育视角的转化。基于教育性优先原则，分布式领导模型、道德领导模型与变革型领导模型对于教育领域的领导来说比较适切。因此，本书将在这三种领导模型的指引下，构建适合中国国情的教师课程领导力理论模型。

二、教师领导力概述

"教师领导力"（teacher leadership）概念始于 20 世纪 80 年代的美国，随着分布式领导理论、转化式领导理论等新兴领导理论在教育界的传播与盛行，教师领导力获得了越来越多的关注。在实践方面，引领型教师（lead teacher）被美国、澳大利亚等国家视为教师专业发展连续体的最高阶段。在研究方面，国际上，教师领导力研究主要聚焦内容结构、影响因素和培养路径等方面，研究方法以实证研究为主，研究成果较为丰富；在国内，教师领导力研究主要聚焦概念研究和比较研究，仅有少量实证研究，研究处于起步阶段[3]。基于研究的内在需要，本书主要从教师领导力的概念界定、构成维度、发展阶段、影响因素、教师领导力与相关因素的关系等方面进行研究综述。

（一）教师领导力概念界定

在概念界定上，国内外研究呈现出鲜明的视角差异。国内学者更多从领导能力视角对教师领导力加以界定。周晓静和郭宁生将领导力视为影响力，认为教师

---

[1] 转引自：董临萍，张文贤. 2006. 国外组织情境下魅力型领导理论研究探析. 外国经济与管理，(11)：20-27，58

[2] Conger J A, Kanungo R N. 1994. Charismatic leadership in organizations: Perceived behavioral attributes and their measurement. Journal of Organizational Behavior，15（5）：439-452

[3] 汪敏，朱永新. 2020. 教师领导力研究的进展与前瞻. 中国教育科学（中英文），3（4）：130-143

领导力是教师在特定情境中为实现学校教育目标而对学校中的人和事施加影响的能力，由此认为教师领导者应该承担引领、激励、榜样、变革的职责[1]。金建生认为，教师领导力是一个能力体系，它关注的是教师作为领导者在群体活动中吸引和影响相关人员进而实现一定目标的能力。这些能力可以是组织授权的，也可以是个人特质的，还可以是人际生发的[2]。

国外学者更多将"教师领导"理解为一种过程或行为。21世纪初，席尔瓦（Silva）等指出教师领导在发展中经历了三次概念变迁：第一次聚焦正式角色；第二次聚焦教学专业知识与技能；第三次聚焦教师在重建学校文化中的中心地位[3]。综合来看，目前，能力视角下对教师领导力的研究综合吸收了以上三个阶段的思想精华，并呈现出教师专业技能与文化能力并重的趋势。如今，国外学者对教师领导的理解出现一些新动向，即特别强调教师从领导行为到领导思维方式的转变，十分强调教师集体的责任与共享[4]。

在思维方式视角下，部分研究十分强调教师领导力的目标指向问题，尤其强调教师领导力与学生发展（如学生学习成就）的关系。教师领导包含的具体职责是引领同事的教学实践，在组织层面整合人力、财力与物质资源以提高教学与学习。约克-巴尔（York-Barr）和杜克（Duke）认为，教师领导以促进学生学习和成就为目标，教师个体或集体影响他们的同事、校长以及学校共同体其他成员，以改进教学和学习的过程。[5]刘志华和罗丽雯把教师领导界定为"教师运用专业知识和技能影响学生、其他教师以及家长成员，最后达到改善学生学习成就的目的"[6]。

（二）教师领导力的构成维度

在构成维度上，部分研究基于教师领导力的内在构成来剖析教师领导力的维度。例如，周晓静和郭宁生认为教师领导力是一种综合领导力，进而将之解构为教师的教学领导力、课程领导力、班级领导力、科研领导力、同伴领导力以及社

---

[1] 周晓静，郭宁生. 2014. 教师领导力. 北京：北京师范大学出版社，13

[2] 金建生. 2016. 教师领导研究：基于教师发展的视角. 北京：中国社会科学出版社，212

[3] Silva D Y, Gimbert B, Nolan J. 2002. Sliding the doors: Locking and unlocking possibilities for teacher leadership. Teachers College Record，102（4）：779-804

[4] 孙杰，程晋宽. 2020. 共享、协作与重构：国外教师领导力研究新动向. 外国教育研究，47（1）：103-115

[5] York-Barr J, Duke K. 2004. What do we know about teacher leadership? Findings from two decades of scholarship. Review of Educational Research，74（3）：255-316

[6] 刘志华，罗丽雯. 2015. 以学习为中心的校长领导力与教师领导力关系研究. 华南师范大学学报（社会科学版），（3）：62-68

会关系领导力[1]。金建生通过我国教师领导的实践样态分析，归纳出行政领导、专业领导和人际领导等三种教师领导的现实样态[2]，并从学理上论证教师领导力是行政领导力、专业领导力、人际领导力、道德领导力、自我领导力共同形成的综合力量[3]。胡继飞和古立新从教师领导力发挥作用的不同层面，将其分解为教师参与学校事务的影响力、教师在同事中的威信力以及教师对自身教育教学工作的驾驭力三种相互影响的领导力[4]。有研究依据教师领导力的辐射范围来划分教师领导力的层级结构。格兰特（Grant）基于实证研究得出了教师领导力的四个层次，即班级层次、同事层次、学校层次、社区和校际层次，每个层次都在一定程度上建立在先前层次的基础之上[5]。

也有研究从教师领导者的具体实践出发来提取教师领导力的维度。例如，约克-巴尔和杜克基于对多个研究（以实证研究为主）的总结归纳，得出教师领导实践的七个维度：协调与管理、学校或学区的课程工作、同事专业发展、参与学校变革或改进、与家长和社区建立合作、为教师职业做出贡献、职前教师教育[6]。后来，美国教师领导力探索联盟（Teacher Leadership Exploratory Consortium）开发了《教师领导者示范标准》（Teacher Leader Model Standards, TLMS），该标准具有较大的影响力。该标准亦将教师领导力分为七个维度：培养合作文化支持教育者发展和学生学习，获取并开展研究来改善教学和学生学习，促进专业学习以获得持续提升，促进教学与学习改进，推动测评和数据的使用以提升学校和地区的表现，增进与家庭和社区的合作，为学生学习和教师职业提出倡议。与约克-巴尔和杜克的研究相比，《教师领导者示范标准》各维度的内容更加细化，并且更加凸显教师领导力与学生学习的关系。综合来看，实践取向的教师领导维度表明，协作素养是教师领导力的关键[7]。

---

① 周晓静，郭宁生. 2014. 教师领导力. 北京：北京师范大学出版社，14
② 金建生. 2008. 教师领导的实践样态及动因探析. 教育发展研究，（10）：33-36
③ 金建生. 2016. 教师领导研究：基于教师发展的视角. 北京：中国社会科学出版社，212-214
④ 胡继飞，古立新. 2012. 我国教师领导力现状及其影响因素的调查研究——以广东省为例. 课程·教材·教法，32（5）：111-116
⑤ Grant C. 2006. Emerging voices on teacher leadership. Educational Management Administration & Leadership，34（4）：511-532
⑥ York-Barr J，Duke K. 2004. What do we know about teacher leadership? Findings from two decades of scholarship. Review of Educational Research，74（3）：255-316
⑦ 孙杰，程晋宽. 2020. 共享、协作与重构：国外教师领导力研究新动向. 外国教育研究，47（1）：103-115

（三）教师领导力发展阶段

有学者从教师专业发展的视角提出了教师领导力的发展阶段论。例如，辛哈（Sinha）和哈努辛（Hanuscin）通过多案例研究，建构了教师领导力发展模型，提出教师领导力的发展是教师领导力观念（teacher leadership views）、教师领导力实践（teacher leadership practices）与教师领导力认同（teacher leadership identity）由相互分离走向关联加深的过程[1]。亨齐克（Hunzicker）认为，教师领导力包含教师关于领导力的立场、行为与自我感知，其发展过程表现为教师领导力的立场先于教师领导力的行为，而教师领导力自我感知的发展可能需要更长的时间，一般而言，要经过教师领导力、发展中教师领导力、情境性教师领导力、班级教师领导力四个发展阶段[2]。

（四）教师领导力构成模型

根据教师领导力概念界定的不同视角，在教师领导力框架模型方面，有学者呈现出了不同的视角，其中，行为取向与发展取向的教师领导力模型具有较强的代表性，在此简述之。

在行为取向的教师领导力模型方面，丹尼尔森（Danielson）的《教学框架》（Framework for Teaching，FFT）与美国教师领导力探索联盟开发的《教师领导者示范标准》为发展教师领导者提供了全面的、基于研究的理论框架。其中，前者适用于起步阶段的教师领导者，后者适用于高级阶段的教师领导者[3]。

《教学框架》是目前在全球范围内广泛使用的评估工具，该框架从课前、课中和课后全面评估教师专业发展水平[4]，由丹尼尔森开发。该工具第一次发表于1996年，并于2007年、2011年和2013年进行了修订。丹尼尔森的《教学框架》在美国是被广泛应用于学前至高中阶段的教师自我评估、教师培养和教育督导的工具。至2013年，美国已有超过20个州采用该框架作为教师评价的工具[5]。目前，英国、德国、韩国和南非等国家也在使用该模型[6]。

---

[1] Sinha S，Hanuscin D L. 2017. Development of teacher leadership identity：A multiple case study. Teaching & Teacher Education，63：356-371

[2] Hunzicker J. 2017. From teacher to teacher leader：A conceptual model. International Journal of Teacher Leadership，8（2）：1-27

[3] 周九诗. 2017. 美国教师专业发展评估模型探析. 基础教育，14（5）：88-94，112

[4] 周九诗. 2017. 美国教师专业发展评估模型探析. 基础教育，14（5）：88-94，112

[5] Hunzicker J. 2017. Using Danielson's framework to develop teacher leaders. Kappa Delta Pi Record，53（1）：12-17

[6] 周九诗. 2017. 美国教师专业发展评估模型探析. 基础教育，14（5）：88-94，112

《教学框架》包含计划与准备、课堂环境、教学、专业责任四大领域与22个具体构成要素，每个领域对应教师在不适应、基础、熟练、卓越四个水平上的具体表现。一般认为，专业责任领域的加入专业共同体、获得专业成长与发展、展现专业素养三要素是非正式教师领导力的重要标志，其具体构成如表1-4所示。

表1-4 《教学框架》中的非正式教师领导力要素[①]

加入专业共同体	获得专业成长与发展	展现专业素养
·与同事保持互动关系 ·融入专业探究文化 ·为学校服务 ·参与学校和地区项目	·增强内容知识和教学技能 ·从同事那里得到反馈 ·服务于专业	·诚信和道德的行为 ·为学生服务 ·倡议/为学生发声 ·决策 ·遵守学校和地区规定

《教师领导者示范标准》由美国教师领导力探索联盟开发，最初版本在2010年问世，于2011年获得修订后受到广泛关注与应用。该标准基于约克-巴尔和杜克的教师领导实践维度，融合不同主体的观点，从功能的角度列出了教师领导的七大行动领域：培植合作型文化以支持教师发展与学生学习、接触和使用研究以改善教学与学生学习、促进专业学习以获得持续改进、推动教学与学生学习改善、改进测试和数据的使用以改善学校和地区的表现、改善与家庭和社区的外联和协作、为学生学习和教师专业发声[②]。每一个领域对应不同的具体功能，如表1-5所示。与约克-巴尔和杜克的教师领导实践模型所不同的是，约克-巴尔和杜克是以单向视角审视教师领导力，重心在于教师的自我管理以及教师对他者的影响，教师领导力探索联盟则基于生态视角，注重激发教师与多方主体之间的相互影响与作用。换言之，《教师领导者示范标准》体现出鲜明的专业共同体视角，教师之间的合作互助是贯穿七大标准的一条主线，它既劝导教师与同事合作，借助同事的力量共同促进教学与学习的改善，也引导教师对同事予以帮助、支持与指导，并注重吸收家庭与社区的力量。由此可以推知，教师领导力的产生与发挥离不开共同体语境，因此，教师的合作意识与协作素养构成教师领导力的核心[③]。但同样值得注意的是，也有研究指出该标准因缺少建立与维系共同愿

[①] Danielson C. 2013. The Framework for Teaching: Evaluation Instrument. Princeton: The Danielson Group, 99-109

[②] Berg J H, Carver C L, Mangin M M. 2014. Teacher leader model standards: Implications for preparation, policy, and practice. Journal of Research on Leadership Education, 9 (2): 195-217

[③] 孙杰，程晋宽. 2020. 共享、协作与重构：国外教师领导力研究新动向. 外国教育研究，47 (1): 103-115

景、发展教学专长两大重要领域以及忽视情境因素，亦存有不容忽视的缺憾[1]。

表 1-5 《教师领导者示范标准》七大行动领域及其功能[2]

领域	功能
领域 1：培植合作型文化以支持教师发展与学生学习	a. 利用小组流程帮助同事协同工作，以解决问题、做出决策、管理冲突并促进有意义的变革 b. 在倾听、表达观点、引领讨论、诠释、协调等方面做出表率，识别自身与他人的需要以推进共享目标与专业学习 c. 使用促进技能在同事间建立信任关系，发展集体智慧，树立支持学生学习的所有权与行动 d. 努力创设包容性文化，欢迎应对挑战的多元视角 e. 使用对于不同背景、种族、文化及语言的知识与理解以促进同事间的有效互动
领域 2：接触和使用研究以改善教学与学生学习	a. 在评价与使用研究成果方面协助同事，以选择合适的策略改善学生学习 b. 促进学生学习数据分析、合作解释结果以及应用发现去改善教学与学习 c. 在与高等教育机构及其他组织合作开展关键教育问题的研究方面支持同事 d. 教导和支持同事收集、分析与交流基于他们课堂教学的数据，以改善教学与学习
领域 3：促进专业学习以获得持续改进	a. 与同事和学校管理者合作设计专业学习方案，这一方案应具有基于小组、嵌入工作、持续性、与学科内容标准相一致、与学校和地区改进目标相联系等特征 b. 利用有关成人学习的信息，通过识别、促进和推动多样化与差异化的专业学习，来满足同事的不同学习需求 c. 促进同事间的专业学习 d. 发现与使用合适的技术手段来改善合作与差异化专业学习 e. 与同事合作收集、分析和传播有关专业学习质量及对教学与学生学习有影响的数据 f. 倡导同事提供足够的准备、时间和支持，让他们在团队中进行与工作相关的专业学习 g. 为同事提供建设性反馈，以增强教学实践以及改进学生学习 h. 使用关于新兴教育、经济以及社会发展趋势的知识，设计与促进专业学习
领域 4：推动教学与学生学习改善	a. 完善基于课堂或学校的数据的收集、分析与使用，识别改进课程、教学、评价、学校组织以及学校文化的机会 b. 和同事开展基于教学观察、学生作业以及评估数据的反思性对话，促进教学与基于研究的有效教学实践之间的关联 c. 通过担任导师、教练和内容促进者等角色，支持同事个人的和集体的反思与专业成长 d. 担任小组领袖，促进技能提升以及专家知识和同事知识的积累，以满足课程期望与学生学习的需要 e. 利用现有的和新兴的技术知识来指导同事帮助学生熟练和适当地浏览互联网上可用的知识，使用社交媒体促进合作学习，并与世界各地的人员和资源建立联系 f. 改进教学策略以应对课堂中的多样化与平等问题，确保每一位学生的学习需要始终是教学的核心关切
领域 5：促进使用测评和数据来改善学校和学区	a. 增强同事识别与使用符合州和当地标准的多元测评工具的能力 b. 与同事合作设计与实施测评，为学生评分和解释学生数据，以提高教育实践和学生学习 c. 创设信任与专业反思氛围，以便让同事就学生学习数据进行富有挑战性的对话，从而为发现的问题提供解决方案 d. 与同事合作使用由测评数据得出的结论，推动教学或组织结构变革，以改善学生学习

---

[1] Berg J H, Carver C L, Mangin M M. 2014. Teacher leader model standards: Implications for preparation, policy, and practice. Journal of Research on Leadership Education, 9 (2): 195-217

[2] Berg J H, Carver C L, Mangin M M. 2014. Teacher leader model standards: Implications for preparation, policy, and practice. Journal of Research on Leadership Education, 9 (2): 195-217

续表

领域	功能
领域6：改善与家庭和社区的外联和协作	a. 在学校共同体中使用对于不同背景、种族、文化和语言的知识和理解，以促进同事间、家庭间以及更大的共同体中的有效互动 b. 示范并传授与家庭和其他利益相关者的有效沟通和协作技能，专注于使不同背景和情况的学生公平地获得成就 c. 促进同事在理解共同体文化及其多样性以及发展文化响应策略方面的自我评估，以丰富学生的教育经历，使所有学生实现高水平学习 d. 在同事间发展一种关于家庭与社区的多样性教育所需要的共享理解 e. 与家庭、社区以及同事合作开发为应对家庭与社区多样化教育所需要的综合策略
领域7：为学生学习和教师专业发声	a. 与同事分享关于本地、州和全国的趋势与政策可以如何影响课堂实践以及学生学习期望的信息 b. 与同事合作，确定并利用研究来倡导满足所有学生需要的教学和学习过程 c. 与同事合作选择合适的机会为争取学生的权利与/或满足学生的需要发声，在学校或地区内获取支持学生学习的额外资源，与目标听众，如家长、社区成员进行有效沟通 d. 为获取专业发展资源提出倡议，包括财政支持、人力及其他物质资源，允许同事花宝贵时间了解有效教学实践以及发展聚焦学校改进目标的专业学习共同体 e. 在课堂之外代表并为教师专业发声

综合而言，以上两个框架都是从教师担任教师领导者的角色职责与功能出发来建构教师领导模型的。此外，其突出共性还在于二者虽然具有多重目标指向，即同时指向了学生学习、学校改进与专业发展，但始终将学生学习置于教师领导的核心旨归，注意体现特定的教师领导行为与学生学习之间的具体联系，并将现代技术与数据思维对教学与学习生态的影响纳入教师领导的范畴，对于教师课程领导力的模型建构亦具有重要启示。

在发展取向的教师领导力模型方面，我们认为辛哈和哈努辛的教师领导力发展模型具有较强的启示意义，因为该模型不仅包含教师领导力构成要素，而且包含各要素的动态演变轨迹及其发展条件，因而可被视为综合取向的教师领导力模型。该模型将教师领导力分解为教师领导观念、教师领导实践和教师领导认同三个维度。显然，与其他模型相比，该模型具有较大的结构合理性与较强的包容性。其中，教师领导实践维度可以囊括任何行为取向的教师领导力模型。与此同时，该模型还包括教师领导观念与教师领导认同两种内隐性因素，对于综合考察教师领导力具有较强解释力。此外，该模型还指出，教师领导力发展是在相关条件的促进下，教师领导观念、教师领导实践与教师领导认同由分散走向聚合的过程[1]，如图1-4所示。

---

[1] Sinha S, Hanuscin D L. 2017. Development of teacher leadership identity: A multiple case study. Teaching & Teacher Education, 63: 356-371

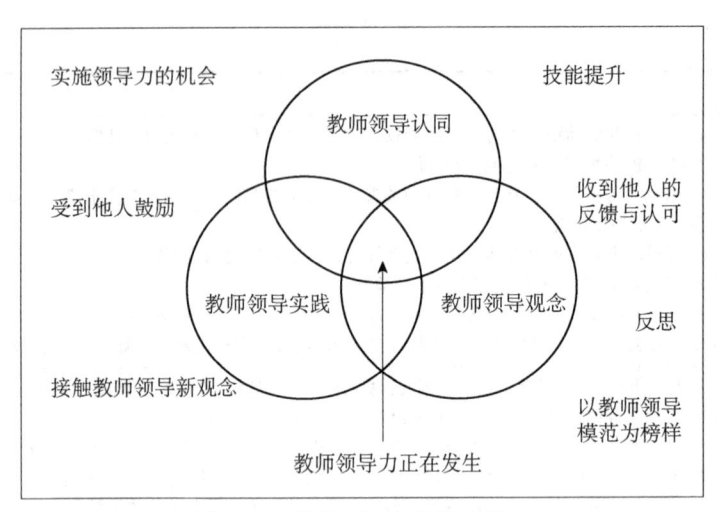

图 1-4　教师领导力发展过程[1]

（五）教师领导力影响因素

综合已有观点，我们发现影响教师领导力的因素主要有教师个人、校长、学校文化、人际关系、学校制度等。有研究开展了教师领导力影响因素的综合分析，例如，某项针对骨干教师的实证研究发现，校长赋权程度、同事信任程度、学校文化氛围、学校制度等外在因素，以及教师的个人专业素养和领导技能均是影响骨干教师领导力的重要因素[2]。约克-巴尔和杜克通过文献梳理，发现影响教师课程领导力的因素主要分为学校的文化、角色与人际关系、结构三个方面[3]。

部分研究聚焦影响教师领导力的某项特定因素并对其进行深入分析。在教师主体因素方面，关于教师领导力的一个普遍共识是，既要给教师赋权，也要求教师具备与之匹配的能力。有研究认为，教师领导力所需要的技能包含个人能力、合作能力、专业知识和技能、变革能力四大类，其中每一类又包含3～4项具体技能[4]。弗罗斯特（Frost）和哈里斯（Harris）认为影响教师领导力发挥的教师个人能力包括个人权威、教学知识和组织知识、情境理解能力和人际关系技巧

---

[1] Sinha S, Hanuscin D L. 2017. Development of teacher leadership identity: A multiple case study. Teaching & Teacher Education, 63: 356-371

[2] 王绯烨, 萨莉·扎帕达. 2017. 骨干教师领导力影响因素的实证研究. 湖南师范大学教育科学学报,（3）: 83-88

[3] York-Barr J, Duke K. 2004. What do we know about teacher leadership? Findings from two decades of scholarship. Review of Educational Research, 74（3）: 255-316

[4]〔英〕阿尔玛·哈里斯,〔英〕丹尼尔·缪伊斯. 2007. 教师领导力与学校发展. 许联, 吴合文译. 北京: 北京师范大学出版社, 98

等[1]。哈里斯和缪伊斯（Muijs）发现教师担当领导角色的意愿、经验和信心是影响教师领导水平的重要因素[2]。塞佩达（Zepeda）等提出，教师要成为领导者，需要具备13项潜在特质，例如，对于教学、学校风气以及区域组织的发展等已经有一种远见性的想法；自愿担当一名领导者及承担相应的任务；有预感并能基于这些预感去冒险；有自信与现状抗争，并按照自己的信念执行；愿意承担更多的责任，并积极寻求担责等[3]。曾艳等从新课程改革对教师角色转变的要求出发，认为教师要成为学习领导者，首先要成为自身学习的领导者，并指出在自上而下的改革理路中，教师能否将个人能动性汇聚形成互惠的共同目标，是教师突破结构限制、成长为真正的学习领导者的关键所在[4]。

在校长方面，有研究通过对在广东省不同地区、不同类型的中小学校中随机抽取的570名教师进行调查，发现以学习为中心的校长领导力能够对教师领导力产生显著影响，校长领导力水平越高，教师领导力的水平也越高[5]，表明校长对教师领导力具有重要影响。巴克纳（Buckner）和麦克道尔（McDowelle）认为校长是否对领导者角色有明确认识，是否接受教师领导者的存在并意识到他们存在的价值，是否鼓励优秀教师成为领导者并愿意帮助他们成长等将对教师领导力的发展具有重要作用[6]。也有学者认为校长应成为"教师领导者的领导者"，助力教师成为领导型教师[7]。桑顿（Thornton）发现校长的领导风格会影响教师领导力，过于独裁或过于放任的校长领导风格都不利于教师领导力的发展[8]。曼金（Mangin）通过进一步研究发现，高支持型的校长会在反复沟通中向教师领导者表达改进教学的期望，同时将教师领导者视为有用的教学资源，还会在沟通中采

---

[1] Frost D, Harris A. 2003. Teacher leadership: Towards a research agenda. Cambridge Journal of Education, 33 (3): 479-498

[2] Harris A, Muijs D. 2005. Improving Schools Through Teacher Leadership. Maidenhead: Open University Press, 106

[3] Zepeda S J, Mayers R S, Benson B N. 2003. The Call to Teacher Leadership. New York: Routledge, 6-7

[4] 曾艳，黎万红，卢乃桂. 2014. 课程改革中教师成为学习领导者的路径探索——基于一项实证研究的探讨. 教师教育研究, 26 (1): 86-91

[5] 刘志华，罗丽雯. 2015. 以学习为中心的校长领导力与教师领导力关系研究. 华南师范大学学报（社会科学版），(3)：62-68

[6] Buckner, K G, McDowelle J O. 2000. Developing teacher leaders: Providing encouragement, opportunities, and support. NASSP Bulletin, 84 (616): 35-41

[7] Childs-Bowen D, Moller G, Scrivner J. 2000. Principals: Leaders of leaders. NASSP Bulletin, 84 (616): 27-34

[8] Thornton H J. 2010. Excellent teachers leading the way: How to cultivate teacher leadership. Middle School Journal, 41 (4): 36-43

用"期望教师与教师领导者沟通交往"等策略来支持教师领导的发展[1]。

在文化方面，哈特（Hart）通过对两所中学的实证研究发现，学校文化的健康与否是影响教师领导力的关键因素，民主开明的学校文化是有益的，反之则是有害的[2]。而斯迈利（Smylie）的研究表明，合议、合作型学校文化是提升教师领导力的必要不充分条件[3]。布鲁克斯（Brooks）等补充强调了学校成员拥有共同愿景和目标对教师领导能力的影响作用[4]。在人际关系方面，津恩（Zinn）通过对部分教师的质性研究发现人际关系也是影响教师领导力的重要因素，教师获得的支持度，以及同事间的尊重程度、相依性和团队合作精神等会影响教师领导的成功与否[5]。布罗茨基（Brosky）通过质性访谈发现同事的排斥和不满阻碍了教师领导能力的进步[6]。其他研究也证明，教师的角色期望以及教师与其他教师、校长之间的关系是影响教师领导力的重要因素[7]。

（六）教师领导力与相关因素的关系

教师领导力与学生发展以及与校长领导力之间的关系也受到了较多研究者的青睐，其中以实证研究居多。例如，一项针对中国某省的实证研究表明，变革型校长领导与教师领导呈显著正相关。同时，变革型校长领导和教师领导都与教师自我效能感呈正相关，而只有教师领导与学生学习呈正相关[8]。一项研究对长沙市、海口市共6所中学18个自然班的910名学生开展了问卷调查，发现变革型教师领导与交易型教师领导对中学生责任心养成所产生的影响具有差异性，虽然两种领导方式都会影响中学生的责任心养成，但变革型教师领导的积极影响力大

---

[1] Mangin M M. 2007. Facilitating elementary principal's support for instructional teacher leadership. Educational Administration Quarterly，43（3）：319-357

[2] Hart A W. 1994. Creating teacher leadership roles. Educational Administration Quarterly，30（4）：472-497

[3] Smylie M A. 1992. Teachers' reports of their interactions with teacher leaders concerning classroom instruction. Elementary School Journal，93（1）：85-98

[4] Brooks J S，Scribner J P，Eferakorho J. 2004. Teacher leadership in the context of whole school reform. Journal of School Leadership，14（3）：242-265

[5] Zinn L F. 1997. Supports and barriers to teacher leadership：Reports of teacher leaders. Chicago：Annual Meeting of the American Educational Research Association：367-385

[6] Brosky D. 2011. Micropolitics in the school：Teacher leaders' use of political skill and influence tactics. International Journal of Educational Leadership Preparation，6（1）：1-11

[7] York-Barr J，Duke K. 2004. What do we know about teacher leadership? Findings from two decades of scholarship. Review of Educational Research，74（3）：255-316

[8] Li L，Liu Y. 2020. An integrated model of principal transformational leadership and teacher leadership that is related to teacher self-efficacy and student academic performance. Asia Pacific Journal of Education，4（2）：661-678

于交易型教师领导[1]。哈里斯和缪伊斯结合理论分析与案例研究，探索了教师领导力与学校发展之间的关系，对如何理解教师领导力、教师课程领导力之于学校发展的意义、如何识别与扫清教师领导力的现实障碍、如何开发与提升教师领导力以促进学校发展等给出了自己的洞见[2]。

综上，已有研究给我们指明了一个基本方向，即无论是作为领导能力与行为的教师领导力，还是作为思维方式抑或哲学立场的教师领导力，都必须以学生的学习与发展为核心指向。就已有的教师领导力框架或模型来看，教师领导的实践与能力均涉及多个面向，考虑到我们很难在一项研究中对教师领导力的每一个面向都进行深入探讨，而课程不仅是联结教师与学生关系和活动的关键媒介，更是我国新一轮基础教育改革的核心抓手，因此，我们认为聚焦教师的课程领导力更加有助于提升研究的深度。

三、课程领导力概述

"课程领导力"（curriculum leadership）概念在20世纪50年代就已出现，至20世纪70年代，随着校本课程开发运动的兴起，课程领导力才真正进入人们的视野[3]，并越来越被认为是支持学校发展和促进课程改革的一个重要因素[4]。"curriculum leadership"这一词汇来源于西方，由于翻译的差异，我国学者将其翻译为"课程领导力"或"课程领导"。因此，为全面把握此方面的动态，我们需要同时考虑关于课程领导与课程领导力的研究。依据已有研究的关注点，我们可根据领导主体的差异，把课程领导力划分为区域课程领导力、学校课程领导力、校长课程领导力和教师课程领导力这四个相互联系的层级，本部分主要对前三个层级进行概述，后文将对教师课程领导力进行单独论述。

（一）区域课程领导力

区域课程领导力是一个长期被忽视的研究主题[5]，目前对区域课程领导力的

---

[1] 毛晋平，宋灿. 2018. 教师领导方式对学生责任心养成影响的比较研究. 教师教育研究，30（5）：61-65

[2] 〔英〕阿尔玛·哈里斯，〔英〕丹尼尔·缪伊斯. 2007. 教师领导力与学校发展. 许联，吴合文译. 北京：北京师范大学出版社，98

[3] 鲍东明. 2016. 关于西方课程领导理论发展趋向研究. 比较教育研究，38（2）：64-71

[4] Wai-Yan Wan S, Leung S. 2022. Integrating phenomenography with discourse analysis to study Hong Kong prospective teachers' conceptions of curriculum leadership. Cambridge Journal of Education, 52（1）: 91-116

[5] 安桂清，张雅倩. 2018. 区域课程领导力提升的个案研究——以上海市杨浦区的实践探索为例. 中国教育学刊，（5）：73-79

研究稍显单薄，相关研究成果较少。现有的文献资料中，关于区域课程领导力的内涵、价值、问题与提升路径、反思与展望的研究较多。

关于区域课程领导力的内涵与构成，已有的大多研究主要将其理解为区域团队对区域课程的一种或多种课程能力，部分研究将其理解为由多种能力构成的一个系统。例如，有研究指出，区域课程领导力是一个区域课程领导团队基于区位结构以及区域教育发展定位对区域课程的规划、建设、实施、评价和管理的能力，是一个多层级的动态系统；在此基础上指出，区域课程领导力具有区域性、主体性、结构性、交互性和开放性的特征[1]。还有研究认为区域课程领导力处于国家学校课程领导力与学校课程领导力之间，是在一个特定的区域内由教育行政、业务部门与学校共同构建课程领导团队，并基于区域教育发展愿景、教育优质均衡发展理念以及学生发展的课程品质，对区域课程进行顶层设计、理念引领、组织实施、科学评价与有效管理的能力[2]。可见，现有研究均认为区域课程领导力的作用因区域而形成，有特定的区域范围，具有一定的区域性；同时，区域课程领导力的实施主体多为专门团队、学校以及区域的相关部门。

在对区域课程领导力进行概念界定的基础上，有研究者认为区域课程领导力有三方面的具体表现：对国家课程的正确理解和对学校课程的准确定位；对校内外教育教学资源的挖掘、组织和整合；对学校课程文化的培育、课程设置的执行、课程评价的组织与实施，以及对校本教研的指导等[3]。还有研究认为区域课程领导力的具体表现为：构建区域课程文化，指导学校规划、开发、实施包括国家课程、地方课程与校本课程在内的学校课程，指导教师创造性地实施课程，搭建校际相互交流与学习的平台，形成校际交流机制，全面提升区域教育质量[4]。

在区域课程领导力的价值研究方面，现有的研究基本上从理论价值和实践价值等方面进行论述。例如，有的研究指出，一方面，区域课程领导力具有促进国家教育均衡发展、地区教育现代化、区域课程改革与发展、学校课程建设与发展的现实意义；另一方面，其具有创新教育管理学、丰富课程管理学并发展课程领导力的理论价值[5]。也有研究者认为，区域课程领导力不仅可以对学习结果产生

---

[1] 袁晓英.2012.区域课程领导力建设的理论与实践.上海：上海三联书店，24-27
[2] 朱静萍，谭伟.2015.区域课程领导力的构建与实践——"书香南岸 幸福教育"实践路径.北京：人民教育出版社，33
[3] 袁晓英.2015.变革，让区域课程领导更有张力.上海教育科研，(5)：56-59
[4] 许雯，王希军.2015.区域课程领导力提升的实践探索.当代教育科学，(14)：36-39
[5] 袁晓英.2012.区域课程领导力建设的理论与实践.上海：上海三联书店，1-10

重要影响，还有利于打破学校变革的钝滞局面[1]。还有研究者认为区域课程领导力的价值为整合国家、地方、学校三级课程内容、促进学校交流、充分吸收各主体的社会资本等[2]。也有研究者将回归教育本质，即"幸福每一个孩子"作为区域课程领导力建设的价值追求[3]。

学者主要从实证研究入手，针对区域课程领导力的现状提出了相应的提升路径。袁晓英以上海市金山区为研究对象，指出区域课程领导力缺失的原因是课程文化缺失、课程领导无序以及课程实施缺乏，并从区域课程领导力的主体增强、客体优化等方面提出了区域课程领导力的提升策略[4]。安桂清和张雅倩以上海市杨浦区的实践探索为例，认为可以从以下四方面着手提升：设立新机构以引发组织规则的重构、推动变革愿景作为公共话语、构建以学习网络为特征的区域变革共同体、采用问责与能力建设相结合的政策工具[5]。许雯和王希军以山东省滨州市为例，指出区域课程力问题重重：学校课程改革存在改革缺乏理论引领、课程内容重复、学校课程开发能力薄弱、学校间课程开发缺乏交流等；认为区教育局可以从提升校长和教师的课程领导力、积极进行课程资源的整合以构建学校课程发展共同体、积极构建科学有效的课程改革评价机制等方面进行改进[6]。朱静萍和谭伟将规划力、组织力、研究力、执行力、创新力这"五力"作为区域课程领导力的实践路径[7]。总体而言，此方面的研究均以地区项目为抓手，通过个案对区域课程领导力进行分析，揭示其现状并提出针对性的发展路径。

尽管区域课程领导力的发展促使各区域有诸多成效，但课程领导力仍有提升的空间，已有研究对其进行了一些反思与展望。未来可以有效协调区域课程管理与课程领导之间的关系，并持续谋求制度变革的深入推进[8]。还有研究指出需进一步完善凸显区域特色的督导评估机制，强化激发基层活力的激励机制，建立促

---

[1] 安桂清，张雅倩. 2018. 区域课程领导力提升的个案研究——以上海市杨浦区的实践探索为例. 中国教育学刊，（5）：73-79
[2] 许雯，王希军. 2015. 区域课程领导力提升的实践探索. 当代教育科学，（14）：36-39
[3] 李劲渝，朱静萍. 通过区域课程领导力建设回归教育本质. 中国教育学刊，2015（6）：101.
[4] 袁晓英. 2012. 区域课程领导力建设的理论与实践. 上海：上海三联书店，33-145
[5] 安桂清，张雅倩. 2018. 区域课程领导力提升的个案研究——以上海市杨浦区的实践探索为例. 中国教育学刊，（5）：73-79
[6] 许雯，王希军. 2015. 区域课程领导力提升的实践探索. 当代教育科学，（14）：36-39
[7] 朱静萍，谭伟. 2015. 区域课程领导力的构建与实践——"书香南岸 幸福教育"实践路径. 北京：人民教育出版社，154-188
[8] 安桂清，张雅倩. 2018. 区域课程领导力提升的个案研究——以上海市杨浦区的实践探索为例. 中国教育学刊，（5）：73-79

进课程领导力持续提升的推进机制①。

（二）学校课程领导力

提升学校课程领导力是促进学校良性发展的内在之需，也是办好公平而有质量教育的时代呼唤。因此，学校课程领导力是当前我国课程领导力研究的焦点之一。

关于学校课程领导或课程领导力的定义，不同学者因其研究视角不同而有不同的理解。其一是立足领导共同体的视角来理解其内涵，认为学校课程领导是指课程领导者与被领导者通过课程互动而相互影响②，营造学校课程社群，促进学习共同体的发展③，并在课程领域实现目标的过程④。其二是从影响力出发研究其内涵，指出学校课程领导力本质上是一种专业影响力⑤，通过自身的行动影响教师及教师群体，进而影响学校课程的实施⑥。其三是从知识管理视角出发，提出学校课程领导是利益相关者利用知识从事课程实践活动，通过知识的交流与共享构成课程领导的学习型团队⑦。其四是从范式转型角度分析，强调学校课程领导是从传统的"官僚-控制"范式向"反思-自主"范式转变⑧。

在学校课程领导或课程领导力的构成要素上，不同学者有不同的见解。有学者聚焦学校课程工作本身，将学校课程领导分解为形成课程愿景、发展专业社群、注重行为引领、聚焦课程问题四项核心实践⑨。也有研究者认为学校课程领导力主要包括课程思想力、课程设计力、课程执行力、课程评价力四要素⑩。

关于学校课程领导力的困境与出路，已有研究主要从教师参与课程领导的程度、利益相关者之间的关系等方面进行探索。董小平指出学校课程领导力存在教师与校长相互提防、教师之间相互疏远、教师对学生独断专行等问题，根本在于

---

① 区域加强学校课程领导的机制创新实践研究项目组. 2016. 机制创新：区域加强课程领导的主动作为——来自"上海市基础教育创新试验区"的报告. 上海：上海教育出版社, 32-26

② 董小平. 2008. 教师参与学校课程领导：意蕴、缺失与构建. 中国教育学刊, (5)：40-44

③ 钟启泉, 岳刚德. 2006. 学校层面的课程领导：内涵、权限、责任和困境. 全球教育展望, 35（3）：7-14

④ 金京泽. 2019. 简论学校课程领导力之上海模型. 上海课程教学研究, (12)：6-12

⑤ 上海市教育委员会教学研究室. 2019. 课程领导：学校持续发展的引擎——上海市提升中小学（幼儿园）课程领导力十年行动. 上海：上海科技教育出版社, 20

⑥ 于泽元. 2014. 课程变革中的学校课程领导. 北京：人民出版社, 8

⑦ 罗生全, 靳玉乐. 2007. 学校课程领导：知识管理的视点. 中国教育学刊, (8)：25-29

⑧ 靳玉乐, 董小平. 2007. 论学校课程领导的范式转型. 教育理论与实践, (7)：44-48

⑨ 董辉, 文剑冰, 吴刚平. 2016. 课程改革背景下初中学校课程领导的调查分析. 全球教育展望, 45（9）：21-36, 76

⑩ 上海市教育委员会教学研究室. 2019. 课程领导：学校持续发展的引擎——上海市提升中小学（幼儿园）课程领导力十年行动. 上海：上海科技教育出版社, 22

教师参与课程领导的缺失；为此，教师必须诊断学校现状，激发自身参与课程的愿景，提升自身课程领导能力[1]。曹周天则认为学校课程领导之困境有二：一是在"经验"与"专业"之间左右摇摆；二是在"管"与"放"之间左右为难。基于此，我们必须明确学校课程领导的价值定位，促进全员参与学校课程建设[2]。还有的学者提出当前课程领导层次不高，欠缺引领课程发展的哲学思维，忽视"课程"研究与全员发展[3]。我们需以校长专业化发展推动学校课程领导实践，实施知识管理，并构建学校冲突管理机制[4]。

综上可知，学校课程领导的实质是在学校课程实践活动中构建领导者与被领导者的学习共同体，并在共同目标的指引下提升学校教育质量。

（三）校长课程领导力

由于校长在学校中扮演着关键角色，校长的课程领导力关乎基础教育课程改革的成败。因此，长久以来，学术界与实践领域把课程领导力的关注重点放在校长身上，从校长的角度探讨课程领导力，课程领导力也常常被自然地等同于校长课程领导力。

围绕校长课程领导力的定义，已有研究呈现出以下三种差异化视角。一是立足于能力层面。校长课程领导力是指校长按照一定的办学定位、培养目标所进行的学校课程开发建设，实现全面提升学校教育质量的能力[5]，是校长在实践中形成的校本推进力[6]，是引领与指导教师进行课程实施与课程建设的能力[7]。二是紧紧围绕校长的角色任务，认为校长需引领学校教师形成共同课程愿景，民主进行课程设计、课程开发等活动[8]，改造学校组织，提升教师的专业水平[9]。三是凸显校长课程管理与课程领导的区别，校长课程管理主要靠接受上级命令被动实施，而课程领导则强调发挥校长的主观能动性创造性地实施[10]。

在校长课程领导力的构成上，大部分学者从课程实施、课程资源、课程评价

---

[1] 董小平. 2008. 教师参与学校课程领导：意蕴、缺失与构建. 中国教育学刊，(5)：40-44
[2] 曹周天. 2017. 学校课程领导的实践困境及其超越. 教育理论与实践，37（13）：59-62
[3] 谢翌，张治平. 2012. 学校课程领导实践的反思与重建. 教育科学研究，(5)：44-51
[4] 罗生全. 2008. 学校课程领导：模式、发展趋向及启示. 课程·教材·教法，(7)：28-33
[5] 裴娣娜. 2017. 领导力与学校课程建设的变革性实践. 教育科学研究，(3)：5-13
[6] 何灿华. 2010. 提高教学有效性：增强课程领导力之旨趣. 中国教育学刊，(2)：56-59
[7] 程红兵. 2009. 价值思想引领：校长课程领导的首要任务. 教育发展研究，29（4）：6
[8] 于冰，邬志辉. 2020. 校长课程领导：新时代基础教育高质量发展的重要支点. 社会科学战线，(9)：240-246
[9] 林一钢，黄显华. 2005. 课程领导内涵解析. 全球教育展望，34（6）：23-26
[10] 钟启泉. 2002. 从"课程管理"到"课程领导". 全球教育展望，31（12）：24-28

等要素进行深入探讨。例如，夏心军把校长课程领导力分解为课程价值理解力、课程内容研发力、课程实施组织力、课程评价指引力以及课程文化建构力[①]。于冰和邬志辉则认为领导课程决策、开发整合课程资源、改进课程实施、引领课程研究是校长课程领导力构成的基本要素[②]。鲍东明则提出校长课程领导力是由国家课程校本化、开发校本课程、引领教师创生课程三方面构成的[③]。

关于校长课程领导力的影响因素，现有研究主要集中于个人因素与组织制度因素两方面。例如，雷万鹏和马丽通过实证调研发现，校长的管理经验、学历、学习投入等个体性要素对课程领导力有显著的正向影响；同时，校长课程领导力也会受到办学自主权的制度性因素的影响[④]。吕立杰等通过校长课程领导胜任力的问卷调查得出，校长课程领导胜任力在性别、学段、培训周期三方面存在显著差异，而学历对校长课程领导力的影响不大[⑤]。

在校长课程领导力的现状方面，学者指出当前校长领导力与新课程改革的要求不匹配。一方面，从校长自身来看，其存在对课程领导力认识不足、欠缺课程领导意识、未能严格执行课程计划、课程资源开发与整合乏力、课程评价单一、课程校本化实施能力不强等问题[⑥]。另一方面，从客观环境来看，校长面临应试压力、课程领导制度不完善、课程领导力缺失、缺少相关培训课程等困境，相应的文化、组织与制度未能给予校长更为宽松的环境来释放课程领导力[⑦]。

围绕校长课程领导力的提升路径，学者从多元视角出发提出策略建议。鲍东明提出确立"育人为本"的价值导向，为释放校长课程领导力营造良好的生态环境；同时，教育系统仍需赋予校长更为充分的行政权与专业权以保障其课程领导力[⑧]。此外，校长要从"课程管理者"向"课程领导者"转变，从学校实际出发，创造性地指引课程活动；从工具取向到人文取向，强调民主性与合作性；从

---

① 夏心军.2012.校长课程领导力：学校特色发展的应然选择.教育理论与实践,32（5）：15-18
② 于冰,邬志辉.2020.校长课程领导：新时代基础教育高质量发展的重要支点.社会科学战线,（9）：240-246
③ 鲍东明.2012.校长课程领导基本要素分析.中国教育学刊,（4）：22-26
④ 雷万鹏,马丽.2019.赋权与增能：中小学校长课程领导力提升路径.教育研究与实验,（3）：68-72
⑤ 吕立杰,丁奕然,杨曼.2019.基于情境判断测验的校长课程领导胜任力调查.课程·教材·教法,39（9）：48-55
⑥ 王越明.2010.有效教学始于校长课程领导力的提升.中国教育学刊,（3）：32-34；夏心军.2012.校长课程领导力：学校特色发展的应然选择.教育理论与实践,32（5）：15-18
⑦ 王怡.2009.中学校长课程领导现状调查与思考.教育发展研究,29（2）：52-54；李朝辉,马云鹏.2006.校长课程领导的境遇及解决策略.全球教育展望,35（6）：50-55
⑧ 鲍东明.2017.中小学校长课程领导：文化与实现机制.教育研究,38（10）：46-51

个体领导到多元参与，落实教师课程领导力[1]。

四、教师课程领导力概述

在国际课程改革背景下，教育学者强调将课程领导力视为"一种教师能动性的显著形式"，而非隶属于教师领导的下位概念[2]，呼吁给予教师课程领导力以更多的重视[3]。随着研究的深化与课程改革的深入推进，近年来教师课程领导力也开始了向政策与行动领域的转化。2010年，上海市率先启动了"上海市提升中小学（幼儿园）课程领导力行动研究"项目，诞生了一大批围绕学校课程领导力建设的实践与研究成果，其中，教师作为班级层面的课程领导力主体，也成为重要的参与及测评对象。随后，重庆南岸区、北京东城区、广西柳州市等地相继开展了提升教师课程领导力的区域行动研究项目。在这些地方性探索的推动下，教师课程领导力不仅上升为一种地方性政策话语，而且深度嵌入中小学鲜活的日常实践中。在此背景下，深入把握教师课程领导力的本质与构成等基本问题，对于充分发挥教师课程领导力、促进教育质量提升具有越来越重要的基础意义。我们从现有的文献中发现，关于教师领导力的内涵、要素与职能等受到了研究者的共同关注。此外，关于教师课程领导力的现状及其改进策略、教师课程领导力的发展及其影响因素等也引起了研究者的重视。

（一）教师课程领导力的内涵与要素

关于教师课程领导力的内涵，已有研究主要将其理解为教师以学生、教师自身或教师共同体、学校等多元目标为指向的课程能力或课程相关主体间合力。部分研究将领导力理解为领导者自身的能力，从而将教师课程领导力理解为教师基于课程实践的一种能力。例如，有学者认为，教师课程领导力是在学校教育教学情境中，教师为提升课程品质、促进自身专业发展以及改善学生学习状况而表现出来的对课程进行自主实践的能力[4]。也有学者指出，教师课程领导力是指为了实现课程愿景，提升学生学习品质，教师在课程设计、开发、实施和评价等课程事务过程中，对课程活动相关成员进行引领和指导的能力[5]。还有学者将教师课

---

[1] 钱丽欣. 2016. 校长课程领导力的提升路径. 人民教育，（24）：27-29

[2] Harris A，Jones M，Crick T. 2020. Curriculum leadership：A critical contributor to school and system improvement. School Leadership & Management，40（1）：1-4

[3] Darling-Hammond L. 2006. Assessing teacher education：The usefulness of multiple measures for assessing program outcomes. Journal of Teacher Education，57（2）：120-138

[4] 杨向红，沈峰. 2018. 深耕研训：提升教师课程领导力的区域实践. 上海教育科研，（11）：64-67

[5] 黄云峰，朱德全. 2015. 教师课程领导力的意蕴与生成路径. 教学与管理，（4）：1-3

程领导力定义为教师能为学校课程的设计、开发、实施提供相关建议的能力[1]。也有研究将教师课程领导力理解为教师与课程相关主体之间的相互影响力及其合力。例如，根据联合国教科文组织在 2021 年发布的教育报告《一起重新构想我们的未来：为教育打造新的社会契约》，"协作和团队合作应成为教师工作的特征。我们应该支持教师作为教育环境、关系、空间和时间的重要召集人，与他人共同工作。要想实现高质量的教学，团队和有利的环境缺一不可，这些条件能够确保学生在身体、社会和情感上的需求得到满足"[2]。也有学者持类似观点，认为教师课程领导力是指学校情境中教师在实现课程品质提升、教师专业发展、学生学习品质改善及学校组织再造历程中依赖以专业知能为核心的综合品质而与同事相互影响所形成的影响力[3]。同时，在对教师课程领导力进行概念界定时，已有研究呈现出多元化的视角。有学者兼容个体与集体两种视角，认为教师课程领导力既表现为教师个体的课程领导力，更表现为教师群体对某个学科的课程领导智慧[4]。部分研究则区分或限定了教师课程领导力的辐射场域。例如，有学者强调教师在教室之外，即在同侪之间的课程领导，故而将教师课程领导界定为"教师作为领导者，通过教师之间相互协作与对话，影响学校课程发展的过程"[5]。也有学者采用层级化视角，认为教师的课程领导力是教师在班级和班级之外两个层面课程领导力的整合[6]。也有学者针对 24 位师范生的现象学研究确定了 3 种关于课程领导的概念差异：课程领导作为个体领导，课程领导作为等级，课程领导作为网络。该研究指出，不同的认知揭示了师范生的"焦点选择"，而这种选择可能会决定他们如何在学校学习和执行课程领导[7]。

在教师课程领导力的构成要素上，学者给出了不同的看法。有学者从优化课程实践的着力点出发，认为教师课程领导力包括学科课程价值认识、学科课程标准理解、学科课程内容整合与实施、学科课程资源拓展与研发、学科课程评价等方面的能力要素[8]。部分研究采用课程要素与领导力元素相组合的形式，例如，有学者指出教师课程领导力的构成要素主要有课程价值洞察力、课程设计预见

---

[1] 宋艳梅.2010. 西部农村地区教师课程领导力提升的困境与出路. 河南社会科学，18（3）：143-145
[2] 联合国教育、科学及文化组织. 2022. 一起重新构想我们的未来：为教育打造新的社会契约. 北京：教育科学出版社，93
[3] 熊鑫.2011. 小学教师课程领导力研究. 重庆：西南大学，3
[4] 杨向红，沈峰.2018. 深耕研训：提升教师课程领导力的区域实践. 上海教育科研，（11）：64-67
[5] 刘径言.2011. 教师课程领导学校场域与专业基质的个案研究. 长春：东北师范大学，6
[6] 郑东辉.2007. 教师课程领导的角色与任务探析. 课程·教材·教法，（4）：11-15
[7] Wan S，Leung S. 2022. Integrating phenomenography with discourse analysis to study Hong Kong prospective teachers' conceptions of curriculum leadership. Cambridge Journal of Education，52（1）：91-116
[8] 杨向红，沈峰.2018. 深耕研训：提升教师课程领导力的区域实践. 上海教育科研，（11）：64-67

力、课程开发决策力、课程实施指导力和课程评价激励力[1]。也有研究者认为教师课程领导力主要包括课程价值判断力、课程设计抉择力、课程开发整合力、课程实施引导力、课程评价反思力五要素[2]。还有的研究立足教师的课程能力，认为教师课程领导力包括课程的设计能力、开发能力和实施能力，实施能力主要体现在课堂教学领导力方面[3]。此外，还有学者聚焦教师课程领导力中的特定元素，如课程理解来展开深入论证[4]。

此外，我们认为部分研究对教师作为课程领导者的角色职责的剖析对此也颇有启发。有学者从教师赋权角度出发，认为应该邀请教师参与学校现状的诊断、学校课程愿景的设置、课程领导组织的构建、课程专业技能的发展以及课程事务的决策与实施[5]。有学者认为，教师参与课程领导主要涉及课程事务和课程人际两大方面，并在融合教师课程领导与教师专业发展各自的关注点的基础上，从课程与教学、学生学习、专业支持、人际交流四个维度表征了相应的教师领导行为[6]。也有学者将参与课程决策作为教师课程领导的核心使命，认为教师的课程领导主要指的是教师能够为学校课程的发展提出意见和建议，并具体落实学校的课程决策[7]。还有学者立足对教师课程领导关键角色的综合剖析，指出教师课程领导的五项核心任务：自觉生成鲜明的课程意识；引领其他教师成为课程开发与创造者；实施有效教学与发展性学习评价，引导学生自主学习；协助同侪教师更好地处理课程事务，促进教师专业发展；与其他教师一起创造学习共同体[8]。其中三项任务涉及对其他教师的帮助或引领，一项针对学生，一项指向教师自身。也有学者立足教师在教师群体间的领导力，认为教师行使课程领导力主要表现在经验分享、志愿加入新的项目并为学校带来新的理念、通过对同事的帮助来履行课堂教学的职责、参与到同事所进行的教育教学实验和试点中去、通过取得更有效的教学策略来改进课堂教学实践等方面[9]。有研究将教师作为班级层面课程领导力的主体，并指出教师的任务是参与构建课程愿景与目标，主动围绕课程目标

---

[1] 黄云峰. 2015. 专业视域下教师课程领导实践力路径探寻——一位中学语文教师的自传叙事研究. 重庆：西南大学，226-228

[2] 吴飞燕. 2016. 中学教师课程领导力的现状、影响因素及对策研究. 湘潭：湖南科技大学，13-15

[3] 宋艳梅. 2010. 西部农村地区教师课程领导力提升的困境与出路. 河南社会科学，18（3）：143-145

[4] 殷洁. 2012. 课程理解：教师课程领导的内在维度. 教育理论与实践，32（19）：58-61

[5] 董小平. 2008. 教师参与学校课程领导：意蕴、缺失与构建. 中国教育学刊，(5)：40-44

[6] 郑东辉，郭威. 2010. 参与课程领导：教师专业发展的新路径. 宁波大学学报（教育科学版），32（2）：20-24

[7] 李定仁，段兆兵. 2004. 试论课程领导与课程发展. 课程·教材·教法，(2)：3-7

[8] 郑东辉. 2007. 教师课程领导的角色与任务探析. 课程·教材·教法，(4)：11-15

[9] 刘径言. 2011. 教师课程领导学校场域与专业基质的个案研究. 长春：东北师范大学，6-7

展开课程实践、反思与反馈,同时参与课程优化[1]。

(二)教师课程领导力的必要性

不少研究致力于从实证的角度论证重视教师课程领导力的必要性。

部分研究从促进学生学习的视角证明教师课程领导力的积极效用。一项元分析表明,在教师领导的七个领域中,教师对课程、教学及评价的改进与学生学习成绩的联系最为紧密[2]。一项对由美国西南部一所都市学区公立高中科学系教师开发并实施的超过25年的九年级综合科学课程纵向研究表明,综合科学课程正是教师课程领导力的产物,体现了具有课程领导力的教师是如何在不牺牲课程本质特征的情况下应对差异化学生的需求的[3]。

也有研究从增进教师职业胜任力的角度论证教师课程领导力的关键作用。有研究者对南非一所农村小学开展了多年级教师克服教学困境的案例研究,发现教师面临缺乏适当的培训与工作坊、来自利益攸关方的支持不足以及学校资源的匮乏等诸多挑战,这些挑战使教师教学和学生学习变得更加困难,但这些教师采取教学领导来适应教学环境,使他们能够在资源匮乏、被忽视的环境中应对教学方面的挑战,从而印证了教学领导力是多年级课堂教学的关键驱动因素[4]。

(三)教师课程领导力的困境与对策

关于教师课程领导力的困境与出路,已有研究主要从实证调研与理论思辨两个方面进行探索。

在实证研究方面,有研究基于调查揭示西部农村地区教师课程领导力存在教师课程领导意识不强、缺乏有效专业训练、课程领导能力和水平低、课程领导体制滞后等问题,并提出要提高西部农村地区教师的课程领导力,需从加强教师课程领导培训、加强教师团队建设、实现教师的专业发展、创新课程管理的体制机制等方面努力[5]。一位中学语文高级教师基于自身课程领导力的成长经历开展自传叙事研究,指出影响教师课程领导力的因素总体而言可以划归为思想性因素、

---

[1] 上海市教育委员会教学研究室. 2019. 幼儿园,课程领导力在生长. 上海:上海科技教育出版社, 18
[2] Shen J, Wu H, Reeves P, et al. 2020. The association between teacher leadership and student achievement: A meta-analysis. Educational Research Review, 31: 1-19
[3] Larkin D, Seyforth S, Lasky H. 2009. Implementing and sustaining science curriculum reform: A study of leadership practices among teachers within a high school science department. Journal of Research in Science Teaching, 46 (7): 813-835
[4] Ramrathan L, Ngubane T. 2013. Instructional leadership in multi-grade classrooms: What can mono-grade teachers learn from their resilience? Education as Change, 17 (S1): 93-105
[5] 宋艳梅. 2010. 西部农村地区教师课程领导力提升的困境与出路. 河南社会科学, 18 (3): 143-145

制度性因素和主体性因素三大类。其中，思想性因素包含的问题有实用至上的价值取向、"教书匠人"的角色观念、苏联的大教学理论以及英雄主义的领导观念；制度性因素包括的问题有以高考和课程管理制度为代表的国家制度顶层设计的缺陷，市、区指导制度的创新不足与学校管理制度的人性化漏洞；主体性因素主要涉及校长主体的能力倾向以及教师素质的多面影响。在此基础上，研究者提出了教师课程领导力提升的五种实践路径：工作场学习、反思性实践、师生教学相长、研修共同体互动、跨际域交流[1]。有研究基于对三位幼儿园教师的深度访谈，发现不同教龄教师在开发与实施园本课程中存在理念不清、经验不足、时间不够等困难，并据此提出应从开发和实施园本课程的内外环境两方面入手实现不同教龄教师的课程领导[2]。也有研究者基于对深圳市NS区GW小学教师课程领导力提升策略的行动研究，指出教师自主生成、学校变革与重塑、统筹外部力量三条策略是提升新建学校教师课程领导力的有效路径，其中，学校变革与重塑是最为关键的一条策略[3]。

在思辨研究方面，有研究认为，教师课程领导力存在传统的学校课程管理体制的阻碍、教师自身的课程领导意识淡薄、教师的课程领导能力不足等现实困境，为此应从改变传统的学校课程管理体制、赋予教师更多的课程领导权、教师增强自身的课程领导意识、教师积极参与课程管理、教师主动提高自身专业素养、学校经常开展有针对性的教师培训等方面入手进行改进[4]。也有研究指出，传统科层制管理、教师本身的经验思维模式及其个人的功利追求成为教师课程领导力提升的重要阻碍，为此，应为其提供适当赋权增能的保障，使教师形成理论思维的根基，并以建立合作分享文化为核心[5]。亦有学者通过理论分析指出，目前职业学校教师课程领导力提升面临着文化性、制度性、主体性三重相互交织的困境，并进一步指出提升职业学校教师课程领导力可通过教师加强学习、增强课程意识，学校革新领导理念、实施课程领导，建立以教研团队为载体的研修共同体，将教师课程领导力作为教师专业标准的内容并加强培训等路径达成[6]。

---

[1] 黄云峰. 2015. 专业视域下教师课程领导实践力路径探寻——一位中学语文教师的自传叙事研究. 重庆：西南大学，189-216

[2] 张莹. 2011. 园本课程开发实施中不同教龄教师课程领导力的实现. 上海：华东师范大学，30-45

[3] 匡丽英. 2018. 新建学校教师课程领导力提升策略研究. 深圳：深圳大学，25-42

[4] 王钦，郑友训. 2013. 新课程背景下的教师课程领导力探析. 教学与管理，(21)：3-5

[5] 叶丽萍，朱成科. 2014. 我国教师课程领导力提升的困境及其出路. 当代教育科学，(8)：20-22

[6] 黄云峰，朱德全. 2015. 职业学校教师课程领导力：内涵、困境与路径. 职教论坛，(6)：25-28

（四）教师课程领导力的生成与发展

关于教师课程领导力的生成路径与发展脉络，已有研究也进行了一些探索。

在生成路径与保障机制上，已有研究主要从教师自身、学校及校外三个层面进行探究。一项研究探究了澳大利亚昆士兰州教师实施分布式领导的阻碍与助力，研究者在参与调查的13位教师的反思中确定了资源、材料、价值观和思想是促使或限制他们实施分布式领导的结构元素。其中，教师课程领导的障碍是，在向学校引入新项目或课程时缺乏校长的尊重或遭遇同事的抵制，而教师课程领导的促进因素为教师在人际交往能力、创造力、敏感性和倡导性等方面具有优势[1]。由此可知，推动教师课程领导的发展需综合调节主体因素与环境因素。对此有学者认为，可从权力共享、角色转换和学校支持三个方面着手促进教师参与课程领导[2]。也有学者提出可通过教师自主、校本培训、借力校外等路径生成教师课程领导力[3]。还有学者提出以契合教师独特自我的教学天职感，教师用心灵联系课程魅力，形成相互扶助心灵的合作交流文化，让教师掌握质的研究方法等，引出教师课程领导的智慧[4]。也有研究基于对一位小学教师的个案研究，发现非职位性教师课程领导者并不会自然产生，需要学校环境提供成长沃土，并进一步分析了非职位性教师课程领导者的领导动机与权力来源[5]。还有研究利用个人访谈、学生焦点小组、研究人员观察和教师反思产生的定性数据，调查了爱尔兰两名通才小学教师为期18周的课堂交换经历，发现向本班级以外的其他班级教授体育课程增加了教师在自己学校内进一步开展课程领导的能力和动机[6]。

在发展脉络上，已有研究开展了对教师课程领导力路径与水平的案例剖析。一项研究关注了荷兰新手教师实施非正式课程领导的水平。参与调查的12名新手教师在荷兰不同地区的中学工作，他们展现了三种课程领导水平，即见证（witness）、参与（participation）、拥有（ownership），由此证明了新手教师承担课程领导的可能性。不过该研究同时指出，新手教师需要为此发展领导知识和技

---

[1] O'Gorman L，Hard L. 2013. Looking back and looking forward：Exploring distributed leadership with Queensland prep teachers. Australasian Journal of Early Childhood，38（3）：77-84

[2] 徐君. 2004. 教师参与：课程领导的应有之举. 课程·教材·教法，（12）：12-16

[3] 黄云峰，朱德全. 2015. 教师课程领导力的意蕴与生成路径. 教学与管理，（4）：1-3

[4] 吴国珍. 2006. 引出教师的课程领导智慧. 教师教育研究，（3）：28-32

[5] 刘namespace言，康凌凌. 2012. 教师课程领导动机与权力来源的个案研究. 当代教育科学，（14）：10-13

[6] Clohessy L，Bowles R，Ní Chróinín D. 2020. Playing to our strengths：Generalist teachers' experience of class swapping for primary physical education. European Physical Education Review，26（2）：571-586.

能[1]。一项研究揭示了中国教师在实施课程改革中的领导实践。该文基于香港9所高中学校教师的访谈数据，在参与校本课程规划、满足学习者的多元化需要、教师学习、教师影响等几个主要领域中确定了三种教师课程领导的路径，即遵守外部要求，调整现行做法以适应改革要求，以及赋能学校变革[2]。一项研究通过对中国S小学176名教师进行问卷调查，分析总结出入职教师、熟手型教师、教学名师三种不同类型教师在意识力、专业力、合作力、慎思力等课程领导力的不同方面的发展表征[3]。也有研究分析了成熟期幼儿园教师的课程领导力发展脉络，具体表现为教师立足园本课程的某一环节、某一活动、某一环境、某一突发事件、某一主题、半日活动、阶段活动、班本课程，借由实践反思，从"可以胜任的课程领导力"循序渐进地发展到"自觉的课程领导力"。为了促成这一发展，教师要有主动突破瓶颈期的自主意识，幼儿园也需要提供相应的课程制度保障，此外，还需要同事与专家的合作、帮助、指导及激励[4]。

五、教师课程领导力研究的新思路

以上梳理为本书探索与建构新时期的教师课程领导力提供了有益启示，并明确了前进方向。

从核心素养的相关研究来看，目前世界范围内各代表性框架所反映的共同诉求已为我们廓清了一个较为明晰的方向。在内涵上，已有研究的基本共识为：首先，核心素养是一种统整性素养，它旨在克服分科教学与高度专业化的工作环境对人的全面融通发展的深层破坏；其次，核心素养是一种高阶素养，它要求个体关注21世纪的社会发展趋势，并以时代孕育的新元素不断印鉴与提升自己的素养；最后，核心素养是一种生态素养，它意在加深健全的个体与健全的社会之间的内在联结，统筹考虑21世纪个体的公民生活、职业世界和自我实现[5]。此外，已有研究也警示我们，不可仅从经济的、人力的抑或成功的角度定义核心素养，

---

[1] Meirink J, Want A, Louws M, et al. 2020. Beginning teachers' opportunities for enacting informal teacher leadership: Perceptions of teachers and school management staff members. European Journal of Teacher Education, 43 (2): 243-257

[2] Lai E, Cheung D. 2015. Enacting teacher leadership: The role of teachers in bringing about change. Educational Management Administration & Leadership, 43 (5): 673-692

[3] 张琼, 傅岩. 2013. 教师课程领导力的发展表征探析. 江苏师范大学学报（教育科学版）, 4（S1）: 25-28

[4] 董剑晖. 2020. 成熟期幼儿教师课程领导力发展脉络研究. 上海教育科研, (3): 78-82

[5] 张华. 2016. 论核心素养的内涵. 全球教育展望, 45（4）: 10-24

更要关注核心素养的文化性与社会性[①]。这一点在亚洲国家表现得尤为明显，从我国对"核心素养"的译法上可见一斑。在国外，核心素养主要以"key competencies""21st century skills"等形式存在，可直译为"关键能力"，而我国学者将其翻译为"核心素养"，实则是对其所做的一种补充性修正，即在关注能力的同时，强调品格、品德与品质，更加突出价值观念或核心素养的道德向度[②]。在框架体系上，我国与世界范围内各代表性核心素养框架既涵盖做事能力，更涉及做人品质，在我国与一些亚洲国家，价值观被格外强调，体现出核心素养的工具与人文两大面向的深刻辩证。鉴于学术研究总是基于特定的文化土壤，教育研究亦需要服务于本土的教育实践，而《中国学生发展核心素养》是在官方组织下集各方之力而成的，在充分借鉴世界经验的同时，深深扎根中国国情与现实需要，涉及课程标准修订、课程建设、学生评价等诸多方面[③]，对于探究以此为背景的中国教育问题具有较大参考价值。在核心素养的落实路径方面，无论是将核心素养作为整体，通过多学科渗透的方式加以实现，还是将核心素养分解为学科核心素养，通过发挥不同学科的优势分别加以落实，都具有实践合理性。两种倾向不存在优劣之分，关键在于要契合本土的教育文化传统。通过对核心素养研究成果的系统总结，核心素养作为时代新人的质量规格已甚为清晰，但其现实化离不开教师的努力，尤其是教师的课程实践，但已有研究对于教师在此方面作用的关注较为有限，这也是本书立足教师及其课程领导力来探究核心素养落实情况的一个基本出发点。

从教师课程领导力的研究成果来看，教师课程领导力是领导力、教师领导力、课程领导力研究发展到新阶段的产物，无论是国内还是国外，教师课程领导力都是一个较新的研究领域。一方面，教师课程领导力受到的实践重视与日俱增；另一方面，关于教师课程领导力的理论建构与实证研究仍存在较大的发展空间，其中，关于教师课程领导力的理论研究亟待加强，因为基础理论不仅是实证研究的假设之基，也是教育实践的思维导引之线。因此，本书的首要任务是推进教师课程领导力的基础理论研究，在此基础上再进行有关的实证调研。不过，已有研究也为我们提供了一些珍贵启示，厘清这些启示能够使本书立于一个更高的起点与更高的站位：在澄清教师作为课程领导者的角色职责与基本任务方面，已有研究启示我们要结合特定的领导情境与场域进行聚焦式探索；在解析教师课程领导力的内在构成方面，已有研究启示我们要双向立足于深度融合课程实践与领

---

① 钟启泉. 2016. 基于核心素养的课程发展：挑战与课题. 全球教育展望, 45（1）：3-25
② 林崇德. 2017. 构建中国化的学生发展核心素养. 北京师范大学学报（社会科学版），（1）：66-73
③ 赵婀娜. 2022-10-13. 今天，为何要提"核心素养". 人民日报, （第 20 版）

导力元素；在诠释教师课程领导力的基本含义方面，已有研究启示我们要明确目标导引与领导力性质。同时，客观分析已有研究的局限性亦对增强本书的科学性有所助益。总体来看，在教师课程领导力的维度建构方面，已有研究主要囿于实践范畴，忽视了教师作为全人所具有的认知、情感与信念等其他重要面向；在教师课程领导力的内涵界定方面，已有研究也存在以多重目标为指向所带来的教师课程领导力目标导引泛化与虚化等问题。究其原因，这与教师课程领导力研究缺乏理论基础的整合存在一定关联。已有研究多从学校与校长课程领导力的研究脉络中汲取灵感，相对忽视了教师领导力研究的借鉴价值。实际上，对教师领导力的研究始终立足教师身份的特殊性，并基于此探索了教师（尤其是无职权的普通教师）在教育场域及专业场域的自主行动空间，这些成果能够为研究教师课程领导力提供更为直接的学理基础。因此，本书将在教师领导力的学术脉络中进一步发展对教师课程领导力的研究，并在融合借鉴课程领导力相关研究成果的基础上，推进关于教师课程领导力的理论研究与实证研究。

基于以上分析，加强教师课程领导力研究既具有重要理论价值，也具有重大现实意义。鉴于教师课程领导力直接服务于课程改革的有效落实，而核心素养是新一轮基础教育课程改革的基石与驱动，在核心素养的背景下探索教师课程领导力是符合时代诉求的应有之义。

第二章
教师课程领导力：学生核心素养发展的关键保障

  核心素养是近年来国际社会人才培养的焦点议题，亦是我国当下推动课程改革与教师专业发展的重要引擎。普通高中和义务教育新课程方案与课程标准的发布宣告了核心素养由学术话语向政策话语的转向。基于核心素养的新课程方案与课程标准存在诸多新变化，这就要求教师先研究再实践。教师是课程实施的关键，因而也是课程改革落实的关键。教师群体对新课程标准的理解及其对课程的设计、实施、评价与开发，皆关乎课程改革的成败。无论是教师自身对新课程的理解与调适，还是新课程所要求的跨学科教学与主体间协作，无一不在表明核心素养的有效落实需要以教师课程领导力的充分发挥为关键保障。本章首先剖析了核心素养背景下关注教师课程领导力的关键意义，进而通过对教师课程领导力的相关概念界定与相近概念辨析，从目标、本质、要素、特性等方面澄明核心素养视域下教师课程领导力的内涵要义，以为后续的模型建构与实证研究奠定理论基础。

第一节　核心素养的有效落实亟须教师的课程领导力

在国家政策的推动下，核心素养培育成为当下教育领域最重要的议题之一。与以往的课程实践不同的是，核心素养导向下的课程改革更加强调课程与学生真实生活的联系，更加关注学生在当今与未来可能遭遇的多重挑战，因而仅凭由悠久的人类历史传统积淀而来的基础知识无法帮助学生顺利发展出核心素养，换言之，新课程更加需要鲜活知识与超前意识，更加需要学生的领悟、参与及实践，以激活课程学习向素养发展的转化机制，这显然对教师的课程专业能力提出了更高要求。同时，核心素养导向下的新课程在学科课程的基础上提出了超越学科束缚的必要性，要求开展跨学科主题学习，这不仅意味着教师需要具备渊博学识和宽广视域，而且意味着教师需要转变个体教学与个体发展的低效路径，迈向集体备课与共同发展的协同路径。以上分析表明，核心素养的有效落实呼唤教师的课程领导力。

一、核心素养要求教师自主完成课程转型，提升自我领导力

为促进学生核心素养的发展，教师需扎根课程实践，因此，核心素养对教师的首要诉求是教师应具有前瞻力与转型力，即教师需要明白核心素养对课程提出的新要求，并根据这些新要求积极完成自主转型，这就对教师的自我领导力提出了迫切诉求。

首先，教师需要深度理解核心素养的课程诉求，并与相关主体携手缔造新的课程愿景。教师需要认识到，核心素养要求打破学科中心，回归学习中心与学科整合；打破知识中心，转向素养培育及高阶综合发展；打破应试为纲，转向创造性地解决真实、复杂问题能力的培养；打破个体学习，导向合作探究范式。

其次，教师需要以新的课程愿景为指引，促进课程的情境化、活动化、主题化、项目化、融合化以及网络化转向，为学生核心素养的发展提供更优质、更适切的课程生活。具言之，课程的情境化要求教师在课程设计与实施环节注重情境创设，借助具体的情境帮助学生在新内容与已有的生活和学习经验之间搭建通道，一旦学生顺利过渡到新领域，教师应逐步抽离具体情境，循序渐进地促成学

生思维水平的提高。课程的活动化希冀教师树立"活"课程或者"活化"课程观念，并在课程设计、实施与评价中纳入适切的课程活动，丰富课程内容与形式，调动学生参与性，增强学生的积极课程体验。课程的主题化要求教师统整学科内相关知识点，根据知识的横纵联系，实施"大单元""大概念"教学，统合培育并逐级强化学生的知识、情感与能力。课程的项目化取向要求教师留心关注生活中真实的、具有挑战性的问题，在课程设计中选择与单元内或学期内所学内容密切相关的问题或案例，及时将之转化为项目资源，并在课程实施环节引领和指导学生及相关课程主体组建项目团队，指引和激励学生通过自主探究与沟通合作实现创造性复杂问题解决项目物化成果。在此方面，可借鉴上海市于2020年10月启动的小学、初中项目化学习行动[1]所提供的项目化学习思路以及后续的实验校做法。课程的融合化主要指以某一问题或主题为焦点，开展跨学科教学，这不仅要求教师本身对相关领域学科知识有较为深入的了解，而且要求教师善于整合相关资源，如邀请与召集有关学科同事或学生家长参与、开拓校外场地或实物资源、融通在线资源等，合力培育学生的跨学科思维能力与问题解决能力。课程的网络化则至少包含三重意蕴：一是指教师需要在课程实践中帮助学生在表征相异却内在相关的知识之间建立联系，促进学生形成网络化知识结构；二是指教师要善用互联网资源优化课程实践，并有意识地发展学生的互联网思维；三是指教师不仅要发展学生的自主学习能力，也要着力发展学生的合作探究与互助求解意识和能力，引领与指导学生开展网络化学习。

二、核心素养要求教师拓展课程育人维度，树立整体教育观

核心素养是一个整体性概念（holistic notion）[2]，这已然成为国际社会对于核心素养理解的共识。核心素养具有多维多面性，其内涵比一般能力更为宽泛，涉及处理复杂情境的问题分析、社会情感与问题解决等多元要素。2022年版义务教育课程标准从价值观念、必备品格与关键能力三个维度架构核心素养，各学科核心素养也有具体面向，例如，语文核心素养为文化自信、语言运用、思维能力和审美创造，地理核心素养为人地协调观、综合思维、区域认知以及地理实践力。这意味着基于核心素养的课程实践是面向学生的整全生命，并为了学生生命质量的提高而进行的一场教育革命，教师需要以课程为载体，并使课程与学生的生命

---

[1] 上海市教育委员会. 2020-10-18. 关于印发《上海市义务教育项目化学习三年行动计划（2020—2022年）》的通知. https://edu.sh.gov.cn/xxgk2_zhzw_ghjh_01/20201106/v2-1c51f3cbef1346698620f9152726c86b.html

[2] 石鸥. 2016. 核心素养的课程与教学价值. 华东师范大学学报（教育科学版），34（1）：9-11

和生活相沟通，找到育人的多个接入点，从多个角度全方位地培育学生的核心素养。

尽管我国确立的核心素养框架对核心素养进行了分领域的表述，但各领域之间并不是割裂的，而是相互依存、相互支撑的，这表明学生核心素养培育不能对其某一项有所偏倚。尤其在当前社会转型的时代背景下，不能沿袭旧有"双基"育人目标理念中对学生基础知识和技能的过度重视，也不能将核心素养当作"三维目标"的替换品，依旧忽视学生在情感、态度、价值观层面的发展[①]。因而，教师课程领导力的发挥需警惕将核心素养"虚化""窄化"的倾向，在关注学生智力发展的同时，也应渗透多元育人价值。例如，教师通过融入多样的课程元素让学生感受自由与美，由此使学生在学习与发展过程中获得自然生命与美相统一的乐趣，提升学生的感性认识，培养学生的审美意识[②]。在多元价值交汇的课程场域，教师领导课程的设计应考虑到智力知识的学习已不足以帮助学生面对当代社会生活的挑战，学生还需具备问题解决能力、创造能力等，因而对于课程的统整与规划需从多元、整体的视角出发，真正使核心素养作为一个综合整体得到培育。另外，在价值多元时代，各科教师都应承担起课程育人的神圣使命，拓展课程的隐性育人维度，借助课程资源培育学生的价值观。

三、核心素养要求教师重构课程主体观念，发展专业协作力

诚如钟启泉教授所言，核心素养导向的课程改革需要教师实现三个根本性转变：一是从教到学的转变；二是从个人到协同的转变；三是从教案到学案的转变[③]。其中第一个与第三个转变进一步彰显了学生的主体性立场，第二个转变则指向了教师自身的主体观念的革新。

首先，核心素养导向的新课程要求教师充分尊重学生的主体性、参与性与创造性。无论是人的发展的核心素养还是课程或学科的核心素养，其最终落脚点都是促进学生面向新时代新挑战更好地发展。从这个角度来说，核心素养导向的新课程理应将学生置于中心。然而，长期以来，我国教师持分科教学观与应试导向观，把重心放在教学参考书与考试大纲上，并以自身的课程设计为纲，相对忽视课程中学生的主体性立场，把外在于学生的工具价值当作课程的本体价值，在此种课程主体观念的指引下，学生的成长被片面化，核心素养的培育更无从

---

① 车丽娜，徐继存.2017.核心素养之于教学的价值反思.全球教育展望，46（10）：64-72
② 刘铁芳.2016.健全人的核心素养及其课程设计.全球教育展望，45（9）：11-20
③ 钟启泉.2020."能动学习"与能动型教师.中国教育学刊，（8）：82-87, 101

谈起。然而，核心素养引导的课程变革要求教师超越学科逻辑，摆脱应试束缚，真正将学生作为一切课程活动的核心，从学生发展的需要出发，增进课程与学生日常生活的联系，服务于学生核心素养的养成。为此，"教师应根据本学校和本班级学生的情况确定自己在每一项活动中，或对待某一个具体学生的行为与角色"[①]。

其次，培育学生的核心素养需要教师从以往的独白者转向现实的合作者，与其他课程主体协同提升课程质量，优化育人途径。教师也是当之无愧的课程主体，核心素养所希求的课程主体观念的变化同样需要教师进一步觉醒自身的主体性意识，主动为了学生的发展突破自我的局限，走向专业共同体的联合模式。就学校场域而言，新课程提出的跨学科主题学习将学科间与教师间的专业合作提上日程。跨学科主题学习的意图是"在课程分科设置的条件下，通过主动跨界去观照学生的完整生活，将学生未来可能的创新实践活动提前到教学阶段"[②]。跨学科课程是对分科课程的解蔽与补充，课程原有的育人功能被分科设置的课程结构所减损，而跨学科课程能够弥补这种减损。开发跨学科主题学习案例对教师本身的专业能力以及教师的协作素养提出了挑战。由此，教师需要以真实的问题为抓手，与不同学科的同事和学生共同设计与实施课程，从而引领学生超越学科的局限，体验完整的世界。此外，新课程所要求的学科实践也向教师提出了与校外课程主体合作的必要性。校内的实践在大多数情况下是一种模拟实践，即人为创设的实践，相较而言，校外是更为宽广的实践平台，落实学科实践需要拓展实践场域，让学生有充分的机会实现知识学习、思维发展与实践深化的一体化。为此，教师需要进一步拓宽课程主体群，将家庭、社区、场馆、企业、园区等主体纳入培育学生核心素养的共同轨道上，让学生在多元主体的引领下，在与多元主体的沟通中，实现价值观念、必备品格与关键能力的全面发展。

总之，培育学生核心素养不仅需要教师提升自我领导力，提高自身对课程能力的要求，而且需要教师改变传统的课程主体观念，吸纳多元主体协同优化课程，这正是教师课程领导力的关键所在。

---

① 马云鹏，郑长龙，单媛媛，等. 2022. 研读新课程方案，推动义务教育新课标落地实施. 东北师大学报（哲学社会科学版），(5)：139-155，171

② 郭华. 2022. 落实学生发展核心素养 突显学生主体地位——2022年版义务教育课程标准解读. 四川师范大学学报（社会科学版），49（4）：107-115

第二节　核心素养视域下教师课程
领导力概念澄明

"核心素养视域下的教师课程领导力"是一个较为新颖的概念，对这一概念的精准界定是开展相关理论建构与实证调研的基本前提。

一、教师课程领导力相关概念界定

核心素养视域下的教师课程领导力是由多个单位概念组合而成的复合式概念，因此需对"教师""课程""领导力""教师课程领导力""核心素养"等子概念进行逐一解释与界定，由此方能明晰何为核心素养视域下的教师课程领导力。

（一）教师

在《教育大辞典：简编本》中，教师被定义为"学校中传递人类科学文化知识和技能，进行思想品德教育，把受教育者培养成一定社会需要的人才的专业人员"[1]。根据 2021 年的《中华人民共和国教师法（修订草案）（征求意见稿）》，"教师是指在各级各类学校和其他教育机构中专门从事教育教学工作的专业人员"[2]。这些是关于教师的官方定义，体现了教师与教育制度以及教师与社会的关系。此外也存在更加反映时代特征的定义方式。例如，在《一起重新构想我们的未来：为教育打造新的社会契约》这份联合国教科文组织关于教育的新报告中，教师被定义为"教育环境、关系、空间和时间的重要召集人"[3]，与之相应，教师的协作素养被充分地强调。

本书以《中华人民共和国教师法（修订草案）（征求意见稿）》中关于教师的法律定义为基础，具体的对象范围是在普通中小学任教的教师，其中既包含尚未担任正式职务的普通教师，也包括具有一定行政权力的教师。同时，从落实基于核心素养的课程改革的诉求出发，本书更加强调教师定义中的关系属性，把教师

---

[1] 顾明远. 1999. 教育大辞典：简编本. 上海：上海教育出版社，179

[2] 教育部. 2022-12-12. 教育部关于《中华人民共和国教师法（修订草案）（征求意见稿）》公开征求意见的公告. http://www.gov.cn/hudong/2021-11/29/content_5654845.htm

[3] 联合国教育、科学及文化组织. 2022. 一起重新构想我们的未来：为教育打造新的社会契约. 北京：教育科学出版社，93

看作各种教育关系的协调者、召集者以及领导者。

（二）课程

虽然课程的历史与学校的历史一样悠久，但自古以来学术界对课程的界定始终没有达成共识，这里主要列举几种较为典型的课程定义[①]：一是把课程等同于所教的科目，这种界定在历史上由来已久。最早使用英文"课程"一词的斯宾塞（Spencer），就是从指导人类活动的各门学科的角度来研究知识和训练的价值。在《辞海·教育、心理分册》中，课程即"教学的科目"，既可以指一个教学科目，也可以指学校的或一个专业的全部教学科目，或指一组教学科目[②]。王道俊和郭文安在其主编的《教育学》中提出，课程有广义狭义之分：广义指所有学科（即教学科目）的总和，如中学课程、小学课程；狭义指某一门学科，如数学课程、历史课程等[③]。二是课程即有计划的教学活动，这一定义把教学活动的范围与顺序、教材内容的讲解、教学方法的设计及其他相关教学事宜都组合在一起，试图对课程形成一种较为全面的看法[④]。例如，有学者认为，"课程是指一定学科有目的的有计划的教学进程。这个进程有量、质方面的要求，它也泛指各级各类学校某级学生所应学习的学科总和及其进程和安排"[⑤]。三是课程即学习经验，这种定义将课程的重心从教材知识转向个人经验，试图把握学生在课程中实际学到了什么[⑥]。以杜威（Dewey）为代表的经验主义课程流派不赞成把课程看作一组活动或预先决定的结果，而主张把课程看作"手段-结果"的连续统一体。他认为，课程的各个环节应充分注意人的经验，并力求不断地预先设计和调控人的积极思想和行为以获取良好的结果[⑦]。在我国，也有学者认为课程是"在学校当局指导下，学习者所经历的全部经验"[⑧]。四是课程即不断展开的动态过程，以后现代主义课程理论最为典型。多尔（Doll）认为课程不再仅仅是静态的"跑道"，而就是"跑的过程"本身。他设想的后现代课程标准可概括为"4R"，即丰富性（richness）、循环性（recursion）、关联性（relations）和严密性

[①] 施良方.1996.课程理论：课程的基础、原理与问题.北京：教育科学出版社，3
[②] 《辞海》编辑委员会.1980.辞海·教育、心理分册.上海：上海辞书出版社，5
[③] 王道俊，郭文安.2016.教育学.北京：人民教育出版社，120
[④] 施良方.1996.课程理论：课程的基础、原理与问题.北京：教育科学出版社，4
[⑤] 吴杰.1986.教学论——教学理论的历史发展.长春：吉林教育出版社，5-6
[⑥] 施良方.1996.课程理论：课程的基础、原理与问题.北京：教育科学出版社，4，6
[⑦] 转引自：廖哲勋，田慧生.2003.课程新论.北京：教育科学出版社，32-33
[⑧] 王伟廉.1988.课程研究领域的探索.成都：四川教育出版社，8

（rigor）[1]。后现代主义课程理论丰富了知识的内涵，重视学生个体在课程实践中的经验获得，强调学生通过理解和对话寻求意义、文化和社会问题，将学生置于主动学习、主动创造的地位。我国也有学者将课程描述为向学生提供的现实机遇以及学生在现实机遇中生成与创造的过程[2]。

上述对课程的各种界定具有一定合理性，综合来看，第一种取向虽代表了课程的主体构成，却远非课程的全部意涵，且强调向学生传授学科知识体系，往往容易忽视课程对学生的人格涵养与情感陶冶等重要功能；第二种取向关注课堂教学中的外显行为与活动，相对忽视了学生的实际体验；第三种取向虽关注学生本身的经验获取，却在凸显学生主体地位的同时降低了教师的应有作用；第四种取向呈现出多元而开放的课程理念，对受工具理性支配的课程观念进行了批判，更加有利于发挥课程在促进人的心灵成长方面的内在价值。因此，本书在吸纳后现代主义课程流派的动态课程观、互动课程观以及创生课程观等主要课程主张的基础上，认为课程是教师向学生提供发展情境以及在教师指引下学生在此情境中生成与创造性转化的过程。这一过程不仅包含显性课程，也将广泛的隐性课程纳入其中。

（三）领导力

"领导力"是领导学中的核心概念，也是管理学、组织行为学、心理学等学科领域的研究热点。长期以来，不同学者以不同的视角阐释领导力的内涵。纵览有关领导力的文献，学者对领导力的概念界定众说纷纭，尚未形成统一意见。由于领导力理论经历了百年的演进过程，不同发展阶段的领导力内涵势必有所差异。因而，本部分首先依据领导力理论的发展脉络，分别梳理领导特质理论、领导行为理论、领导权变理论和新型领导理论中关于领导力的概念界定，进而给出本书对于领导力的界定。

关于领导特质理论，已有研究将领导力视为领导者自身的特殊品质。古典特质理论认为领导力是领导者与生俱来的个人特质；现代特质理论则认为，在拥有先天品质的基础上，领导力是可以通过培训得到加强的。换言之，领导者所具备的领导品质能有效促进领导活动的开展；只有具备某些特殊的个性特质，才能成为一名领导者[3]。但是，该界定把领导力视为领导者对追随者的单向领导，忽视

---

[1]〔美〕小威廉•E.多尔.2015.后现代课程观.王红宇译.北京：教育科学出版社，6
[2] 靳玉乐，于泽元.2005.后现代主义课程理论.北京：人民教育出版社，94
[3] 黄云峰.2015.专业视域下教师课程领导实践力路径探寻——一位中学语文教师的自传叙事研究.重庆：西南大学，5-6

了领导者与追随者的互动关系,且不适用于所有工作情境。

关于领导行为理论,已有研究指出其与领导特质理论不同的是,领导力并非天生的,而是可以经由后天培训养成的。领导力是指领导者在工作过程中的行为及风格对追随者行为和绩效的影响[1]。简言之,领导力的高低在一定程度上受制于领导者的领导行为,领导行为直接决定了领导效果。然而,该界定的关注焦点仍然是从管理层面研究领导者对追随者的命令与控制。

关于领导权变理论,已有研究认为领导的有效性依赖于情境因素,当领导者的领导风格与情境相匹配时,会达到最佳的领导效果。也就是说,有效领导是领导者、追随者及领导情境相互作用的动态过程。若想成为一名成功的领导者,则要学会根据领导情境的变化来转变领导风格。但是,该界定仍然把情境变量视为静止的,只考虑了部分情境因素,不适用于所有情境[2]。

关于新型领导理论,已有研究对领导力的理解更强调领导者与追随者的相互关系、团队的共同愿景等要素。按照关注焦点的不同,我们可以把新型领导理论分为两类。一类是以领导者为中心,强调领导者通过激励追随者,调动追随者的主动性与创造性,进而达成集体目标。例如,巴斯认为变革型领导是领导者通过激发追随者的内在动机,促使追随者积极维护集体利益,为实现团队目标而努力[3]。豪斯则认为魅力型领导是指领导者运用个人特质和行为来吸引追随者,促使追随者尊重、认同,并无条件服从领导者[4]。道德领导理论提出领导力是指领导者凭借自身专业和道德的权威,把学校转化为共同体,塑造并实现共同愿景的过程[5]。愿景型领导则强调领导力是指领导者能够树立团队共同愿景,并为实现愿景而积极采取行动的过程[6]。这一类新型领导理论依然以领导者为核心,本质上是沿用传统英雄式领导的逻辑,把团队成员视为被动的追随者,难以真正激发成员的创造性。另一类新型领导理论则把研究重点从领导者转向追随者及领导情境。例如,分布式领导理论主张领导力存在于每个个体之中,团队成员可根据能力及情境的不同而动态承担领导角色,领导职能是可以在成员中共享的[7]。服务

---

[1] 王瑛. 2012. 高校外语教师专业领导力研究. 上海: 华东师范大学, 14
[2] 赵国祥. 2009. 领导理论研究的现状与展望. 河南大学学报(社会科学版), 49 (3): 133-138
[3] 转引自: 陈致中, 许俊忏. 2012. 变革型领导: 理论、结构与最新研究综述. 现代管理科学, (9): 27-29, 87
[4] 转引自: 董临萍, 张文贤. 2006. 国外组织情境下魅力型领导理论研究探析. 外国经济与管理, (11): 20-27, 58
[5] 〔美〕托马斯·J. 萨乔万尼. 2004. 校长学: 一种反思性实践观. 张虹译. 上海: 上海教育出版社, 19
[6] 陈志利. 2015. 国外学校愿景型领导研究分析. 比较教育研究, 37 (3): 65-69
[7] 张晓峰. 2011. 分布式领导: 缘起、概念与实施. 比较教育研究, 33 (9): 44-49

型领导理论则关注追随者的生理、心理和情感需求，强调领导者扮演服务者角色，把他人需求建立在自我需求之上[①]。而共享型领导理论强调团队成员共享领导权力并共同承担领导职责，是成员之间相互领导从而实现集体目标的互动过程[②]。复杂型领导理论则把领导力视为成员之间相互影响的动态交互系统，并在此基础上产生适应性结果，领导是一种自然生成的、相互影响的动力[③]。由此可见，这一类新型领导理论对领导力的界定更为符合现今日益复杂的竞争环境的需要，更有利于激发团队成员的动机与热情。

综上，已有研究对领导力的概念界定存在较大分歧。从领导特质理论到新型领导理论，每一种新的领导理论都是在批判传统领导理论的基础上形成的，反映着领导力内涵与外延的发展变化，经历了由静态到动态、由经验到科学、由关注个体到关注集体的发展历程[④]。由于分布式领导理论更加关注具体情境下领导职责的动态承担，体现出一种目标导向下的平权视角，更有利于最大限度地激发领导者与团队成员的参与动机，也更符合日益复杂的社会环境的需要，本书基于分布式领导理论，将领导力界定为：领导者扮演支持式领导角色，引领团队成员基于自身能力与领导情境的不同而动态承担领导职责的能力。

（四）教师课程领导力

关于教师课程领导力的概念界定，已有研究主要将其理解为教师在课程情境或课程实务中以多维相关目标为指向的主体能力或主体间合力。这里呈现出了两种不同的视角：一种是单向视角，重心在领导者即教师身上，将教师课程领导力理解为教师基于课程实践的一种能力；另一种是共同体视角，兼顾了课程领导过程中其他相关主体对教师的影响，将教师课程领导力视为教师在实现一系列相关目标的过程中与其他主体相互影响所形成的影响力[⑤]。

我们认为，教师课程领导力不能脱离课程实务而存在，并且其具有鲜明的育人指向。然而，从个体能力的视角理解课程领导力，一方面窄化了课程领导力的意涵要旨，另一方面也模糊了教师课程领导力与其基本课程能力的重要区分。领导共同体视角既符合新型领导力理论的演进趋势，也符合新时期以核心素养为驱动的课程改革中涌现出的协同育人与系统改进的迫切诉求。因此，要从合力、系

---

① 张志海，刘恒苹.2013.服务型领导：基本理念、建构困境与实现路径.甘肃理论学刊，（2）：83-88
② Pearce C L，Conger J A. 2002. Shared Leadership: Reframing the Hows and Whys of Leadership. Thousand Oaks: Sage Publications
③ 任巍，张鹏雁.2017.复杂领导理论的整合与展望.商业经济研究，（21）：104-107
④ 王瑛.2012.高校外语教师专业领导力研究.上海：华东师范大学，22
⑤ 熊鑫.2011.小学教师课程领导力研究.重庆：西南大学，21

统力而非个体能力的角度来看待教师的课程领导力。这种合力包含两个方面：一是教师借助共同体力量提升自我的课程领导力，这体现为教师的资源整合力；二是教师帮助家长、同事乃至其他同行发展课程领导力，这体现为教师的共同体建设力。

基于上述分析，本书将教师课程领导力界定为：教师以学生发展为核心指向，在主动承担课程领导职能、引领与指导学生、家长、同事等课程相关主体结成课程领导共同体，相互影响并合力形成与落实课程愿景、解决课程问题、优化课程实践的过程中以及有关情境中所体现出来的一种高级专业素养。

（五）核心素养

时至今日，核心素养不仅是学者争鸣的学术场域，更上升为备受重视的政策话语。各国开具的核心素养清单充分体现了本土国情，各国界定核心素养的视角亦深刻展现了对各自文化传统的承续，而以林崇德教授为首的北京师范大学核心素养研究课题组即是扎根中华大地、反映国家诉求的典范。该课题组认为，核心素养是"学生应具备的，能够适应终身发展和社会发展需要的必备品格和关键能力"[1]。需要注意的是，在核心素养成为课程政策话语的当下，中小学教师需要在两个层面上理解与应对核心素养：第一个层面是学生发展的核心素养，即核心素养研究课题组所提出的核心素养；第二个层面是学科或课程的核心素养，这是由 2017 年版普通高中课程标准与 2022 年版义务教育课程标准所规定的、各门课程所肩负的具体育人目标，即"学生学习该学科课程后应达成的正确价值观、必备品格和关键能力"[2]。这两个层面是一般与特殊的关系，学生的核心素养指向学生的全面发展，而课程所培育的核心素养则聚焦学生的特色发展[3]，二者的具体关系为前者引领后者，后者确保前者的落地。在新课程改革背景下，教师必须同时具备这两种素养视域，方能实现课程育人的预期效果。因此，本书同时在学生发展的核心素养与学科或课程的核心素养的意义上使用"核心素养"一词。

（六）核心素养视域下的教师课程领导力

根据以上概念界定，教师课程领导力以学生发展为终极目标指向。当下，核

---

[1] 核心素养研究课题组. 2016. 中国学生发展核心素养. 中国教育学刊，（10）：1-3
[2] 中华人民共和国教育部. 2020. 普通高中课程方案（2017 年版 2020 年修订）. 北京：人民教育出版社，4
[3] 余文森，龙安邦. 2022. 论义务教育新课程标准的教育学意义. 课程·教材·教法，42（6）：4-13

心素养不仅构成了整个教育的宏观背景，也是每一位学生的发展诉求。因此，在核心素养的视域下界定教师课程领导力，实质上就是以发展学生的核心素养作为教师课程领导力在新时期的目标追求。因此本书将核心素养视域下的教师课程领导力界定为：教师以发展学生核心素养为目标，引领和指导学生、同事与家长等课程主体共同建构与落实课程愿景的能力。它属于教师的高级专业素养，包含教师课程领导认知力、教师课程领导实践力、教师课程领导认同力三个基本面向。因此，核心素养视域下的教师课程领导力也可被称为"K-VPI 教师课程领导力"。其中，K 代表核心素养（key competencies）这一目标指向，VPI 代表教师课程领导力，由认知力（views）、实践力（practices）与认同力（identity）三大维度复合而成。

二、教师课程领导力相近概念辨析

教师课程领导力与很多概念具有一定的交叉与相似之处，极易产生概念混淆。为进一步深化对教师课程领导力概念的理解，下面将其与教师领导力、教师教学领导力进行辨析。

（一）教师课程领导力与教师领导力

在进行概念对比之前，首先需要对教师领导力的本质做一澄清。目前学界对于教师领导力的概念界定呈现出五类典型取向：一是知能说，主要是将教师领导力理解为教师的专业知识与能力[1]。二是过程说，主张将教师领导力看作一种逐步发展的过程，随着时间的推移，教师通过这个过程扩大自己的影响力[2]。三是行为说，着重于教师具体的领导实践。例如，席尔瓦等认为教师领导力就是导引学校结构、培植人际关系、为教师专业成长树立榜样、帮助他人做出改变、通过帮助儿童发声来挑战现状[3]。利伯曼（Lieberman）和米勒（Miller）认为教师领导力意味着改善教学实践、与他人分享见解和教学实践、识别领导机会、保持与课堂实践的关联、促进教师间的同事关系、为教师学习与冒险创设安全环境[4]。四

---

[1] 周晓静，郭宁生. 2014. 教师领导力. 北京：北京师范大学出版社，14；金建生. 2016. 教师领导研究：基于教师发展的视角. 北京：中国社会科学出版社，212

[2] Hunzicker J. 2017. From teacher to teacher leader: A conceptual model. International Journal of Teacher Leadership，8（2）：1-27

[3] Silva D Y，Gimbert B，Nolan J. 2002. Sliding the doors: Locking and unlocking possibilities for teacher leadership. Teachers College Record，102（4）：779-804

[4] Lieberman A，Miller L. 2008. Teachers as leaders. The Educational Forum，69（2）：151-162

是立场说，意在表明教师领导力是一种立场或思维方式、存在方式，而不是一套行为[1]。这是目前国外教师领导力研究的新趋势，即特别强调教师向领导思维方式的转变，研究的着眼点从强调个人角色转向教师集体的责任与共享[2]。在这一视角下，教师领导力被看作一种集体努力，教师领导力的根本在于培养教师的一种责任感[3]。目前这一视角也在相关政策文本中有所体现。五是复合说，旨在克服理解教师领导力的单一视角，强调不同视域的融合。例如，辛哈和哈努辛认为，教师领导力是教师领导观念、教师领导实践和教师领导认同的聚合体，教师领导力发展水平的任何动态变化都可以还原为三要素各自的变化及三者之间的相互作用[4]。以上五类解说中，教师领导力的复合说最具包容力，它启示我们要将教师领导力视作教师在领导方面的知识、能力、态度、观念等元素的整合形式。据此我们将教师领导力理解为教师的一种高级专业素养，既表现为教师对促进学生学习与教师职业发展的一种高超的领导能力，也是一种鲜明的领导立场，更是一种鲜活的领导实践，亦是一份深切的道德责任感。

综观以上论述，可以发现教师课程领导力与教师领导力既有联系又有本质区别。教师课程领导力与教师领导力的联系表现在如下几个方面。在本质上，教师课程领导力与教师领导力均为领导力的下位概念，这决定了二者在本质上必然具有一定的相似之处，都彰显出领导力的共同特征，如以共同的目标或愿景为导向，强调领导者与追随者之间的影响与引领。在定位上，教师课程领导力与教师领导力均是教师在其教育实践中显露出的一种高级素养，暗含着教师在其职业上精细化、进阶式的发展，二者不同于一般的教师专业素养，使教师具备向领袖型教师、专家型教师迈进的潜质。在架构上，教师课程领导力与教师领导力都是一种统整式概念，是教师在领导方面的知识、能力、态度、观念以及承诺等元素的整合形式。

教师课程领导力与教师领导力的区别主要体现在教师课程领导力是聚焦于特定课程领域的领导功能，其与教师领导力的最大不同在于它强调对课程事务的关注，而教师领导力的涵盖范围则更为宽泛，如有学者把教师领导力归结为协调合

---

[1] Hunzicker J. 2017. From teacher to teacher leader: A conceptual model. International Journal of Teacher Leadership, 8（2）：1-27

[2] 孙杰，程晋宽. 2020. 共享、协作与重构：国外教师领导力研究新动向. 外国教育研究，47（1）：103-115

[3] 孙杰，程晋宽. 2019. 从领导行为到领导思维的转变——基于国外教师领导力理论的分析. 高教探索，（12）：124-128

[4] Sinha S, Hanuscin D L. 2017. Development of teacher leadership identity: A multiple case study. Teaching & Teacher Education，63：356-371

作、课程设置、参与学校管理、家长及社区互动、自我引导专业发展、协助同伴的专业发展等几个方面[1]。由此观之，教师课程领导力是教师在课程领域上的知识、能力等素养的汇聚。相较于教师领导力，教师不仅需要领导的知能，还需要在课程方面具有更多的知识和更高的专业水平。此外，结合我国现阶段教育发展实况，核心素养处于深化课程改革、落实立德树人目标的基础地位，核心素养落地的关键在于课程，更迫切需要提升教师的课程领导力，这就显示出教师课程领导力较于教师领导力的现实意义。

（二）教师课程领导力与教师教学领导力

为进一步辨明教师课程领导力与教师教学领导力的区别与联系，需以教师教学领导力的概念澄清为前提。

纵观教学领导力的发展过程，可以将其大致划分为形成期、成熟期、衰落期和回归期四个阶段。20世纪60年代，科尔曼（Coleman）等学者发表了著名的《教育机会平等》（Equality of Educational Opportunity）报告。该报告引发了对学校有效性问题的广泛讨论。20世纪70年代，美国学者埃德蒙兹（Edmonds）等在对有效学校（effective school）的研究中提出了教学领导力（instructional leadership）的概念。许多研究者在对有效学校的特征进行描述和分析时发现了教学领导力对于学校效能的重要性，校长通过教学领导可以提高教学效率和工作绩效，并以此提高学生的学习成就。因而这一概念在理论与实践层面越来越受到学者的广泛关注。但是，此阶段学界对于教学领导力的认知还较为混沌，将教学领导力简单地等同于教学管理，其领导主体也主要局限于校长或其他行政管理者，同时还忽视领导行为发生作用的情境因素[2]。20世纪80年代进入教学领导研究的成熟期。此时期有关教学领导的研究成果不断涌现，其中最具代表性的是美国学者海林杰（Hallinger）和墨菲（Murphy）提出的模型[3]。他们将教学领导力界定为校长领导与管理学校教学工作，促进教师的教以及学生学的行为。同时，他们借鉴了人力资源管理领域的工作分析技术，将教学领导力划分为"定义学校使命""管理课程与教学""创设积极学校风气"三个核心维度，并进一步细分出10种教学领导力职能。该模型从行为和职能两个方面对教学领导力进行界定，同时

---

[1] York-Barr J, Duke K. 2004. What do we know about teacher leadership? Findings from two decades of scholarship. Review of Educational Research, 74（3）: 255-316

[2] 赵德成. 2013. 教学领导力：内涵、测评及未来研究方向. 外国教育研究, 40（4）: 96-103

[3] Hallinger P, Murphy J. 1985. Assessing the instructional leadership behavior of principals. Elementary School Journal, 86（2）: 217-248

对与领导力相关的情境性因素也予以关照。但此时期对教学领导力的关注依旧围绕校长展开研究，大量的研究都偏重对"教"的领导，弱化了对"学"的领导。20 世纪 90 年代中后期，随着分布式领导、变革型领导等新型领导理论的出现，学者对于教学领导力的研究进入了衰落期，相关研究一度处于低落。20 世纪 90 年代末期及以后，教育质量成为各国基础教育改革与发展的焦点，教学领导力再度成为学校领导与管理领域的研究热点①。在此背景下，学者对于教学领导力的研究更注重以学习为重心，如墨菲等从领导行为与核心内容两大维度将教学领导力与学生的学习和发展建构关联②。同时，相关研究在领导主体上也不再把校长作为唯一的教学领导者，一些研究表明，教师参与到学校决策或其他领导活动中，能够积极影响学校改进效果③。由于教育教学活动的多元化趋势，教师与家长等主体也逐渐参与到教学领导之中。根据以上历史性论述可以发现，有关教学领导力的研究经历了一个从模糊混沌到逐渐明晰的阶段，其内涵、主体、行为等方面也更为丰富、全面综合：在内涵上涵盖了教师专业发展、专业精神建设、学习共同体建设、学校共享愿景的构建等更多内容④；在主体上更为多元，主张由多维领导者构成领导网络；在行为上不仅关注教师的"教"，也关注学生的"学"。概言之，教师教学领导力是领导者在教学过程中，促进教师"教"与学生"学"的高级素养的体现。

由此可知，教师课程领导力与教师教学领导力既有联系又有区别。实质上，教师课程领导力与教师教学领导力的关系取决于课程与教学的关系⑤。当前，学者对于课程与教学的关系存在三种观点：一是课程与教学相互独立，各自有其不同的关注重点。二是课程与教学相互包含，此类观点又可细分为两种：一种是课程包含教学，将教学看作课程实施的一部分；另一种是教学包含课程，即把课程当成具体的教学内容。三是课程与教学相互整合，即二者是一个整体，从根本上不能将其分割来看。通过课程与教学的关系，我们也可以进一步明晰教师课程领导力与教师教学领导力的关系存在三种可能性：第一种是教师课程领导力与教师教学领导力是独立关系，教师课程领导力主要是在课程领域上的领导行为，而教

---

① 赵德成，马晓蓉. 2016. 教学领导力研究中的问题与展望. 外国教育研究，43（9）：60-70

② 〔美〕J. 墨菲，〔美〕E. 戈德林，〔美〕S. 艾略特，等. 2011. 范德堡教育领导力评估：以学习为中心的评估方式. 华东师范大学学报（教育科学版），29（1）：1-10

③ Hallinger P, Heck R H. 1996. Reassessing the principal's role in school effectiveness: A review of empirical research, 1980-1995. Educational Administration Quarterly, 32（1）：5-44

④ King D. 2002. The changing shape of leadership. Educational Leadership, 59（8）：61-64

⑤ 于泽元. 2006. 课程变革与学校课程领导. 重庆：重庆大学出版社，61

师教学领导力则是在教学领域上的领导行为。第二种是教师课程领导力与教师教学领导力是包含关系。这一关系内存在着两种可能类型：一种即教师课程领导力包含教师教学领导力，将教学领导看成课程领导事务的一部分；另一种即教师教学领导力包含教师课程领导力，将课程领导当作教学领导的行为之一。第三种是教师课程领导力与教师教学领导力是整合关系，二者相辅相成，缺一不可。理论上，教师课程领导力与教师教学领导力作为统一领导问题的两个侧面，具有明显的相近之处，但事实上，二者也呈现出相互区别的特征。首先，从涵盖范围来说，教师教学领导力主要关注教师的"教"与学生的"学"，而教师课程领导力则聚焦于课程事务。其次，在领导场域上，教师教学领导力往往是在班级层面上的课堂教学，而教师课程领导力除涉及班级层面外，还关联到同事、学校等其他教育场域，同时也会有更为复杂的人际相处与互动情况。最后，对于教师的要求来说，教师教学领导力强调教师在教学知能上的精进，而教师课程领导力除强调教师的教学实践外，还需要教师掌握课程方面的知能，甚至涉及引领和管理整个学校或校外的课程事务。

第三节 核心素养视域下教师课程领导力内涵诠释

通过以上概念界定与相近概念辨析工作，本书关于核心素养视域下的教师课程领导力本质的主张逐渐清晰。为更加清晰地呈现 K-VPI 教师课程领导力概念的要旨，有如下三点需做进一步展开说明。

一、K-VPI 教师课程领导力是以培育学生核心素养为终极指向的领导素养

从目标来看，教师课程领导力在当下是以核心素养为终极指向。教师课程领导力具有明确的目标指向性，这是由领导力的本质所决定的。目前，学者对于领导力本质的认识极为复杂和不确定，但综观学界对领导力的不同理解可以发现，其共同关注的往往是以下这五个要素：领导者，即影响他人的人；追随者，即受他人影响的人；组织目标，即影响的意图或目的；影响力，即领导作用发挥的方

式；组织环境，即领导发生的情境①。由此观之，领导力是一个目标导向型概念，这决定了教师课程领导力也具有明显的目标导向性，以保障组织或群体间目标或愿景的顺利实现②。从领导力的本质入手，将其引入特定的课程领域，从此视角切入来观测教师课程领导力的终极目标是促进学生的学习与发展。加拿大著名教育变革学者富兰（Fullan）提出，课程变革必须有自己的道德目的，那就是为学生的一生带来有益的变化③。而课程领导力作为在课程实践场域中的变革，其根本指向本就是关注并支持学习者的学习。在我国新课程改革进程以及国际基础教育发展的潮流之中，核心素养显然已成为各国寻求国民教育基因改造的关键DNA④，如欧盟的"关键概念"、美国的"21世纪技能"，尽管各国叫法不一，但都是为适应当今时代的需要，对学生的发展进行脱胎换骨的培育与改造。而我国核心素养的提出旨在在立德树人的背景下以学生发展为内核，勾勒新时代新型人才的形象。由此可见，核心素养是新时代对学生发展目标的具体刻画与表现形式。因此，新时期教师课程领导力是在培育学生核心素养的牵引下进行的，为了适应未来社会的挑战以促进与保障学生的优质全面发展。

二、K-VPI 教师课程领导力是教师促成课程主体间合力的专业力量

从本质上来说，教师课程领导力不是教师个体内的课程能力，而是教师推动构建课程领导共同体，促成课程主体间协作与汇聚多元课程主体合力的专业力量。核心素养的培育依托于多样化的真实情境，而在情境之中总是会融入各个相关主体，这意味着教师课程领导力并非教师一人之事，还涉及课程领导体系中与课程密切相关的学生、家长和学校等其他主体的相互作用。因此，学生核心素养的生成需要打破传统单一的教师权威立场，整合多方育人力量，凝聚教育合力培育学生。一方面，教师在课程实践场域聚焦于学生的发展，充分调动学生家长、学校和社会的积极参与，彼此之间协商对话、相互信任、尊重和理解，使各方以共同体的形式为了学生的发展共商共建，并由此将各个主体紧密相连，进而在共同体内部生成共同的愿景与信念，通过相同的情感和信仰驱动各主体的责任心和

---

① 靳玉乐. 2011. 学校课程领导论：理论研究与实践探索. 北京：人民教育出版社，42
② 中国科学院"科技领导力研究"课题组，苗建明，霍国庆. 2006. 领导力五力模型研究. 领导科学，（9）：20-23
③ 转引自：于泽元. 2006. 课程变革与学校课程领导. 重庆：重庆大学出版社，117
④ 钟启泉. 2015. 读懂课堂. 上海：华东师范大学出版社，204

使命感。同时，在共同信仰的引领下，教师利用自身的个人魅力和感召力对其他主体进行激励和鼓舞，使之朝着各方所勾勒出的理想蓝图迈进。另一方面，各主体在课程领导共同体中不是权力视域下的领导与被领导关系，而是建立在专业和情感上的激励与引领关系。领导者与追随者之间的双向关系是领导过程的核心[1]。在这种关系下，不存在绝对的领导者和被领导者，每个主体都有权利表达自己的观点与想法。教师应转变自身具有绝对权威的观念，在民主平等、和谐对话的关系之中汇聚各主体的力量，关切其他主体的需要和动机，以寻求主体间的共生点，在汇聚合力的同时影响并引领更多主体参与其中，处理好各主体之间的关系，以维持课程领导共同体内的和谐性与整体性，使其育人功效得到最大限度的发挥。

三、K-VPI 教师课程领导力是认知力、实践力与认同力交织而成的复合力量

从存在样态来看，教师课程领导力表现为一种多维复合结构，具体包含教师课程领导的认知力、实践力与认同力（图 2-1）。已有研究将教师课程领导力化约为领导能力，将其简单地等同于领导实践，如把教师课程领导力看作教师在课程开发、课程评价等课程事务中的能力[2]。但是，反观辛哈和哈努辛对教师领导力的界定，他们认为教师领导力是教师领导观念、教师领导实践和教师领导认同的聚合体[3]。该定义带给我们的有益启示为，要超越传统的单一视角理解教师课程领导力，应代之以综合视域，即将教师领导力看作一种复合性概念。此外，从教师的全人视角来看，教师是一个完整的人，并不是在知识或能力某一方面上"单向度的人"，这违背了教师作为完整人个体的本质。因而，在此基础上的教师课程领导力也应是观念、知识、能力等元素相互渗透的一个整体。这意味着教师课程领导力是教师在课程领导方面的知识、能力、态度、观念以及承诺等元素的整合。教师课程领导力无法脱离领导知识与领导者的主观体认而孤立存在与发挥作用，唯有通过领导者的领导实践才能被识别与彰显。因此，我们认为，理解教师课程领导力必须立足教师的课程领导实践，同时，还应统筹考虑教师的课程领导认知及其对课程领导的身份认同。

---

[1] 靳玉乐. 2011. 学校课程领导论：理论研究与实践探索. 北京：人民教育出版社，115
[2] 杨向红，沈峰. 2018. 深耕研训：提升教师课程领导力的区域实践. 上海教育科研，(11)：64-67
[3] Sinha S，Hanuscin D L. 2017. Development of teacher leadership identity：A multiple case study. Teaching & Teacher Education，63：356-371

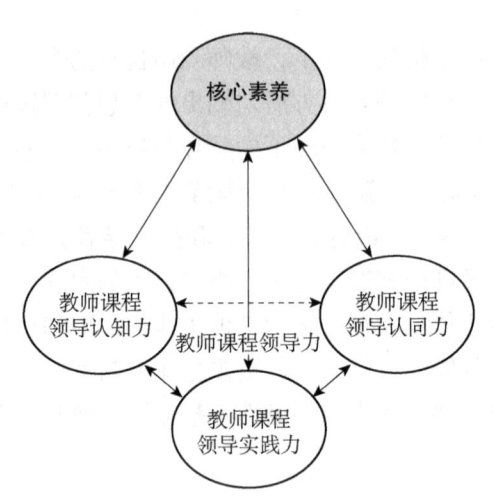

图 2-1 核心素养视域下教师课程领导力本质意涵示意图

第四节 核心素养视域下教师课程
领导力特征分析

综合前文对核心素养视域下教师课程领导力内涵的释义与分析，结合其他学者关于教师课程领导力特征的探讨，这里把教师课程领导力的特征归纳五个方面，即统整性、情境性、多元性、分布性和导向性。

一、多维面向的统整

教师课程领导力具有一定的统整性，它是领导力要素及其子要素的统一和整合。一方面，教师课程领导力由课程领导认知力、课程领导实践力与课程领导认同力三个部分构成，三者相依相存，不能脱离彼此而单独存在或凭空产生。课程领导认知力是教师课程领导力的基础，代表着教师对课程领导力的总体认识和基本感知，包含教师课程领导力的内涵与性质、教师课程领导力的要素及表现等内容，这些内容是教师开展课程领导实践与获取身份认同感的基础；课程领导实践力是教师课程领导力的核心彰显，专业的课程领导认知力为教师的实践活动提供方向指引，而教师领导者身份的自我认同会增进教师课程实践的积极性和主动性，教师对于课程领导力的清晰认识与身份认同都是为了让教师主动承担领导角色以胜任课程领导活动，二者缺一不可；课程领导认同力是教师课程领导力的内部深化，课程领导者自我身份的认同建基于一定的课程领导力认知与实践，教师从观念中增强自身主体性意识，在实践中萌发自我认同感，最终形成课程领导认同力。由此可见，教师课程领导力内部的各要素相互影响、相伴而生，课程领导认知力是课程领导实践力和认同力的重要认识积淀，课程领导实践力是课程领导认知力和认同力的外在行为表现，课程领导认同力是课程领导认知力和实践力的内在凝练升华，只有教师课程领导认知力、实践力和认同力统一并行，才能组构完整的教师课程领导力。另一方面，教师课程领导力各要素内部的子要素相互关联，以教师课程领导实践力为例，它可进一步细分为课程思想、课程设计、课程实施、课程评价和课程开发。课程思想涉及与课程相关的基本理念和价值判断等，引领教师的课程实践，为课程建设的其他环节明确方向和路径；课程设计为课程实践奠定基调，框定实践限域；课程实施使课程的各个环节得以有效落地，并推进课程整体的活态化发展；课程评价是对整个课程构建的反思与调整，力求与课程总体规划达成契合；课程开发为课程建设的各个环节统整相关资源，提供资源保障，同时确保课程在一定的程序下稳步前进。有鉴于此，课程领导实践的各个环节以培育学生的学习和发展为旨归，环环相扣，彼此之间相互促进和影响，共同构成教师课程领导力的实践体系。

二、随情境而权变

教师的课程领导力并不是一成不变的，它的发挥随情境而通达权变，课程领导者根据情境或组织的各项因素，审时度势地采取适切的领导行为。艾曼（Ayman）等认为，领导过程的情境包含三个要素：职位权力、任务结构和领导者与追随者之间的关系[1]。具体而言，首先，领导者的身份并不是行政或管理层面所赋予的领导职权，而是在不同的领导情境中，教师的角色和职责随之灵活转换。在教师课程领导力的实施过程中，教师会依据情境的变换而发挥不同的效力。例如，在课程班级层面，教师是学生学习上的引路人，需要时刻引导和关照学生的发展与需要。其次，任务结构即课程的结构或类型，教师课程领导力的实施过程中，教师会根据课程结构或类型的不同而采取不同的领导举措。以古德莱德（Goodlad）的课程分类为例，他将课程分为理想的课程、正式的课程、领悟

---

[1] Ayman R，Chemers M M，Fiedler F. 1995. The contingency model of leadership effectiveness：Its levels of analysis. The Leadership Quarterly，6（2）：147-167

的课程、运作的课程、经验的课程这五种类型[1]，课程类型的不同均会影响教师课程领导力的发挥力度和限域，例如，正式的课程是教育部门以文件的形式确定下来的课程，教师课程领导力的发挥则是明晰课程目标、统整课标要求等，而运作的课程即教师在班级层面所开展的具体课程实践，在此阶段，教师的课程领导体现在其需要把握课程实施的各个环节，反思与总结课程经验等。由此可见，教师不能用一种固定的领导模式对待不同的课程任务，要根据课程的具体情况采取合适的领导方式，确保课程领导力的有效发挥。最后，教师课程领导力的情境性体现在领导者与追随者之间的关系上，即领导者被其他成员接受和喜欢的程度，他们是否愿意追随领导者，他们在多大程度上受到领导者的影响，领导者是否依照与追随者之间的关系来转换领导方式和风格。大体而言，根据教师的领导身份、任务结构以及与追随者关系的不同，教师课程领导力会涉及四种不同的情境：课堂教学情境、课程专业共同体情境、学校课程管理情境、校外课程发展情境[2]。而领导过程中的情境会直接影响教师课程领导的成效，教师课程领导力的发挥也会根据情境的不同展现出不同的外部表征，只有当教师的课程领导行为与相应的情境匹配时才能达到最理想的领导效果。

三、多元的发展样态

教师课程领导力呈现出一种多元化的发展特征，主要表现在以下三个方面：首先，课程领导力在教师个人层面有不同的表现形态和发展样态。教师课程领导力的发展会受到个体实践智慧、课程领导目标等诸要素的影响，进而造就课程领导者在认知观念、领导风格、实践行为等方面不同的表现形式。其中，教师在实践中涌现出的教育智慧会使教师在领导课程中表现出不同的鲜活表征。教师的实践智慧是教师基于具体的课程问题情境表露出来的教育机智，它使不同的教师在面对同一课程问题时会产生不同的化解方式，具有鲜明的独特性和多样性。同时，教师基于个体的实践智慧会使其对课程的领导呈现多样化的形态，影响着教师课程领导力的发挥形式。其次，不同的课程领导者与追随者会形成一个独特的"领导者-追随者共同体"。领导是指领导者和追随者之间的一种特殊的关系，即领导者对追随者的影响，一旦这种主体与主体间的影响产生，"领导者-追随者共同体"也随即形成[3]。由于领导者和追随者的主体身份、权力分配、人际关系等

---

[1] 于泽元. 2006. 课程变革与学校课程领导. 重庆：重庆大学出版社，114

[2] Grant C. 2006. Emerging voices on teacher leadership. Educational Management Administration & Leadership, 34（4）：511-532

[3] 金建生. 2016. 教师领导研究：基于教师发展的视角. 北京：中国社会科学出版社，120

要素的不同，课程领导共同体的内部结构复杂多变，"领导者-追随者共同体"在领导活动过程中也在不断发生着权力交替和角色互换，既没有绝对的领导者，也没有绝对的追随者[1]。最后，教师的课程领导环境也彰显出一种多元化的动态式发展。教师课程领导环境在长期的发展过程中呈现出差异性和独特性，主要体现在教师的人际关系与学校文化上[2]，由于主体之间的互动模式以及学校文化的多元变化，课程领导环境处于动态变化之中，进而影响着教师课程领导力的发展。

四、依所需而分布

教师课程领导力并不是教师一人力量的集权，而是一种基于群体的力量。这彰显出教师课程领导力的分布性。在分布式领导理论中，领导不是少数人的权力集中，成员被看作一种领导共同体，其领导行为可以在任何成员中产生，成员间相互合作、相互支持，为实现共同的目标而奋进[3]。而核心素养视域下的教师课程领导力更是一种分布性的课程领导，是在共同体之下发生的一种集体行为，在不同层面、不同情境之中，各主体都可以对课程进行领导，教师虽然是领导课程的直接关联者，但并不是课程领导的唯一主体，教师在不同的领导情境中可以引领并带动更多主体领导课程。具体而言，在课堂教学情境中，教师对课程的领导影响着班级的课程发展与建设。教师利用自身专业的课程领导实践，以学生发展为基本导向进行班级课程建设，通过班级课程思想、课程设计、课程实施、课程评价和课程开发等，在班级中构建良好的学习场域，以此带动学生参与到课程建设之中，进而保障教学质量达到最优，同时也会对学生的学习产生正面影响。在专业共同体情境中，教师超越自我发展的境界，步入教师发展中的发展极行列[4]，在自身得到发展后对人际脉络中的其他同侪产生一定的辐射效应，带动和引领其他教师参与到课程领导之中，利用自身的课程领导优势，指导其他教师的课程实践并与之协同合作，共同领导课程事务。在学校管理及校外课程情境中，教师有更多的机会参与到学校及校外层面的课程建设，为学校的课程发展建言献策，同时为其他学校提供专业的课程知识与经验。这也可以进一步扩散课程领导的群体力量，使之转化为一种正式的制度性的力量。由此教师课程领导力分布于各类情境之中，教师个体对课程的领导也可以转化为群体中各个成员对课程的共同领导，使群体内成员紧密相连，促成合理寻求教师课程领导力目标的实现。

---

① 金建生.2016.教师领导研究：基于教师发展的视角.北京：中国社会科学出版社，120
② 靳玉乐.2011.学校课程领导论：理论研究与实践探索.北京：人民教育出版社，75
③ 周晓静，郭宁生.2014.教师领导力.北京：北京师范大学出版社，45
④ 金美福.2005.教师自主发展论：教学研同期互动的教职生涯研究.北京：教育科学出版社，10

五、愿景导向明确

教师课程领导力具有明确的导向性，以促进学生核心素养的发展为终极指向。国内学者对课程领导力的认识有不同的见解，但总的来说可以归结为以下五个方面，即课程领导者、课程追随者、课程领导的目标、课程领导的影响力和课程领导的环境。由此可见，课程领导力是为了实现特定的组织目标，这也决定了教师课程领导力具有导向性特征。创造愿景或目标是变革型领导理论的重要组成部分，"愿景就像一幅概念图，指出组织未来走向何处"[1]。可见，教师课程领导力具有明确的教育诉求。一方面，教师课程领导力的导向性具有明确的目标指向。教师课程领导力虽具有多重目标追求。但是，基于教育的本原立场，一切与教育相关的活动最终都是为了促进学生的培育和成长，因此，教师发展与学校课程品质提升等应作为教师课程领导力的中间目标，学生的学习与发展则既作为上述目标的平行目标，更作为汇聚上述目标的终极目标，并指向学生核心素养的培育。因而各个主体在目标的牵引下具有更为明确、坚定的领导立场，能明晰目标的价值所在，由此充分发挥课程领导实效。另一方面，教师课程领导力的导向性具有明显的教育性，尤其是在当前价值多元、瞬息万变的教育领域中，教师课程领导力的导向会受到外界多种因素的影响，因而不可避免地会出现形式化与利益化问题，这与以核心素养为导向的目标追寻相背离，摒弃了其教育价值和教育信念。教师课程领导力的目标带有天然的教育性，始终以学生的学习和发展为旨归，除此之外再无外在目标，这决定了课程领导者的行为、观念等都需围绕育人这一教育性目的而开展。

---

[1] 〔美〕彼得·诺斯豪斯. 2002. 领导学：理论与实践（第二版）. 吴荣先，等译. 南京：江苏教育出版社，73-75

第三章
核心素养视域下教师课程领导力模型建构

教师课程领导力的发挥与发展是深化基础教育课程改革的迫切诉求，深入把握教师课程领导力的意涵要旨与构成要素是促进其发展和运用的基本前提。本章在深刻把握教师课程领导力丰富内涵与核心特征的基础上，从认知、实践与认同三个相关领域整体建构核心素养视域下的中小学教师课程领导力（即 K-VPI 教师课程领导力）结构模型；在厘清模型的构成要素后，兼从静态与动态两个方面，对 K-VPI 教师课程领导力的要素间关系进行多维审视，并基于课堂、专业共同体、学校与校外四类课程领导场域阐发教师课程领导力与学生核心素养相互通达的作用机理；最后，以场动力理论为视角，对促进或制约核心素养视域下教师课程领导力生成的主要因素进行预设性分析，以为后续实证研究奠定理论框架。

第一节　核心素养视域下教师课程领导力维度划分的基本考量

本书认为，核心素养视域下的教师课程领导力包含基于核心素养的教师课程领导认知力、指向核心素养的教师课程领导实践力以及扎根核心素养的教师课程领导认同力三大基本维度，主要是基于以下考虑：目前关于教师课程领导力框架与结构的各类成果中，课程实践力是这些框架中最主要乃至唯一的架构轴心。例如，有研究从优化课程实践的着力点出发，明确教师课程领导力涵盖学科课程的价值认识、内容整合、资源拓展等方面的能力要素[1]。有研究立足领导力元素与课程实践的契合点，指出教师课程领导力可拆解为课程价值洞察力、课程评价激励力等五大能力面向[2]。"上海市提升中小学（幼儿园）课程领导力行动研究"项目组也是以课程思想、课程设计、课程执行、课程评价四个课程实践要素为基点来构建教师课程领导力指标体系[3]。诚然，强调教师领导力与课程实践的紧密结合是防止教师课程领导力脱离课程实务的有效方法，而教师课程领导力对学生核心素养产生影响也需要以鲜活的课程实践作为中介。但是，若将教师课程领导力的内涵全部等同于教师的课程领导实践力未免失之简单。这需要联系教师课程领导力的本质与教师的特征加以判定。

本质上，教师课程领导力是教师的高级专业素养，因此也适用于描绘素养的冰山模型。在此，教师课程领导实践力仅是外显的、浮出水面的冰山一角，而隐匿在水面以下广阔的冰山是素养的主体结构。因此，解读核心素养视域下教师课程领导力的完整结构还需要拓宽视野，找寻实践以外的其他维度，尤其是行为主体的内隐维度。从学术史来看，教师课程领导力是教师领导力发展到新近阶段的产物，关于教师课程领导力的研究仍处于发展初期，关于其上位概念教师领导力的研究则较为丰硕，从教师领导力研究成果中汲取经验，有助于走出教师课程领导力的实践迷思。综观国内外丰富的教师领导力研究，辛哈和哈努辛对教师领导力的界定颇有醍醐之效。两位学者从 2011 年起便开始在教师领导力领域的协作

---

[1] 杨向红，沈峰. 2018. 深耕研训：提升教师课程领导力的区域实践. 上海教育科研，（11）：64-67

[2] 黄云峰. 2015. 专业视域下教师课程领导实践力路径探寻——一位中学语文教师的自传叙事研究. 重庆：西南大学，50-52

[3] 上海市教育委员会教学研究室. 2019. 幼儿园，课程领导力在生长. 上海：上海科技教育出版社，18

深耕，连续发表了数篇相关学术论文，直到 2017 年发表《教师领导力身份认同的发展：一项多案例研究》(Development of teacher leadership identity: A multiple case study)一文，两位学者才将多年的思考凝结为解读教师课程领导力的三分框架。这一框架的显著特点是坚持复合说主张，认为理解教师领导力需要视域融合，即完整的教师领导力是教师领导观念、教师领导实践和教师领导认同的聚合体。由此观之，开展了领导实践却不认同自己的领导者身份，或者仅仅认可了教师的领导者身份却无法开展可见的教师领导实践，都不是真正意义上的教师领导者。正因为教师领导观念、实践与认同三大要素是复合统整的关系，教师领导力发展水平的任何动态变化都可以还原为三要素各自的变化及三者之间的相互作用。[1]

辛哈和哈努辛界定教师领导力的复合视角在近些年关于教师领导力的代表性成果中得到呼应。例如，美国教师评估与支持州际联盟（Interstate Teacher Assessment and Support Consortium，InTASC）对于教师领导力的界定就体现了一种更为广阔的视角。InTASC 是全美各州教育首长委员会（Council of Chief State School Officers，CCSSO）创建的专业组织，2013 年，InTASC 在其发布的官方报告《InTASC 核心教学标准模范与教师学习进阶 1.0》(InTASC Model Core Teaching Standards and Learning Progressions for Teachers1.0)中将教师领导力视为教师的一种素质（attribute），并对教师领导力进行了丰富的内涵诠释，具体包括但不限于以下几方面："①教师在教育中的角色是多方面的；②对职业发展与促进每个学习者的知识积累、技能提升和机会增加的一种敏锐的道德责任感；③一种对教学的深刻承诺，包括愿意积极参与专业发展以拓展有关教与学的知识；④一种在没有正式职务的情况下在课堂与同事中担任领导职务的意愿；⑤一种对何时领导以及何时允许他人领导的认识；⑥关于何时以及如何召集各种利益相关者为共同的事业而努力的知识；⑦一种定期聚合人力和物力资源以改善学生和学校的能力；⑧基于对教学质量数据与证据的恰当使用和解释做出正确决策的能力。教师领导在专业共同体中发挥良好的作用，为改善学校做出贡献，并激励学生和同事取得卓越成就。"[2]

由此可知，课程领导实践力仅是教师课程领导力结构的"冰山一角"，对教师课程领导力的完整认识还需要联系教师的人格特征加以拓展和丰富。从教师的人格特征出发，教师不仅仅是行为主体，也是认知主体与情感主体，是聚合了认

---

[1] Sinha S, Hanuscin D L. 2017. Development of teacher leadership identity: A multiple case study. Teaching & Teacher Education, 63: 356-371

[2] InTASC. 2021-10-10. InTASC model core teaching standards and learning progressions for teachers 1.0. https://ccsso.org/sites/default/files/2017-12/2013_INTASC_Learning_Progressions_for_Teachers.pdf

知、情感与行为表现或实践的完整的人。而作为完整的人的教师，其行动与意识、情感密不可分且相互影响，这种整体性体现在教师人格与素养的方方面面，也与以上解读教师领导力的复合视域具有内在一致性。由此，本书认为，核心素养视域下的教师课程领导力应是涵盖教师的课程领导认知力、课程领导实践力与课程领导认同力的多维复合型结构。

第二节　K-VPI教师课程领导力结构的深度剖析

核心素养视域下的教师课程领导力即 K-VPI 教师课程领导力，指作为终极目标指向的核心素养构成了教师课程领导力的内在规定性，指引着教师的课程领导认知力，规范着教师的课程领导实践力，也影响着教师的课程领导认同力。本节将对 K-VPI 教师课程领导力的内在构成做出拆解，以明晰各维度的含义与要素（图 3-1）。

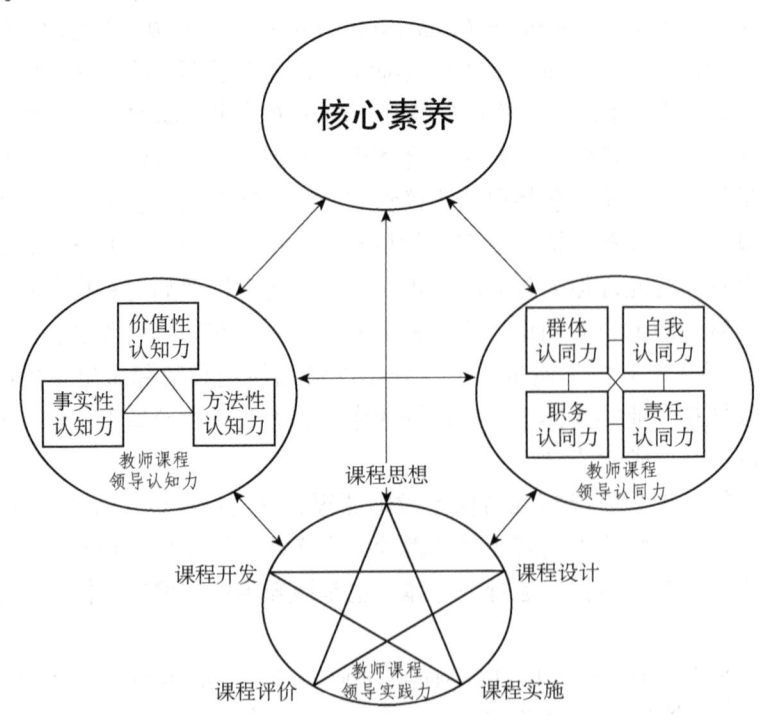

图 3-1　K-VPI 教师课程领导力内在结构

一、核心素养视域下的教师课程领导认知力

核心素养视域下的教师课程领导认知力代表着教师对课程领导力、核心素养以及二者关系等基本问题的认识程度，包含教师在此方面的事实性认知力、方法性认知力和价值性认知力三大类别，构成了核心素养视域下教师课程领导力的基础。

教师课程领导的事实性认知力是教师对于核心素养、课程领导力以及教师的课程领导力等事实本质与性质的认识情况，亦即教师对"什么是核心素养""普通教师能否具有课程领导力""什么样的教师可以被视为课程领导者""教师课程领导力的作用对象是谁"等问题持有的基本观点。

教师课程领导的方法性认知力是教师在具体的课程领导情境中进行推理、决策与解决特定问题的知识能力，具体指教师对于"如何培育学生核心素养""在课程领导中如何对待与学生、家长、同事和管理者等相关主体的关系""课程领导力如何形成与增进""如何识别课程领导机会"等问题具有一定认知，且拥有课程领导力产生与发挥作用的情境性、条件性与技术性知识。

教师课程领导的价值性认知力即教师拥有对课程领导力价值与意义的专业判断，如能够对"课程领导力之于学生核心素养发展的意义""教师课程领导力对学校教育质量的作用""课程领导力在教师职业中的地位"等价值性问题给出专业辩护。以上三个方面的认知力组成一个相互作用的有机整体，三者的组合将对教师是否会以及将如何采取课程领导行动产生影响。

二、核心素养视域下的教师课程领导实践力

核心素养视域下的教师课程领导实践力是指教师能够围绕核心素养培育而承担课程领导角色或参与课程领导活动，它是 K-VPI 教师课程领导力的关键。教师课程领导实践力同教师的课程思想、设计、实施、评价与开发等日常实践紧密相连，并通过愿景、决策、激励与导引等领导力元素的自觉运用，借助课程领导共同体的力量来推动课程实践的不断优化。上海市在此方面已具有三轮行动研究经验，本书在借鉴上海市学校教师课程领导力指标体系的基础上，将教师课程领导实践力具体拆分为课程思想力、课程设计力、课程实施力、课程评价力与课程开发力五个维度（表 3-1）。

表 3-1　核心素养视域下的教师课程领导实践力的维度及领导职责

维度	领导职责
维度 1：课程思想力	文化现代；政策理解；愿景一致
维度 2：课程设计力	整体规划；资源意识；集体备课
维度 3：课程实施力	学生主体；专业支持；动态生成
维度 4：课程评价力	导向明确；监控及时；改进有力
维度 5：课程开发力	回应需要；资源适切；程序正当

课程思想是牵引课程实践的内在理据，教师的课程思想力包含文化现代、政策理解与愿景一致三个要点。文化现代意味着，首先教师要掌握先进、前沿的教育理念与课程思想，例如，将课程设计与实施看作"预设与生成"而非"预设与执行"[1]的关系；其次，教师有意识地生成自己的课程理念甚至课程哲学；最后，教师以此为引领，依次参与班级、专业共同体与学校的课程文化建设。政策理解意在表明教师作为教育政策和教育实践的桥梁，不仅需要掌握国家与地方的最新教育政策、课程方案与学科课程标准，还要及时与恰当地将之传达给学生和家长。愿景一致意味着教师需要引领和指导课程相关主体合作构筑与落实课程愿景，包含教师以班级为单位，联结学生、家长与其他学科教师共同构筑与落实课程愿景；以专业共同体为单位，联结备课组、教研组同事与组长共同构筑与落实课程愿景；以学校为单位，与管理者交流关于课程愿景的思考，积极争取学校管理者的认同与支持，并与之共同商议基于新愿景的课程改进方案与机制。

教师的课程设计力包含整体规划、资源意识与集体备课三个要素。整体规划意味着教师不仅需要了解特定学段的核心素养发展要求、课程目标与内容，而且对学生在基础教育阶段通过本门学科需要达到的核心素养整体目标与阶段要求具有系统认识，并基于整体视角进行每一项单元教学设计，在此过程中还需统筹考虑本校与本班的实际特征。资源意识意味着教师以育人效果最大化为指向，超越传统资源边界，选择与融通网络资源、学校资源、社区资源以及专业资源（如高校专家、教研员、科学家、企业家等）。集体备课意味着教师通过参与专业共同体，与其他教师分享与交流基于核心素养的课程设计思路与经验，在此过程中创生集体智慧，从而实现自身与同事的课程设计的双向优化。

教师的课程实施力包含学生主体、专业支持与动态生成三个要素。学生主体意味着教师充分尊重学生在教学与学习中的主体性与差异性，有意识调动全体学

---

[1] 丁锐，吕立杰. 2012. 深化课程改革背景下学校课程领导力的提升——第二届基础教育课程改革与发展论坛综述. 课程·教材·教法，32（12）：102-106

生的学习兴趣和参与热情，恰当回应不同学生的学习需要。专业支持意味着教师善用现代教育技术与最新研究成果，在教学中激励学生成为学习的自我领导者，引导学生逐步实现自主发展。动态生成意味着教师具有开放性思维，能够容忍教学中的"意外"，并根据教学实际创生课程目标与调整课程设计。

教师的课程评价力包含导向明确、监控及时、改进有力三个要素[①]。导向明确即教师以课程愿景的落实成效为基准，开展课程实践与学生发展的质量评估。监控及时包含两方面内涵：一是教师需要树立"教、学、评一体化"思维习惯，在教学过程中同步开展学情收集、自我诊断与课程评估；二是教师需要具备循证思维，依凭证据或数据而非经验开展课程评价。改进有力意味着教师立足评价结果及其归因分析，有针对性地调控与改善课程实践。

课程开发力是教师课程领导实践力的又一项重要指标，包含回应需要、资源适切与程序正当三个要素。回应需要即教师开发校本课程是为了回应学生的个性化发展需要，以弥补国家课程与地方课程的统一性所蕴含的局限[②]，具体表现为教师承认学生差异与个性的内在价值，识别学生发展的具体与特殊需要，针对学生的需要确立课程目标与内容。资源适切意味着教师不仅具有资源敏感性，而且善于依据情境需要选择与开发合适的课程资源，并在素养培育目标的导引下对这些资源进行统整利用。程序正当意在规范课程开发过程。程序问题是质量问题的根源所在[③]，教师必须具备课程运行的规则意识与程序自觉，具体包含依据标准与规定开发课程、邀请专家把关课程质量、主动提请课程审议等。

三、核心素养视域下的教师课程领导认同力

核心素养视域下的教师课程领导认同力是教师在开展基于核心素养的课程实践中对自身或教师群体作为课程领导者的自我身份感[④]，它是 K-VPI 教师课程领导力的深入。教师课程领导认同力可以从"认同谁"和"认同什么"两个方面进行追问，对前一问题的回答延伸出群体认同与自我认同两类形式，对后一问题的回答派生出职务认同与责任认同两个方面。

群体认同力是指教师认同课程领导者可以而且应当存在于教师群体之中，并因作为群体成员而对教师这一专业群体产生更加强烈的归属感，甚至对教师课程

---

① 上海市教育委员会教学研究室. 2019. 课程领导：学校持续发展的引擎——上海市提升中小学（幼儿园）课程领导力十年行动. 上海：上海科技教育出版社，192-194
② 吴刚平. 1999. 校本课程开发的特点与条件. 教育研究与实验，（3）：28-31，72
③ 李令永. 2020. 论校本课程开发的逻辑分殊. 教育发展研究，40（18）：27-33
④ 容中逵. 2019. 教师身份认同构建的理论阐释. 教育研究，40（12）：135-144

领导者自愿地进行追随与效仿。自我认同力是指教师将课程领导的价值信念融入自身的内在信念，使课程领导成为教师"自我"的组成部分，因之，教师将自身视作课程领导者，并基于这一内在体认，自信、自觉地在常态化课程实践中进行课程领导，争做改善核心素养培育路径的倡议者与先导者。职务认同力指教师认同拥有课程权力或被委以特定职务的教师在课程方面的专业权威，自愿作为追随者，配合与仿效课程领导者的行动，并有意识地在此过程中发展自身的课程领导知能，同时寻求获得赋权的机会。责任认同力指教师将所有主动为课程共同体的发展与维系贡献力量并承担责任的成员都视为课程领导者，无论该成员是否具有正式职务。在此，课程领导被理解为一种责任共享机制[①]，教师接受主动担责者的感召，对其予以赞许、配合、支持与模仿，并借此同步提升自身的责任意识和建设共同体的能力。

在以上四类认同力中，自我认同力是教师课程领导认同力的最高境界，也是教师对群体认同、职务认同、责任认同三类认同形式的凝练与升华。具体而言，群体认同力构成自我认同力的心理基础，职务认同力与责任认同力均需要通过自我认同力加以深化，因为从自我认同的角度来看，职务性课程领导认同意味着当且仅当教师拥有课程权力或被委以课程职务时，教师才会将自身视作课程领导者；责任性课程领导认同则表明，当教师因共同体需要主动承担课程领导责任时，教师无论是否拥有课程实权，都会将自身视为课程领导者。而只有当教师将课程领导力深化为对自我的内在认同，这种认同才会真正成为教师进行课程领导的强大动力。

第三节　K-VPI 教师课程领导力要素间关系的多维审视

从静态关联来看，教师关于课程领导的认知力、实践力与认同力这三种相异但互补的成分共同成就了 K-VPI 教师课程领导力的完整意义。从动态视角出发，K-VPI 教师课程领导力的升华是三要素由分散走向聚合的持续过程。

---

① 孙杰，程晋宽. 2020. 共享、协作与重构：国外教师领导力研究新动向. 外国教育研究，47（1）：103-115

一、K-VPI 教师课程领导力贯穿性线索的总体把握

合作与合作力是贯穿核心素养视域下教师课程领导力的主线。正如《教师领导者示范标准》中教师领导七大行动领域及其具体要点所传达的，教师领导的重心不仅仅在于教师的自我管理以及教师对他者的影响，更应该注重激发教师与多方教育主体之间的相互影响与作用。由之，《教师领导者示范标准》既劝导教师与同事合作，借助同事的力量共同促进教学与学习的改善，也引导教师对同事予以帮助、支持与指导，并注重吸收家庭与社区的力量[1]。"上海市提升中小学（幼儿园）课程领导力行动研究"项目组在对课程领导力这一概念进行界定时也尤为凸显领导者共同体视角，在学校层面，校长是课程领导力主体，却仍深度依赖教师的配合；在班级层面，教师是课程领导力主体，但离不开学生和家长的支持。在每一个层面，课程领导力都以课程领导共同体间的相互影响力发挥作用[2]。其他相关研究也表明，教师的合作意识与协作素养构成教师领导力的核心关键[3]。由此可推知，教师课程领导力发生在共同体语境之中。

在核心素养的背景下探讨教师的课程领导力，教师课程领导的合作维度具有更加重要的时代意义。尽管核心素养是新一轮基础教育课程改革的基石，但它在首要意义上却是政策驱动的，而从政策文本的规定到一线教师的课程实践，需要一段相对漫长的转型历程。其中，教师面向核心素养育人要求的课程理念更新与课程实践转型是关键。从核心素养的教育理想出发，它需要教师打破传统教育的边界，整合多方教育力量，这就必然涉及专业合作的问题。从教师自主转型的现实性出发，教师个体在摆脱原有课程范式与创生面向教育新生态的课程范式之间往往进退维谷，这就需要发挥教师共同体的带动力量，帮助共同体内每一位教师实现积极转变。具体而言，专业能力与转变能力较弱的教师因善于寻求其他教师乃至学校管理者的支持与帮助而展现出在培育学生核心素养中的课程领导力。专业能力与转变能力较强的教师因主动承担指引其他教师成长的责任以及善于学习其他教师的课程实践与课程领导智慧而展现出在课程专业群体与素养培育课堂中的专业领导力。从这一角度出发，K-VPI 教师课程领导力的本质是将教师个人的课程领导卓识转化为课程专业共同体的课程领导共识。

---

[1] Berg J H, Carver C L, Mangin M M. 2014. Teacher leader model standards: Implications for preparation, policy, and practice. Journal of Research on Leadership Education, 9（2）: 195-217
[2] 上海市教育委员会教学研究室. 2019. 幼儿园，课程领导力在生长. 上海：上海科技教育出版社，1
[3] 孙杰，程晋宽. 2020. 共享、协作与重构：国外教师领导力研究新动向. 外国教育研究，47（1）: 103-115

二、K-VPI 教师课程领导力维度间关系的静态直观

在核心素养视域下的教师课程领导力三维结构中，体现核心素养要求的课程领导实践力是关键性要素，因为只有通过鲜活的领导实践，教师才能将内蕴的课程领导力真正转化为对学生核心素养的形成性影响。与此同时，教师课程领导实践力的外显成效与其认知和认同密不可分，充分的认知与深刻的认同有助于促进教师课程领导实践力的有效发挥，而教师对课程领导力的认知偏差或认同匮乏则极有可能对其课程领导实践力的发挥造成深度制约。因此，核心素养视域下教师课程领导力的各个维度均不可或缺。其中，教师课程领导认知力是观念基础，教师课程领导实践力是行动潜能，教师课程领导认同力是信念支撑，三大维度及其构成要素作为一个复合式整体而存在，并通过这一整体性力量增益学生的核心素养。

三、K-VPI 教师课程领导力要素间关系的动态考察

理想状态下，K-VPI 教师课程领导力是一个多维复合的统整性概念。然而，现实中教师的课程领导认知力、实践力与认同力均是逐步习得的结果，且各维度的发展往往表现出不平衡、非同步的特征，这就需要我们引入考察教师课程领导力的动态视角。总体而言，K-VPI 教师课程领导力走向多维复合的统整状态大致需要经历单维发端、逐步关联、交融互构的发展脉络（图 3-2）。

（一）单维发端：K-VPI 教师课程领导力单一要素的独进

K-VPI 教师课程领导力的最初发展存在多开端性，根据教师课程领导认知力、实践力与认同力获得发展的时间先在性，具体演绎出三种可能。第一种可能是实践先行，认知与认同滞后。在此情况下，教师实际开展了某项课程领导实践，如引领构筑了基于素养培育的课程愿景、主动参与开发了素养化的校本课程等，却因相关知识的匮乏而未能将课程领导与教师的日常工作区分开来，由之，此种开端可被定名为"盲目的实践"。第二种可能是认知优先，实践与认同滞后（图 3-2 底层）。此种可能性意味着，教师通过阅读文献、参加培训或与富有经验的教师进行交流，接触了"教师课程领导力"这一概念，对教师课程领导力的性质与表现具有一定的朦胧意识，但由于缺乏相应的实践，此时教师对这一概念的认识往往是"照本宣科式"的和浅层化的，此种开端可被定名为"空洞的认知"。第三种可能是认同前置，认知与实践滞后。这种情况下教师认同教师群体作为课程领导者的理论正当性与实践合理性，但由于缺乏此方面的个人知识与实践经验而难以获得恰当的自我体认，可以将此种开端定名为"脆弱的认同"。

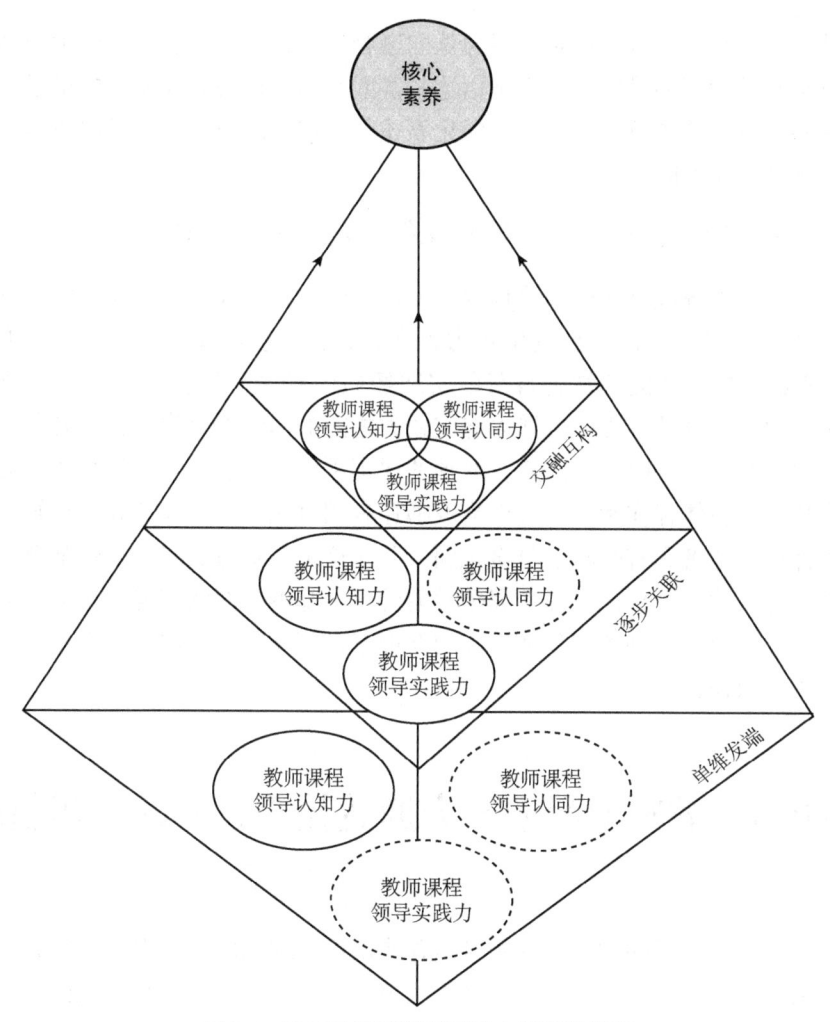

图 3-2　K-VPI 教师课程领导力发展脉络图

（二）逐步关联：K-VPI教师课程领导力二重要素的交织

随着教师课程领导力各维度内容的日渐丰盈，三大维度之间将逐步表现出相互关联的发展趋势，这一逐步关联的过程也存在三种形态。一是认知与实践趋近，认同滞后（如图3-2中间层所示），具体表现为教师了解课程领导力的内涵，明晰教师课程领导力之于学生核心素养培育的价值，也开展了部分指向核心素养的课程领导实践，但并不认可自己有资格担任课程领导者。二是认知与认同交织，与实践脱节，一般体现为教师具备了关于课程领导力的知识基础，也持有"教师可以而且应当进行课程领导"的内在信念，但没有在日常的素养导向型课程活动中融入领导实践。三是实践与认同融合,认知孤立,主要表现为教师开展了相对丰富的课程领导实践,也确信这些实践对学生核心素养发展的助益,但缺乏将这些有益经验进行系统化、概念化表述的意识与能力,从而难以将其并入教师课程领导认知力体系。

(三) 交融互构:K-VPI 教师课程领导力三维要素的凝合

当核心素养视域下的教师课程领导力日趋成熟,三大维度之间的内在联系将愈加紧密乃至融为一体,呈现出互为界定、融会统整的特征(如图 3-2 顶层所示)。例如,当教师能够结合自身的实践经验给出关于课程领导力的独特诠释时,不仅教师课程领导力的认知力与实践力之间的鸿沟得以弥合,二者各自的原初形态也由此获得了改变,之后,教师的课程领导认知力与课程领导实践力将作为融合式结构整体存在和运作。而当教师拥有相对充分的课程领导力认知,对教师作为课程领导者具有强烈的身份认同,并在这种认知与认同的指引下自觉地进行课程领导实践时,构成教师课程领导力的三个基本维度就实现了深度融合与互为界定,并转化为一种整合程度更高的新形态,至此阶段,往往标志着教师已经成为卓越的课程领导者。

第四节 教师课程领导力通达核心素养的作用机理

核心素养视域下的教师课程领导力并非仅仅在理念层面体现核心素养,而且能在鲜活的课程实践中对学生核心素养的培育产生切实影响,其作用机理为:教师课程领导力在核心素养的指引下不断实现内部重建与发展,并在重建与发展自身的过程中逐步落实核心素养,意即基于教师课程领导力的情境性特征,教师需要结合具体情境对课程领导力各维度内各要素进行重新组合,以适应特定情境对实现核心素养培育目标的契合度。具体而言,核心素养是学生在当下与未来所应具备的高级素养,教师课程领导力亦是教师在课程领域的一种高级素养,这两方面的关联并不是直接的。教师课程领导力对学生核心素养的形成产生促进与推动作用需要借助一定的中介机制,其内在结构的变化会通过生本化与班本化课程实施、集体备课、教研与课程开发、课程制度与文化建设、经验推广与示范引领等各具特色的实践载体表现出来,并借助课堂教学情境、专业共同体情境、学校课程管理情境、校外课程发展情境对学生核心素养的发展产生直接或间接的影响(图 3-3)。

第三章 核心素养视域下教师课程领导力模型建构

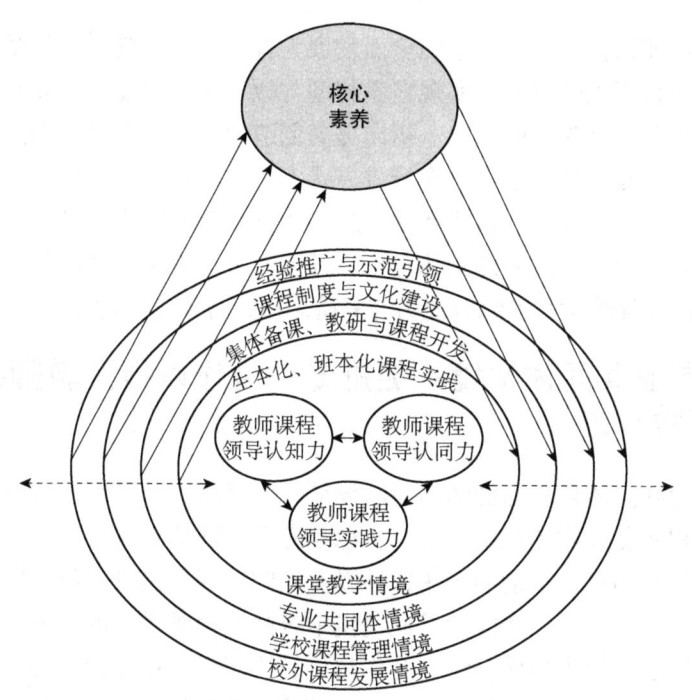

图 3-3　不同情境中教师课程领导力通达核心素养的作用机理图

注：虚线表示四重情境是相互联通的，教师课程领导力的发展由中心逐层向外圈扩散。实线表示教师课程领导力借由这四重情境通达学生核心素养，并借此获得更好发展

一、课堂教学情境：开展生本化、班本化的课程实践以培育学生的核心素养

　　课堂既是教师涵养与收获课程领导力的主阵地，也是学生习得核心素养的关键场域。一方面，教师课程领导力的生成与发展离不开具体的课堂教学，教师在一定课程领导认知的支配下开展教学实践，从中不断反思和改进领导知能，增进对教师课程领导的理解和体验，以此提升解决具体课程事务的能力。另一方面，在课堂教学情境，教师课程领导力涉及的核心主体是本班学生，发展学生在学习与成长中的自我领导力是教师课程领导力在此情境下的核心诉求。为此，教师首先可通过开展生本化、班本化课程实践，调动全班学生的课程参与性，以期在课堂教学情境中促进教师课程领导力通达学生发展核心素养的培育。具言之，教师首先可以在课程生本化、班本化的过程中充分发挥自己的创造力来进行课程创生，结合学校特点和实际的教学情境合理改编或重组课程内容，将国家课程转化为学生实际需要的课程。课程生本化、班本化的实施对象是本班学生，所以教师

在实施过程中要以促进本班学生的全面发展为首要目的。其次，教师应在深度学习核心素养教育理念的基础上实现自我转型与教育实践的变革。就观念与定位而言，教师需打破应试为纲的观念，祈向提高创造性解决真实与复杂问题的能力，进而培育全面而有个性的学生；在推进方式上，教师需从真空性教学转向情境性教学，从教材式教学导向项目式教学，从碎片化教学向网络化教学转变。此外，教师还要结合对学情、班情的具体分析，开展贴近本班学生基础与需要的素养化课程实践，以此淬炼学生的综合能力与高阶思维，夯实素养之基。

二、专业共同体情境：促进专业合作以提升教师共同体的核心素养教育力

课程专业共同体是教师群体的活动场域，年级组、备课组、教研组是中小学最常见的课程专业共同体组织形式。在课程专业共同体情境，教师课程领导力涉及的重要主体是同事，主动参与集体性专业实践以双向提升自我及同事在培育学生核心素养方面的课程实践能力是此情境中教师课程领导力的重要发挥与核心彰显。教师可以通过加入集体备课、合作教研、协同研发精品校本课程等集体实践改善自身的课程实践品质，优化本班学生的核心素养培育路径。细而言之，在集体备课方面，教师需要各抒己见，通过思想碰撞、合作交流共同研讨最优方案；但这不意味着全盘吸收，具备课程领导力的教师会在此基础上根据自身的教学实际与班级特点，批判性地吸收集体智慧，设计出具有本班特色的教学方案，有针对性地发展本班学生的核心素养，并在课后对集体备课中生成的智慧与自身的教学实践进行反思，对已有经验进行总结提升[①]。在合作教研方面，课程领导水平较高的教师能掌握教育教学研究的基本方法，具备自我反思和批判能力、独立的教育研究精神，以及强烈的问题意识，能率领教师团队在不断提出与解决教育教学问题的过程中培育学生的核心素养。在协同研发精品校本课程方面，教师应调动自身的课程领导实践，引领团队同侪教师从促进学生全面发展的现实需求出发，结合学校的办学特点有效地整合课程资源，开发富有生命活力、与现实生活相联系的校本课程。此外，教师也可以作为专业共同体的积极成员，主动发挥专业优势，帮助与指导学校其他教师构筑课程愿景，解决课程问题与改进课程实践。教师课程领导不是教师发现某一课程问题后独自解决问题，而是联合其他教师一起解决问题，共同改善课程实践。因此，教师要善于协助其他成员处理课程事务，促进彼此课程观念的更新，营造互相学习与合作的组织氛围；向同事分享

---

① 景盛. 2004. 集体备课：和而不同. 教学与管理，（20）：27-28

自身在核心素养培育方面的经验与心得，并为需要帮助的同事提供恰当的支持，以此为本年级或本学科的核心素养落实贡献力量。

三、学校课程管理情境：推动课程制度与文化建设以营造素养导向的学校生态

　　学校也是教师课程领导力生长与学生核心素养培育的重要情境。随着教师课程领导力的提升，其领导场域从班级跨越至学校层面，进而在学校课程事务中开展更高水平的领导活动。学校发展的愿景和挑战最终落实在学校课程中，课程领导者在此情境下依托于学校课程，实现学校的课程愿景和发展目标。学校文化是开发教师课程领导力的关键因素，学校中共同愿景的建构、权力的去中心化、合作开放关系的营造都有利于教师课程领导力的发生和发展。当教师对越来越多的同事产生积极影响时，教师将更容易受到领导的重视，拥有更多的机会参与学校的课程决策，这时，教师就拥有了学校层面的课程领导力，具体表现为教师进一步延展了关于课程领导力作用范围的设想域限，渴望承担全校层面的课程领导职责，主动为学校课程发展建言献策，甚至直接参与到学校的课程决策之中。与此同时，在课程文化建设中，具备课程领导力的教师会突出"以人为本"的价值观，秉承"为了每一位学生的发展"的课程理念，树立民主平等的学生观，不断提高自身的课程文化精神，并在课程理论的指引下研制课程计划、落实课程目标、聚焦课程实践。教师要在课程发展中对学校课程文化进行诊断，吸收先进的、优秀的课程文化精华，进而在此基础上塑造学校的主流文化，同时也要聚焦课程问题，调整策略，不断丰富与完善课程。此外，在学校课程管理情境下，教师课程领导力涉及的关键主体是学校管理者，因此，获得校长等掌握实权者的支持与赋权是教师课程领导力的重要体现。在此情境下，教师立足优化核心素养培育环境、重视学生的内在需求、充分尊重学生发展新极向这些根本出发点，持续反思学校课程文本、课程行为导引规则、课程运行保障机制等制度建构[1]以及课程愿景等文化体系与核心素养理念的匹配度，并在适当的场合提出符合核心素养教育发展趋势的制度倡议与文化构想，争取学校管理者的反馈与支持。一旦教师的建议被采纳，教师个人的课程领导力将转化为一种制度性、组织性力量，对全校的教师与学生产生影响。

---

　　[1]　上海市教育委员会教学研究室. 2019. 课程领导：学校持续发展的引擎——上海市提升中小学（幼儿园）课程领导力十年行动. 上海：上海科技教育出版社，39-40，192-194

四、校外课程发展情境：通过经验推广在同仁中发挥素养培育的示范引领效应

当教师在课堂教学与学校课程改进中斩获成功，其影响力自然会延伸至校外，实现教师课程领导力跨学校的高阶发展。当教师置身校外课程情境，教师课程领导力涉及的相关主体是外校的同行。至这一层面，教师就具备了高水平的领导效能，并能产生辐射效应，能为其他学校提供专业课程领导经验，协助校外课程培训活动，在参与校外课程领导的同时，也能进一步深化和精进课程领导知能。当其他学校、组织或机构亟须课程专业人员指导学校课程事务、引领学校发展时，课程领导者能走出学校，进入校外其他组织机构进行课程领导，具体表现为教师作为课程专家，为其他学校或相关组织提供课程专业知识与经验，开展在职教师培训以及协助其他学校或地区教师的课程优化等[1]。换言之，教师课程领导力最关键的体现是教师作为课程专家，通过讲座、报告、公开课、听评课等形式向校外同行传递培育核心素养的课程实践经验；作为指导教师或现实榜样，引领与帮扶实习教师与新教师的教育成长。而当教师具备了更高水平的课程领导力，能够产生区域性乃至全国性的影响力时，教师将有机会参与地方与国家层面的课程政策制定以及教师培训制度、标准与方案的拟订，届时，教师关于核心素养的教育理念与课程实践经验将借由国家和地方性制度保障惠及更大范围内的教师与学生。任何经验推广都涉及教师的自我革命，把自身优秀的课程经验转化为更多教师的行为是促进优化课堂教学、推进学校教育变革、提升教师队伍专业化的主要途径。随着实践范围的扩大，教师的课程领导认知力得到进一步升华，教师对自身作为课程领导者的身份认同也将获得强化。

以上四类情境均为核心素养与教师课程领导力的交叠生长域及共有作用域，这也是二者发生关联的前提。实际上，K-VPI 教师课程领导力与核心素养的外显联系不仅体现为教师课程领导力对核心素养培育路径的优化，教师促进学生核心素养成长的过程亦是蓄积课程领导力发展势能的过程。从课堂教学情境到专业共同体情境，从学校管理情境到校外课程发展情境，教师影响学生核心素养发展的广度与深度持续拓展，这既是教师课程领导力逐步增强的标识，也是其日臻成熟的结果。正如已有研究所揭示的，在课堂教学中获得成功的教师更容易得到同事的尊重和信任，而这种尊重与信任能够让教师更加有效地领导他们的同事。[2]从

---

[1] Grant C. 2008. We did not put our pieces together: Exploring a professional development initiative through a distributed leadership lens. Journal of Education, 44: 85-107

[2] York-Barr J, Duke K. 2004. What do we know about teacher leadership? Findings from two decades of scholarship. Review of Educational Research, 74（3）: 255-316

这一角度出发，提升教师课程领导力与发展学生核心素养在新课程推行的当下是一体两面、互促共生的关系。

第五节　场动力理论视角下教师课程领导力影响因素分析框架

教师课程领导力作为培育与发展学生核心素养的重要保障，其生成与提升受到诸多因素的影响，探讨这些影响因素并以此为基础，有助于我们探索教师课程领导力的提升路径。本部分借助库尔特·勒温（Kurt Lewin）的场动力理论，并结合关于教师课程领导力的相关研究成果，对教师课程领导力的助益与障碍因素进行分析，以期更为全面地认识和发展教师课程领导力。

一、理论基点：勒温的场动力理论

勒温是世界知名的德裔美国心理学家。他提出的场动力理论对于揭示教师课程领导力的影响机制具有重要指导意义。场动力理论主要用于解释个体的行为与周围环境之间的关系变化，主要由"心理紧张系统"和"生活空间"两个核心概念构成，前者旨在强调个体自身的动力，后者则突出环境对个体行为的影响。在表述个体心理紧张系统的时候，勒温认为只有当需求打破了原有的心理平衡时，个体才会产生内在的紧张，进而产生获取新的内在平衡的行为。[①]勒温还分析了个体行为及行为产生的生活空间，即"心理生活空间"，认为生活空间可以划分为具有便携阻隔的若干区域。"场"是物理学概念，勒温借用了这个概念并将其化用为"心理场"，认为其是个体与环境相互作用的一种空间[②]。为了理解或预测行为，必须把人及其环境看作相互依存因素的集合[③]。这些因素的整体被称作该个体的生活空间，并用 $B=f(PE)=f(L)$ 来表示。其中，B 表示个体行为；P 表示行为主体；E 表示个体所处的环境；L 是生活空间的简称，即个体的行为受到

---

① Burnes B, Cooke B. 2013. Kurt Lewin's field theory: A review and re-evaluation. International Journal of Management Reviews, 15（4）：408-425

② Lewin K. 1948. Resolving Social Conflicts. New York: Harpper and Brother Publishers, 11

③ Burnes B, Cooke B. 2013. Kurt Lewin's field theory: A review and re-evaluation. International Journal of Management Reviews, 15（4）：408-425

其本身和所处环境的影响，生活空间由个体、环境及两者间的相互关系构成[①]。个体的行为在空间内发生并受生活或空间的影响，在分析各种行为时，可以从人与环境及其相关关系来解释行为的产生和变化。

借助勒温的场动力理论，教师课程领导力的发生与发展不仅会受到教师自身的影响，而且离不开其所处环境的影响，为此需要开展全面综合的分析。

二、基于场动力理论的教师课程领导力影响因素分析

根据勒温的场动力理论，教师课程领导力是由教师个体与其所处环境的相互作用而形成的。学校是教师的日常工作环境，无数的研究揭示了教师和学校之间的深度耦合关系，因此，可将影响教师课程领导力的主要因素划分为个体场域因素和学校场域因素两大类别。假设教师课程领导力为 TCL，课程领导力主体为教师 P，个体场域因素为 $E1$，学校场域因素为 $E2$，则 $TCL=f(PE1E2)$，即教师课程领导力是上述两个场域的函数。

（一）教师个体场域因素分析

影响教师课程领导力发生与发展的核心主体是教师自身。教师作为行为主体要发展课程领导力必须具备以下条件：首先，拥有较高的专业水平是生成教师课程领导力的前提；其次，怀有课程领导意愿是培养教师课程领导力的基础；再次，富有领导他人的品质是发展教师课程领导力的关键；最后，具备较强的领导技能是发展教师课程领导力的根本。

1. 教师的专业水平

教师课程领导力的生成与发展必然会受到教师自身专业水平的限制。这意味着教师只有掌握相应的知识与技能，提高自身的课程能力，才能在同侪中脱颖而出，进而发挥自身的影响力。具备较高专业水平的教师（在课堂教学取得成功的教师）往往能在全体教师团队中树立威信，成为同事眼中的"专家型教师"，其提出的建议也更容易被同事采纳，继而赢得同事的尊重，扩大自身的影响力[②]。反之，专业水平较差的教师则难以获得团队成员的充分信任，不容易获得公信力，其影响效果不显著，只能被动地执行他人的命令与指导，也不具备领导学生全面发展的可能性。

[①] Lewin K. 1951. Field Theory in Social Science. New York：Harpper and Brother Publishers，239-240

[②] York-Barr J，Duke K. 2004. What do we know about teacher leadership? Findings from two decades of scholarship. Review of Educational Research，74（3）：255-316

2. 教师的领导意愿

课程领导意愿是教师课程领导力发展的动力源泉，影响着教师参与学校事务决策[1]。哈里斯和缪伊斯通过实证研究发现，教师不愿意担任领导角色在某种程度上阻碍了教师成为学校领导者，因为有些教师只把自己看作课堂实践者，不认可自己是学校领导的一部分，认为领导角色理应由学校管理团队承担[2]。那些不敢扰乱传统等级结构、不愿意承担领导角色、不乐意承担更多责任的教师，往往习惯于无条件地服从上级领导，很难有效地履行其领导职责。相反，如果教师具备强烈的课程领导意愿，则不会满足于现状，渴望参与课程事务以寻求自身发展的机会，进而意识到进行课程领导的重要性。然而，现实中，大部分教师安于现状、自我固步于舒适区而拒绝发展的心理状态使其缺乏提升专业水平的动力，更遑论课程领导意愿，其领导能力普遍受到教师缺乏承担领导意愿的抑制。可见，教师参与课程领导的意愿是影响其课程领导力形成的内部条件之一。

3. 教师的领导品质

要想成为一位优秀的课程领导者，教师必须拥有优秀的领导品质，如信任他人、有较高水平的自我效能感等，能把自己的优良品质带到团队的工作当中，影响整个团队的成员。信任是教师实现课程领导的重要领导品质之一，主要体现为教师课程领导者对同事的信任及其能受到同事的信任[3]。作为团队中的领导者，教师课程领导者如果能充分信任同事，在课程事务与课程决策中重视同侪教师的意见，积极指引他们参与其中，让团队成员在工作中把个人能力发挥到极致，就能激发团队的生机与活力。同时，教师课程领导者若能站在成员的立场上思考问题，赢得团队成员的充分信任，那么他就容易协调与成员之间的关系，得到更多的支持与帮助[4]。此外，教师的自我效能感是其实施课程领导的重要内在条件[5]。有较高自我效能感的教师倾向于认为自己在培育学生以及管理团队方面具备良好

---

[1] 胡继飞，古立新. 2012. 我国教师领导力现状及其影响因素的调查研究——以广东省为例. 课程·教材·教法，32（5）：111-116

[2] Harris A，Muijs D. 2004. Improving Schools Through Teacher Leadership. Maidenhead：Open University Press，106

[3] Brosky D. 2011. Micropolitics in the school：Teacher leaders' use of political skill and influence tactics. International Journal of Educational Leadership Preparation，6（1）：1-11

[4] 王绯烨，萨莉·扎帕达. 2017. 骨干教师领导力影响因素的实证研究. 湖南师范大学教育科学学报，（3）：83-88

[5] Li L，Liu Y. 2022. An integrated model of principal transformational leadership and teacher leadership that is related to teacher self-efficacy and student academic performance. Asia Pacific Journal of Education，42（4）：661-678

的驾驭能力，使自己在实际工作中获得良好的工作效果和较高的工作满意度与成就感，进而强化自身的影响力[1]；而那些自我效能感较弱的教师自我期望较低，常常难以完成领导职责，在同事心目中缺乏公信力，无法为自己的职位和工作辩护。因此，教师良好的领导品质是其在团队成员中建立个人威信力的重要条件。

4. 教师的领导技能

教师进行课程领导不仅需要具备一定的领导品质，还需要拥有扎实的领导技能，如自我规划及管理能力、人际交往能力[2]。自我规划及管理能力也称自我领导能力或自我控制能力[3]，主要指教师能有效规划并管理自己的日常工作，是影响教师课程领导力发展的重要领导技能。自我规划及管理能力强的教师不仅可以高效地完成工作，对自己的职业生涯有较为长远的规划，而且能带动同事和学生进行自我管理；而自我规划及管理能力弱的教师在教学中往往缺乏计划性，不能在规定时间内迅速完成工作任务，不能获得同侪教师的信任与追随。换言之，教师自我规划及管理能力的强弱不单直接影响到自身的专业发展，同时对学生和同事的成长具有重要作用[4]。教师要想成为成功的领导者，必须先学会自我管理，在此基础上才能更好地管理同侪教师。此外，人际交往能力是另一个制约教师课程领导力释放效果的关键因素[5]。教师身处复杂的人际关系网络中，作为领导者更需要灵活地处理各种人际关系，以协调同事之间的矛盾，做好同事与校长之间沟通的桥梁；若不善于人际交往，与同事之间缺乏沟通交流，就难以胜任领导者角色。因此，掌握良好的人际交往技能是增强教师影响力的基石，有利于整体增强团队的向心力，进而促进教师课程领导力的发展。

（二）学校场域因素分析

教师大部分的实践是处于学校场域中的，该场域对教师课程领导力的产生与

---

[1] 庞丽娟，洪秀敏. 2005. 教师自我效能感：教师自主发展的重要内在动力机制. 教师教育研究，(4)：43-46.

[2] Ramrathan L，Ngubane T. 2013. Instructional leadership in multi-grade classrooms：What can monograde teachers learn from their resilience？ Education as Change，17（S1）：93-105；Muijs D，Harris A. 2003. Teacher leadership—Improvement through empowerment？ An overview of the literature. Educational Management & Administration，31（4）：437-448；O'Gorman L，Hard L. 2013. Looking back and looking forward：Exploring distributed leadership with Queensland prep teachers. Australasian Journal of Early Childhood，38（3）：77-84.

[3] 高顺伟. 2009. 教师职业生涯的自我设计与自我管理. 教育理论与实践，29（5）：41-42.

[4] 孙美龙. 2006. 教师自我管理的方法. 中国教育学刊，(4)：76，78.

[5] 王绯烨，萨莉·扎帕达. 2017. 骨干教师领导力影响因素的实证研究. 湖南师范大学教育科学学报，(3)：83-88.

发展发挥着重要作用。因此，在分析教师课程领导力的发展条件时，必须对学校内部的诸因素予以严肃考虑。总体来说，学校场域因素有如下几个方面：具有明确的共同愿景、成员间相互信任的学校文化；具有合作互助的教师共同体；具有扁平化的学校组织结构；具有敢于放权的校长。

1. 学校文化

学校文化对开发和培育教师课程领导力起着潜移默化的作用，要想更好地发挥教师课程领导力，必须构建优质的学校文化。简言之，学校文化在塑造价值观和确立愿景方面起着重要作用，而这些价值观和愿景反过来会影响教师领导角色的构建。

学校共同愿景的制定是影响教师课程领导力发展的一个关键部分，也是有效提高学校效能的重要因素。因为具有共同目标和发展愿景的学校能够凝聚各方力量，激励教师在日常活动中相互协调，增强教师的目标意识，有利于营造滋养教师课程领导力的环境氛围。如果学校管理者对学校文化的重要性认识不足，组织文化建设处于松散、无序的状态，学校组织文化缺乏应有的凝聚力，则会损害教师课程领导力的发展，甚至会制约教师的成长。同时，缺乏共同愿景的学校也会抑制教师课程领导力的生成[1]。此外，教师课程领导力只能在一种相互信任的文化中培养。培养同事之间、师生之间的信任感是学校内部的一项关键任务，沟通在其中发挥着重要作用，它植根于学校参与者之间的日常社会互动中[2]。一旦学校内部形成相互信任的文化氛围，那么团队成员之间的关系是积极的，教师课程领导力就能在这片土壤中得到孕育。

2. 教师共同体

教师课程领导的成功与否很大程度上取决于教师共同体的构建，依赖于教师课程领导者与同事间的相互合作与相互影响[3]。由于与同事共事通常是教师课程领导工作的一大部分，团队中有抵触或怨恨情绪的同事会使教师领导变得异常困难。当团队成员不愿意跟随时，教师很难成为一名成功的领导者[4]，而且全体教师之间缺乏明确的沟通似乎也会减弱教师课程领导者的工作效果，甚至不利于教

---

[1] Brooks J S, Scribner J P, Eferakorho J. 2004. Teacher leadership in the context of whole school reform. Journal of School Leadership, 14（3）：242-265

[2] Muijs D, Harris A. 2006. Teacher led school improvement: Teacher leadership in the UK. Teaching and Teacher Education, 22（8）：961-972

[3] 吴颖民. 2008. 国外对中小学教师领导力问题的研究与启示. 比较教育研究, (8)：52-57

[4] Margolis J, Doring A. 2012. The fundamental dilemma of teacher leader-facilitated professional development: Do as I（kind of）say, not as I（sort of）do. Educational Administration Quarterly, 48：859-882

师课程领导的发展。这意味着没有同事之间的相互支持与鼓励，课程活动就不会得到顺利开展，教师课程领导力就不可能蓬勃发展。学校的创新工作、学生的培育并不能由个人单独完成，而是需要通过教师共同体的合作产出更多创新成果。显而易见，教师学习共同体的构建有助于教师经常与自己周围的同事进行交流，吸取他们的成功经验，交流教学心得，这样不仅能够迅速弥补自己教学中的不足，还能够互相探讨经验，增强信心。青年教师之间的互相交流还能够丰富彼此的教学手段和方法，并且在资深教师的指导与帮助下，教学往往能达到事半功倍的效果，以此提升自己的专业水平和课程领导能力。因此，教师课程领导者与同侪教师之间组成的学习共同体可以帮助教师巧妙地化解矛盾，教师和同事通过合作学习不断地进行信息交流和反馈，能够增进彼此间的理解和支持，进而有效地激发教师课程领导力。

3. 学校组织结构

教师发挥课程领导作用的程度也将受到学校组织结构的影响。不同的学校组织结构对教师课程领导力的形成有着不同的影响。积极的、参与式的领导能改变传统只有部分教师才能担任领导职责的现状，有效发挥教师的主体作用，对教师课程领导有积极的影响[1]。而目前，我国大部分中小学还停留在科层制管理模式，以自上而下的行政手段为主，将教师的权利局限在教室内[2]，未授予教师充分的领导权与自主权。一方面，此组织结构容易加剧同事之间关系的冷漠与疏离，不利于促进他们之间开展互助性的工作[3]；另一方面，单向的服从关系会妨碍教师主体精神的发挥，在一定程度上抑制教师的自主性与创造性[4]。可见，组织管理严密僵化的传统领导往往会阻碍教师课程领导力的发展，而民主平等的学校组织结构能使教师获得创造性发展，其课程领导力也能得到充分施展。

4. 校长因素

校长作为学校的核心主体，在促进富有成效的教师课程领导力中承担着主要责任，并起着至为关键的作用。

校长对教师的态度是促进或阻碍教师课程领导力生成与发展的重要因素之一，其主要包括是否支持教师发展课程领导力、是否给予教师足够的信任、是否能在繁忙的日常工作中对其予以充分的肯定和鼓励等。我们若能在学校看到教师

---

[1] 吴颖民. 2008. 国外对中小学教师领导力问题的研究与启示. 比较教育研究，(8)：52-57

[2] 刘志慧，罗生全. 2013. 21世纪以来国外教师领导研究新进展. 外国教育研究，40（2）：64-70

[3] Pellicer L O, Anderson L W. 1995. A Handbook for Teachers. Thousand Oaks：Sage Publications，16

[4] Frost D, Harris A. 2003. Teacher leadership：Towards a research agenda. Cambridge Journal of Education，33（3）：479-498

课程领导力蓬勃发展，那么该校校长必定是主动支持发展教师课程领导力的，具体表现是为教师提供施展才能的平台与多样化的专业发展资源、参与塑造教师领导者的角色、对教师领导采取某种乐观的态度等。有学者认为校长应发掘有领导潜能的教师并提供支持和机会将其培养成为领导型教师[1]。总之，教师成功进行课程领导的必要条件是校长的有力支持，而当缺乏校长的支持时，教师课程领导者往往无法充分地履行其职责。同时，校长对教师的信任程度也影响着教师的主动性与创造性，校长应相信教师能制定出切实改善学校的举措，把学生和学校的利益放在心上[2]。有实证研究证实，对教师的努力给予某种形式的认可将非常有助于提升教师的领导力；若教师课程领导者所做的工作不受赞赏或认可，则会极大地削减他们投入的热情[3]。

校长与教师课程领导者的沟通状况亦是影响教师课程领导力发展的关键因素，教师与校长之间建立良好的人际沟通关系能对教师课程领导产生巨大作用。有研究表明，校长愿意听取、理解和尊重教师领导的职责和职务描述，能够增进教师自身的身份认同和自信[4]。在一所学校中，倘若教师课程领导没有发展得那么成功，这在很大程度上是由于校长与教师缺乏沟通。校长唯有善于倾听，并时常与教师交流在实施课程领导上的感受与经验，定期给教师提供关于课程领导的反馈，才能激发教师的课程领导力。

校长的赋权程度在一定程度上决定了教师能否在学校场域中发挥其课程领导力[5]。为教师实施课程领导力提供适当水平的自治权的行政管理是一种至关重要的行政支持[6]，有助于鼓励教师的领导行为。当且仅当校长摒弃英雄主义的领导观，知道如何创造条件分配领导权，赋予教师正式的领导角色，并释放对教师的控制权时，教师才能得以最大限度地发挥自身的潜能，使教师课程领导力的发展真正成为可能。反之，在没有成功建立起教师课程领导的学校，校长通常采取专

---

[1] Childs-Bowen D, Moller G, Scrivner J. 2000. Principals: Leaders of leaders. NASSP Bulletin, 84 (616): 27-34

[2] Lewthwaite B. 2006. Constraints and contributors to becoming a science teacher-leader. Science Education, 90 (2): 331-347

[3] Sanders M G. 2006. Missteps in team leadership: The experiences of six novice teachers in three urban middle schools. Urban Education, 41: 277-304

[4] Gordin L. 2010. Conceptualization and support of the role of teachers serving as team leaders in a professional learning community. Los Angeles: Azusa Pacific University

[5] 王绯烨, 萨莉·扎帕达. 2017. 骨干教师领导力影响因素的实证研究. 湖南师范大学教育科学学报, (3): 83-88

[6] Beachum F, Dentith A M. 2004. Teacher leaders creating cultures of school renewal and transformation. Educational Forum, 68 (3): 276-286

断的、英雄式的领导方式，不允许教师课程领导者拥有完成其工作的自主权，并在不愿意放弃控制权的情况下指责教师的不作为，这极大地限制了教师课程领导的发展。总之，赋予教师部分领导责任是帮助学校创造变革的一种方式，亦是促进教师课程领导力发展的外在条件之一。

校长提供的奖励也能够提升教师课程领导的积极性。博彻斯（Borchers）认为，以某种方式（物质补偿或其他方式）认可这些教师的领导行为有利于促进教师领导力的发挥[1]。在"双减"等政策推行的背景下，教师承担的责任与压力正在增加，这可能会降低教师开展课程领导的积极性。只有当教师看到了承担课程领导责任所带来的改善将使其收获尊重与回报时，教师才会拥有挑战自我与领导他人的动力。因此，为了维持教师承担课程领导职责的热情，奖励和认可他们的努力是非常重要的，尤其是在他们最初的热情消退之后[2]。

基于以上分析，本书构建了分析教师课程领导力影响因素的理论框架，如图 3-4 所示。

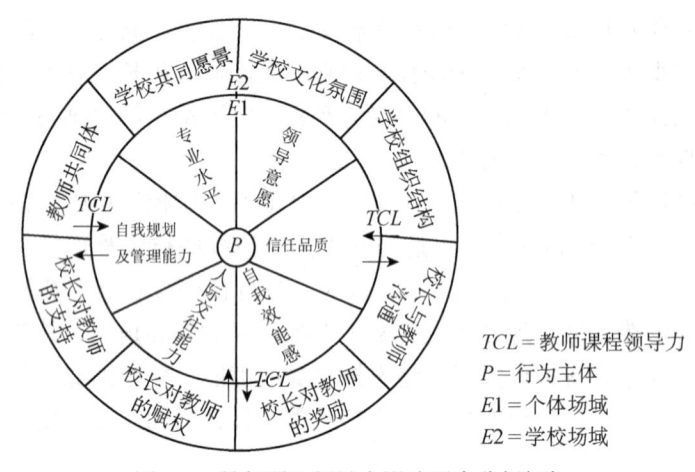

图 3-4 教师课程领导力影响因素分析框架

TCL＝教师课程领导力
P＝行为主体
E1＝个体场域
E2＝学校场域

---

[1] Borchers B T. 2009. A study to determine the practices of high school principals and central office administrators who effectively foster continuous professional learning in high schools. Minneapolis：University of Minnesota

[2] Muijs D，Harris A. 2006. Teacher led school improvement：Teacher leadership in the UK. Teaching and Teacher Education，22（8）：961-972

第四章

教师课程领导力总体水平、群体差异与影响因素的实证调查

  教师课程领导力水平关乎学生核心素养培育的实现程度。明确现阶段教师课程领导力的总体水平,对于明确教师课程领导力的提升路向、深入推进新一轮基础教育课程改革具有重要的指引作用。因此,本章将澄清教师课程领导力的发展现状和剖析其影响因素作为核心任务,一方面,编制教师课程领导力的调查问卷,根据地理区位和各地经济发展水平,采用分层随机抽样方法对位于我国东、中、西部20个省份的中小学教师课程领导力进行实证调查,在此基础上,从教师课程领导力总体水平以及课程领导认知力、实践力与认同力三个层面具体揭示教师课程领导力的样态与群体差异;另一方面,以勒温的场动力理论为基础设计教师课程领导力影响因素分析框架,从教师个体场域和学校场域两个相互作用的方面探寻影响中小学教师课程领导力的相关因素,由此,为深入分析教师课程领导力困境及探寻教师课程领导力提升对策提供实证支撑。

第一节 研究设计

一、研究问题

本书研究的核心问题是在全面发展学生核心素养背景下，中小学教师的课程领导力处于何种水平，这一现状受到哪些关键因素的影响，具体研究问题如下。

1. 核心素养视域下中小学教师课程领导力现状

如前所述，培育学生核心素养对一线教师的课程领导力提出了迫切诉求。在此背景下，明确教师课程领导力的现实水平，对于以核心素养为驱动的新一轮基础教育课程改革的深入推进具有重要意义。因此，本章将澄清教师课程领导力的发展现状作为一项核心任务，从总体与分维度层面进行具体揭示，描绘一线教师课程领导的真实图景。

2. 核心素养视域下中小学教师课程领导力影响因素

通过梳理有关教师课程领导力影响因素的研究，可以初步预设，教师课程领导力会受到教师个人、学校环境和社会环境的共同制约与影响，三类因素相互交织，共同作用于教师课程领导力的发展。这一预设与勒温的场动力理论十分吻合，因此，本书将以勒温的场动力理论为指导，具体探索如下问题：影响中小学教师课程领导力的产生与发展的因素有哪些？它们是如何影响教师课程领导力的？其作用机制是什么？针对这些问题，本书主要从教师个体场域、学校场域和社会场域三个方面研究其对教师课程领导力的影响，重点关注三类因素如何影响教师课程领导力的发展，三者间的影响有何差异，进而建立起由教师、学校和社会构成的教师课程领导力影响机制。

3. 核心素养视域下中小学教师课程领导力的群体差异

在深入探究教师课程领导力现实水平及其影响因素的基础上，本书进一步挖掘教师课程领导力的群体差异。例如，在民族地区与非民族地区，教师课程领导力存在何种差异？教师课程领导力在城乡之间有何不同？不同省份的教师课程领导力会呈现出何种样态？这些均是本书基于实证数据进行深度探析的问题。

二、数据来源

本书使用的数据主要来自"核心素养视域下的中小学教师课程领导力研究"课题组于2020年1月—2021年4月对四川、湖北、广西、山东、山西、湖南、

第四章
教师课程领导力总体水平、群体差异与影响因素的实证调查

北京、宁夏、广东、新疆、浙江、江苏、贵州、重庆、河北、河南、上海、安徽、内蒙古和青海20个省份的实证调查。为确保研究样本具有广泛的代表性，本书主要采用了分层随机抽样的方法，具体抽样如下：首先，结合本书的调研需要，初步确定样本量为20 000名教师，随后根据教育部公布的2020年全国各学段（小学、初中、高中）教师数量①，本书最终确定小学教师、初中教师和高中教师的抽样比例为6:3:1；其次，依据地理区位和各地经济水平，在中国东、中、西部选取山东、湖北、四川等20个省份，按省份经济发展水平均衡地选取出较为发达与落后的地区，并在所选地区中按照抽样比例随机抽取小学、初中和普通高中学校；最后，对进入样本的学校教师进行整群调查，综合考虑教师任教学科、职务职称等背景因素，以增强调研样本的代表性与多样性。

  在调查方式上，综合考虑新冠疫情现状与调研实际，采用网络电子问卷（问卷星）进行数据收集。研究者于2021年3月至4月通过用问卷星对样本校的全体教师展开调研。具体方式是研究者首先与样本校有关领导进行接洽，在获得其同意后，研究者将问卷的电子链接转发给学校有关领导，由该领导转发给学校全体教师予以填答。数据收集遵循自愿原则，充分尊重教师个人的参与意愿。同时，整个过程以匿名的方式进行，以保障参与者的隐私安全，营造宽松的填答心理氛围。待所有样本校的教师填答完毕后，研究者及时停止了问卷平台的数据收集。最终，共收集问卷23 915份，其中有效问卷19 521份，有效率为81.6%。对于所剔除的无效问卷主要缘于以下原因：①问卷填答不完整，某些题项存在遗漏。例如，第2题要求教师填写从教年份，少部分作答者未填写相关内容。因此，对于该类填答不完整的问卷予以剔除。②问卷未按题项要求作答。例如，对于第2题（教师从教年份），少部分作答者填写了"三级""六级"等内容，作答内容与教师从教年份无关，故删除了此类问卷。③填答内容不合逻辑，过于夸大。例如，在第2题（教师从教年份）上，有少许教师的填写内容为"1884""1887""1920"等，其作答内容不合常理，故对其予以删除；在检测问卷中的第9题（职前学历）和第10题（职后学历）的作答内容时发现，有少部分作答者的职后学历低于职前学历，这与现实不符，故删除了含有此种作答情况的问卷。④问卷填答时间过短。根据团队内部成员填答问卷的时间情况，确定本书问卷填答的时间最少为150秒，将部分填答时间少于150秒的问卷视为无效问卷，进行剔除。

---

  ① 教育部. 2021-12-12. 2020年全国教育事业统计主要结果. http://www.moe.gov.cn/jyb_xwfb/gzdt_gzdt/s5987/202103/t20210301_516062.html

三、样本特征

从调查教师样本的人口统计学特征来看，男教师和女教师的比例分别为 27.9% 和 72.1%；从教龄分布来看，各教龄段的教师人数分布相对均匀。从教师的职称来看，二级教师（助理级）和一级教师（中级）较多，高级教师（副高级）、暂未评级教师次之，正高级教师（正高级）最少。从教师的职务来看，此次调研对象大多为班主任[①]。从教师的教育背景来看，教师基本上具有师范背景。从教师学历水平来看，样本教师的整体学历处于中等水平。从教师的任教学段来看，小学、初中和高中的占比分别为 57.7%、27.6%、14.7%，这与全国各学段教师数量分布大致相当。从教师的任教学科来看，教师的任教学科集中于语文、数学、英语、道德与法治四类，其他学科的占比均低于 10%[②]。从教师的学历提升来看，有 43.9% 的教师在职后提升了自身的学历，有 56.1% 的教师在职后未进行学历提升。从教师所在学校的性质来看，此次调研的学校基本上为公办学校。从教师所在学校的办学质量来看，样本教师所在学校的办学质量处于中等水平。从教师所在学校的地理位置来看，样本教师所在学校大多来源于城区。

具体的教师样本特征见表 4-1。

表 4-1　样本教师的基本特征

变量	类别	n	占比/%	变量	类别	n	占比/%
性别	男	5 454	27.9	职务	无	6 580	33.7
	女	14 067	72.1		班主任	7 217	37.0
教龄	1~5 年	5 015	25.7		备课组长	1 699	8.7
	6~10 年	2 711	13.9		教研组长	1 868	9.6
	11~15 年	2 059	10.5		年级负责人	766	3.9
	16~20 年	2 113	10.8		教务主任/副主任	903	4.6
	21 年及以上	7 723	39.1		副校长	492	2.5
学校排名	中等及以下	5 256	26.9		校长	155	0.8
	中上	10 868	55.7		其他	2 670	13.7
	最好	3 397	17.4	教育背景	师范	16 489	84.5
任教学段	小学	11 268	57.7		非师范	3 032	15.5
	初中	5 385	27.6	入职学历	初中及以下	79	0.4
	高中	2 868	14.7		中专	4 108	21.0

---

① 职务题为多选题，故数据和超过 100%。
② 任教学科题为多选题，故数据和超过 100%。

续表

变量	类别	n	占比/%	变量	类别	n	占比/%
入职学历	技校	11	0.1	学校民族区位	民族地区	6 263	32.1
	职业高中	45	0.2		非民族地区	13 258	67.9
	普通高中	333	1.7	任教学科	语文	6 027	30.9
	大学专科	4 978	25.5		数学	4 905	25.1
	大学本科	9 153	46.9		英语	2 461	12.6
	硕士研究生	812	4.2		物理	608	3.1
	博士研究生	2	0.0		化学	482	2.5
学校性质	公办学校	18 728	95.9		生物	515	2.6
	民办学校	793	4.10		道德与法治/思想品德	2 295	11.8
职称	暂未评级	2 762	14.1		地理	477	2.4
	三级教师	473	2.40		历史/历史与社会	657	3.4
	二级教师	5 833	29.9		音乐	1 002	5.1
	一级教师	7 513	38.5		美术	982	5.0
	高级教师	2 909	14.9		体育与健康	1 535	7.9
	正高级教师	31	0.2		信息技术	560	2.9
学校城乡区位	中心城区	9 087	46.5		科学	1 176	6.0
	远郊城区	3 163	16.2		其他	1 144	5.9
	镇	4 305	22.1	学历提升	提升	8 569	43.9
	乡村	2 966	15.2		未提升	10 952	56.1

四、数据分析

对调查所得的原始资料审核、整理与汇总后，继续进行系统的统计分析，以揭示出数据背后的众多信息。本书针对研究问题的不同选取最适切的统计方法。首先，在对教师课程领导力进行整体特征分析时，主要采用描述统计、独立样本 t 检验和单因素方差分析。具体而言，描述统计主要是对调查的样本资料的直接分析[1]，通过频数分析计算教师课程领导力各维度的均值与标准差，了解教师课程领导力的总体水平和分布的基本情况；独立样本 t 检验用于确定两

---

[1] 风笑天. 2014. 社会调查中的问卷设计（第三版）. 北京：中国人民大学出版社，31，186

组样本均值间差异的显著性水平[①],即比较群体间某种属性的差异性,在本书中主要用于比较教师在性别、学历提升、教育背景、学校性质方面的课程领导力水平的差异;单因素方差分析是检验多组样本均值间的差异是否具有统计意义的一种方法[②],在本书中主要用于比较教师在教龄、入职学历、职称、学校区位、办学质量、任教学段等课程领导力上的差异。其次,在对教师课程领导力影响因素进行分析时,主要采用阶层线性回归分析的统计方法。回归分析用于确定一个标准变量与两个或多个预测变量之间的相关,并通过回归方程的形式描述这种关系[③]。本书主要采用阶层线性回归分析方法确定哪些因素会影响教师课程领导力的发展,具体先加入性别、教龄、学校区位、学校性质等控制变量,生成模型1;其次投入教师个体场域变量,生成模型2;最后再加入学校场域变量,生成模型3。由此,根据回归系数 β 及其显著性来判断众多因素中哪些因素对教师课程领导力的发挥起着关键作用。通过多种统计分析方法的运用,以更深刻地挖掘数据背后的信息与价值,为研究结论的获取提供数据支持。

五、变量定义与说明

根据前文所述的研究问题,所涉及的研究变量可以划分为三类:①被解释变量,主要指教师课程领导力,即教师课程领导认知力、教师课程领导实践力和教师课程领导认同力三个子维度的整体水平;②解释变量,主要是指影响教师课程领导力的前因变量,包括教师个体场域和学校场域两个主要变量;③控制变量,是指对研究中的某些变量具有潜在影响的因素,本书将教师的性别、教龄、职务、职称、教育背景、最高学历、任教学段、任教学科、学校区位、学校性质、办学质量作为控制变量,研究其中的控制效应。表 4-2 是各变量及其下级维度的描述统计结果(控制变量无描述统计数据)。

表 4-2 变量的描述统计

因素	变量	说明	M	SD
被解释变量	教师课程领导力	连续变量,综合得分	3.76	0.58

---

① 〔美〕梅雷迪斯·D. 高尔,〔美〕沃尔特·B. 博格,〔美〕乔伊斯·P. 高尔. 2002. 教育研究方法导论(第六版). 许庆豫等译. 南京:江苏教育出版社, 157

② 〔美〕威廉·维尔斯马,〔美〕斯蒂芬·G. 于尔斯. 2010. 教育研究方法导论(第9版). 袁振国主译. 北京:教育科学出版社, 417

③ 〔美〕梅雷迪斯·D. 高尔,〔美〕沃尔特·B. 博格,〔美〕乔伊斯·P. 高尔. 2002. 教育研究方法导论(第六版). 许庆豫等译. 南京:江苏教育出版社, 358

续表

因素	变量		说明	M	SD
解释变量	教师个体场域因素	专业水平	分类变量，以暂未获得为参照组，1=暂未获得、2=校级、3=县（区）级、4=市级、5=省级、6=国家级	—	—
		领导意愿	连续变量，综合得分	3.51	0.84
		信任品质	连续变量，综合得分	3.91	0.69
		自我效能感	连续变量，综合得分	3.96	0.68
		自我规划及管理能力	连续变量，综合得分	3.90	0.70
		人际交往能力	连续变量，综合得分	3.84	0.71
	学校场域因素	学校共同愿景	连续变量，综合得分	3.86	0.73
		学校文化氛围	连续变量，综合得分	3.88	0.72
		教师共同体	连续变量，综合得分	4.00	0.70
		学校组织结构	连续变量，综合得分	3.82	0.79
		校长对教师的支持	连续变量，综合得分	3.88	0.77
		校长与教师的沟通	连续变量，综合得分	3.84	0.80
		校长对教师的赋权	连续变量，综合得分	3.78	0.81
		校长对教师的奖励	连续变量，综合得分	3.82	0.79

（一）被解释变量

本书中的被解释变量来自问卷研究的主题：教师课程领导力。根据前文对教师课程领导力的概念澄清与模型建构，教师课程领导力作为一个复合性概念，具体包含教师课程领导认知力、教师课程领导实践力和教师课程领导认同力三个维度。因而本书的被解释变量为教师课程领导认知力、教师课程领导实践力、教师课程领导认同力三个子维度的整体水平——教师课程领导力。

1. 教师课程领导认知力

教师课程领导认知力指教师对课程领导力的基本认识，在课程领导观念的指引下，教师可以把握课程实践的最新动向，以保障各个层面课程实务的推进以及学生发展核心素养的落实。对这一变量的观测主要从教师课程领导事实性认知力、教师课程领导方法性认知力和教师课程领导价值性认知力出发。其中，教师课程领导力事实性认知力是指教师了解课程领导力的本质与表现，将问卷中如下题目归为教师课程领导事实性认知力："您了解中国学生发展核心素养""您了解所教学科的核心素养""您对教师课程领导力有一定的了解"；教师课程领导方法性认知力指教师掌握了发挥课程领导力的具体方法，在问卷中通过"您知道如何发挥课程领导力去发展学生的核心素养"来进行测量；教师课程领导价值性认知力指教师理解课程领导力的价值与意义，该指标通过"您知道教师课程领导力对于发展学生的核心素养意味着什么"进行观测。同时，采用5点计分法（1代表非常不符合，5代表非常符合）衡量教师课程领导认知力的现实水平。

2. 教师课程领导实践力

教师课程领导实践力指教师作为课程领导者时所进行的领导活动，着眼于教师具体的行为实践。它是教师课程领导力的外显形式，也是测评教师课程领导力的关键和重点。该变量主要从课程思想、课程设计、课程实施、课程评价和课程开发来考评，五个方面各有侧重。课程思想主要关注教师课程思想的文化现代、政策理解与愿景一致，其中文化现代通过"您掌握了先进前沿的教育理念与课程思想"题目进行测量；政策理解通过设置"您掌握了国家与地方的最新课程政策、课程方案与学科课程标准""您能将课程政策及时与恰当地传达给学生和家长"两个题目予以观测；愿景一致通过"您引领学生、家长或同事合力形成并落实基于核心素养的课程愿景"题目进行识别。课程设计包含整体规划、资源意识与集体备课，其中采用"您总是基于对核心素养与本班学生的整体认识开展单元教学设计"这一题目来考察整体规划；通过"您充分利用现有课程资源（学校、社区、网络等），以最大程度地保障学生核心素养的培育效果"这一题目检测资源意识；设置"您与同事共商共享基于核心素养的课程设计方案"这一题项来观测集体备课。课程实施强调学生主体、专业支持与动态生成，其中，为测量学生主体，在问卷中设置了题目"在您的课上，大部分学生注意力高度集中，并踊跃发言""您关注并回应不同学生的学习需要"；为测量专业支持，采用"您在课程实施中善用现代信息技术引导学生逐步实现自主发展""您在课程实施中善用教科研成果引导学生逐步实现自主发展"两个题目进行测评；动态生成则利用"您经常根据教学实际及时调整教学进度或方式"题目进行考评。课程评价注重导向明确、监控及时和改进有力，其中导向明确由"您以课程愿景的落实成效为基准，开展课程实践与学生发展的质量评估"题目进行考察；监控及时由"您会根据教学数据、成长记录等证据开展课程评价""您在教学过程中同步开展学情收集、教学诊断或课程评估"这两个题目考察；改进有力则通过"您会根据课程反思结果优化课程设计"进行识别。课程开发侧重回应需要、资源适切和程序正当，其中回应需要对应问卷中的"您通过开发校本课程，满足了学生的个性化发展需要（未开发课程请选'非常不符合'）"题项；资源适切由问卷中的"您积极开发新的课程资源，以提升学生核心素养的培育效果（未开发课程请选'非常不符合'）"题目考察；程序正当由问卷中的"您依据学科课程标准等有关规定科学地开发课程（未开发课程请选'非常不符合'）""开发新课程后，您总是邀请专家把关课程质量（未开发课程请选'非常不符合'）"两个题目考察。同样采用5点计分法（1代表非常不符合，5代表非常符合），以此来衡量教师课程领导实践力的现实水平。

3. 教师课程领导认同力

教师课程领导认同力指教师作为课程领导者的一种身份认同和职责驱动。它是教师自身课程领导力的内化，也是衡量教师课程领导力水平的重要标志。对这一变量的评判主要可细化为群体认同、自我认同、职务认同和责任认同四个方面。群体认同主要观测教师对领导群体的归属感；自我认同主要观测教师对领导的清晰的自我意识；职务认同主要观测教师是否自愿追随具有职务的教师的课程领导；责任认同主要观测教师是否持有领导的责任意识。在问卷中，教师课程领导力的群体认同、自我认同、职务认同和责任认同分别通过"您认为教师这一职业群体能够并且应该参与课程领导管理与决策""您认为自己能够并且应该参与课程领导、管理与决策""您认为只有具备行政职务，教师才能够进行课程领导、管理与决策""您认为积极参与课程共同体建设的教师都是'课程领导者'，即使他们没有行政职务"这四个题目进行考评，采用5点计分法（1代表非常不符合，5代表非常符合），以此来衡量教师课程领导认同力的现实水平。

（二）解释变量

以勒温的场动力理论为理论基础，在总结现有文献的基础上，本书的解释变量将从教师个体场域因素和学校场域因素两个维度进行细分，具体如下。

1. 教师个体场域因素

根据勒温的场动力理论，教师个体场域是影响教师课程领导力的原动力。该变量主要包括教师的专业水平、领导意愿、信任品质、自我效能感、自我规划及管理能力、人际交往能力六个方面。①专业水平。该变量主要测评教师因教育教学而获得的奖励。专业水平主要通过问卷中的"您因为教育教学获得的最高奖励是？"这一题项进行考察，其对应的选项分别为暂未获得、校级、县（区）级、市级、省级和国家级。②领导意愿。该变量主要观测教师对课程领导的意愿。领导意愿通过询问被调查者对"您具有强烈的课程领导意愿"的符合程度来考察。③信任品质。该变量主要考察教师与同侪间的信任。这是教师领导品质的重要构成。信任品质主要通过"您在课程决策中充分重视同事的专业建议"这一题目进行测量。④自我效能感。自我效能感指教师对于自己是否有自信在教育教学中成功运用课程领导力的自我感知。这也属于教师的领导品质。这一变量由"您相信只要付出必要的努力，自己能有效地完成各项工作"题目测得。⑤自我规划及管理能力。教师的自我规划及管理能力是教师领导技能的一个重要面向。这一变量在问卷中主要利用"即使工作繁忙，您仍然能够合理规划自己的日常工作"这个题目进行测量。⑥人际交往能力。人际交往能力是教师领导技能的另一个重要方面。这一变量在问卷中主要利用"您在课程实践中总是得到学生、家长、同事、领导或专家的支持与配合"这个题目进行测量。第②至⑥方面均采用5点计分法计分（1代表非常不符合，5代表非常符合）。

2. 学校场域因素

教师的日常教育教学实践通常处于学校场域之中，学校场域因素对于教师课程领导力的生成与发展有着重要影响。根据第三章所建构的教师课程领导力影响因素分析框架，该变量主要包括学校共同愿景、学校文化氛围、教师共同体、学校组织结构、校长对教师的支持、校长与教师的沟通、校长对教师的赋权、校长对教师的奖励八个方面。①学校共同愿景。该变量主要观测学校成员是否具有共同的发展愿景或一致的目标追求，通过题目"您所在的学校，办学理念、培养目标（育人目标）、课程目标三者之间高度契合"来测量。②学校文化氛围。该变量主要观测学校是否形成了相互信任的文化氛围，通过题目"您所在的学校，形成了彼此信任的文化氛围"予以测量。③教师共同体。该变量主要测评教师间的合作学习与信息交流反馈情况。为测量教师共同体，在问卷中设置了"您所在的学校，教师之间互帮互助，协同发展"这一题目。④学校组织结构。该变量意在测评学校是否形成了民主的、参与式的组织结构。通过"您所在的学校，管理层在课程决策时会充分吸纳教师的意见"这一题目来了解学校的组织结构是否合理。⑤校长对教师的支持。该变量考察校长对教师专业发展的支持情况。在问卷中主要通过"您的校长为教师的专业成长提供了充分的条件"进行观测。⑥校长与教师的沟通。该变量主要考察校长与教师就课程问题的交流情况，通过"您的校长经常与不同的教师交流课程改进意见"这一题目进行测量。⑦校长对教师的赋权。该变量主要考察校长对无正式职务的优秀教师的课程赋权程度，通过"您的校长提供机会让没有职务但业务能力突出的教师参与课程管理与决策"这一题目予以测量。⑧校长对教师的奖励。该变量考察校长对教师的奖励情况，通过"您的校长对教师的努力给予适当的奖励"这一题目进行测量。上述八个方面均采用 5 点计分法计分（1 代表非常不符合，5 代表非常符合）。

3. 控制变量

在总结已有研究的基础上，本书控制了其他可能会对教师课程领导力产生干扰的因素。在个人层面，本书采用性别、教龄、任教学段、任教学科、最高学历、职称、职务、教育背景这几个变量作为控制变量。在学校层面，有研究表明，学校特征的不同会导致教师领导力的表现存在差异[1]，为防止其影响教师课程领导力，需要控制学校特征这一变量。本书将学校区位、学校性质、办学质量这几个变量作为学校层面的控制变量。

六、研究假设

针对教师个体的人口统计学特征发现，教师自身的背景性因素会使教师的课程领导力产生一定的差异。在性别上，有研究通过调查教师教学领导实践发现，男女教师对教学领导因素的感知有很大的不同[2]；在教师教龄方面，有学者通过研究小学教师的信息化领导力揭示了不同教龄段的教师在引领教师、促进家校融合层面存在显著差异[3]；在学校区位方面，有研究显示不同区位的教师在领导方面存在显著差异，总体来说，城市学校显著高于农村学校[4]；在职称方面，有学者对教师信息化领导力进行的研究表明，不同职称的教师对信息化领导力的感知具有显著差异[5]。根据以上分析和本书的研究问题，现提出如下研究假设：

H1：不同人口统计学特征的教师课程领导力水平存在显著差异。

H1a：男教师与女教师的课程领导力水平存在显著差异；

H1b：不同教龄的教师课程领导力水平存在显著差异；

H1c：不同任教学段的教师课程领导力水平存在显著差异；

H1d：单学科与多学科教师的课程领导力水平存在显著差异；

H1e：不同入职学历的教师课程领导力水平存在显著差异；

H1f：职后进行学历提升的教师与未进行学历提升的教师课程领导力水平存

---

[1] 雷万鹏，马丽. 2019. 赋权与增能：中小学校长课程领导力提升路径. 教育研究与实验，(3)：68-72；Akram M，Kiran S，Ilgan A. 2017. Development and validation of instructional leadership questionnaire. International Journal of Organizational Leadership，6（1）：73-88

[2] Akram M，Kiran S，Ilgan A. 2017. Development and validation of instructional leadership questionnaire. International Journal of Organizational Leadership，6（1）：73-88

[3] 李运福. 2020. 小学教师信息化领导力模型构建与应用. 中国电化教育，(2)：94-101

[4] 李玲，王建平，李欣悦. 2018. 学校变革型领导与教师组织承诺的关系研究. 教育学报，14（4）：66-78

[5] 孙祯祥，张丹清. 2016. 教师信息化领导力生成动力研究——借助场动力理论的分析. 远程教育杂志，34（5）：105-112

在显著差异；

  H1g：师范与非师范专业出身的教师课程领导力水平存在显著差异；

  H1h：有职务与无职务的教师课程领导力水平存在显著差异；

  H1i：不同职称的教师课程领导力水平存在显著差异；

  H1j：不同专业水平的教师课程领导力水平存在显著差异；

  H1k：不同地区的教师课程领导力水平存在显著差异；

  H1l：公办与民办学校的教师课程领导力水平存在显著差异；

  H1m：在不同办学质量的学校任教的教师课程领导力水平存在显著差异。

  根据勒温的场动力理论及上述对于自变量的解析可知，教师课程领导力会受到教师个体与其所处环境相互作用的影响，二者的合力影响着教师课程领导力的发展。其中，教师所处环境主要是指其工作的学校场域。基于前文对变量的定义与描述，提出以下研究假设：

  H2：教师个体场域因素将对教师课程领导力产生显著影响。

  H2a：教师的专业水平将对其课程领导力产生显著正向影响；

  H2b：教师的领导意愿将对其课程领导力产生显著正向影响；

  H2c：教师的信任品质将对其课程领导力产生显著正向影响；

  H2d：教师的自我效能感将对其课程领导力产生显著正向影响；

  H2e：教师的自我规划及管理能力将对其课程领导力产生显著正向影响；

  H2f：教师的人际交往能力将对其课程领导力产生显著正向影响。

  H3：学校场域因素将对教师课程领导力产生显著影响。

  H3a：学校共同愿景将对教师课程领导力产生显著正向影响；

  H3b：学校文化氛围将对教师课程领导力产生显著影响；

  H3c：教师共同体将对教师课程领导力产生显著正向影响；

  H3d：学校组织结构将对教师课程领导力产生显著影响；

  H3e：校长对教师的支持将对教师课程领导力产生显著正向影响；

  H3f：校长与教师的沟通将对教师课程领导力产生显著正向影响；

  H3g：校长对教师的赋权将对教师课程领导力产生显著正向影响；

  H3h：校长对教师的奖励将对教师课程领导力产生显著正向影响。

七、测量工具的编制

  量化研究部分主要目的在于揭示中小学教师课程领导力的整体特征、影响因素等内容。为获取真实可靠的数据资料，需围绕教师课程领导力编制测量工具，形成中小学教师课程领导力的测评问卷，以观测一线教师的课程领导现状。

（一）分析框架的确定

本书的分析框架主要分为教师课程领导力的内容维度和影响因素维度。具体而言，教师课程领导力的内容维度以美国学者辛哈和哈努辛构建的教师领导力模型为基础，即采用一种综合视域来选定教师课程领导力的主要内容。在具体的指标划分上，不仅要关注具体的课程领导实践，还要囊括教师对课程领导的认知与认同。因此，综合前述文献分析及本书的相关内容，我们将教师课程领导力的内容维度框架划分为教师课程领导认知力、教师课程领导实践力和教师课程领导认同力。教师课程领导力的影响因素维度主要基于勒温提出的场动力理论，教师课程领导力的发生与发展会受到教师个体场域因素和学校场域因素的影响。基于此，我们构建了教师课程领导力的分析框架，如图4-1所示。

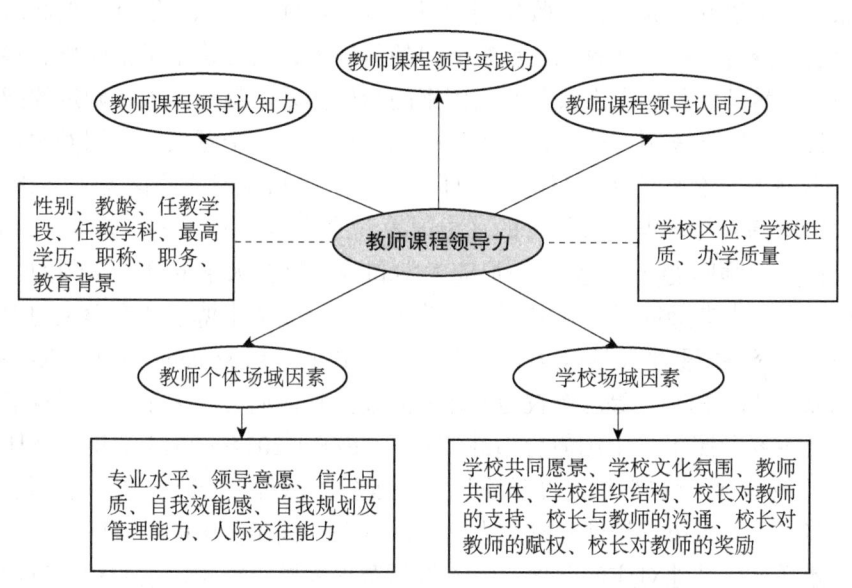

图 4-1　教师课程领导力的分析框架

（二）问卷的编制

在经验性的社会调查中，研究者需要对抽象的概念进行操作化，使其转化为能被具体观察和测量的经验指标[①]，进而编制问卷的具体题项。本书所构建的指向核心素养培育的中小学教师课程领导力的测评问卷遵循了严谨规范的设计流程，主要采用了如下方法和步骤。在问卷编制的过程中，首先，需对教师课程领

---

① 风笑天.2014.社会调查中的问卷设计（第三版）.北京：中国人民大学出版社，31

导力概念进行操作化，旨在将教师课程领导力转化为可观察的具体指标，便于在一线教学环境中真实测量和评判教师课程领导力的程度。指标体系的确定需要遵循科学和严格的方法与步骤才能完成。本书在分析框架的基础上，对涉及教师课程领导力具体指标的相关文献和资料进行收集和整理，深入开展理论研究，反复论证，并在此基础上提取关键要素，初步整理出教师课程领导力相应的主要维度和具体指标。例如，在教师课程领导实践力具体指标的确定上，本书参照"上海市提升中小学（幼儿园）课程领导力行动研究"[1]的相关指标内容，同时结合本书的研究问题在其基础上进行创编，进而确定教师课程领导实践力的具体指标。

其次，采用德尔菲法，组建专家评议组对初选的教师课程领导力指标进行专家意见征询，并将初步确定的指标体系发放给专门研究课程、教师教育以及问卷编制的专家学者予以修改完善，对收集到的意见进行梳理、汇总和统计，据此对具体的指标进行修订，在广征意见、反复研讨的基础上，最终确定了指向核心素养培育的中小学教师课程领导力及其影响因素的指标体系。最后，根据确定的指标体系编制具体的问卷题项，确保每一个指标都至少对应一个题项。在问卷题项的编制上，本书主要参考了《上海市学校课程领导力基础性测评检核表》[2]、中国人民大学中国调查与数据中心执行的《中国教育追踪调查（CEPS）2014—2015学年调查任课教师问卷》[3]、宾夕法尼亚大学和香港科技大学的合作编制的《甘肃省基础教育调查老师问卷（2007）》[4]、美国范德堡大学皮博迪教育学院的教授主持开发的《范德堡教育领导力评估》(Vanderbilt Assessment of Leadership in Education, VAL-ED)[5]等已有较为成熟的问卷。具体而言，关于教师背景信息的题项设计主要参照了《中国教育追踪调查（CEPS）2014—2015学年调查任课教师问卷》，如教师所在学校的办学质量；关于教师课程领导现实水平的题项设计主要借鉴了《上海市学校课程领导力基础性测评检核表》中的某些问题，同时结合指标体系自编其他对应的题项；关于教师课程领导力影响因素的题项设计主要参考了《中国教育追踪调查（CEPS）2014—2015学年调查任课教师问卷》《范德

---

[1] 上海市教育委员会教学研究室. 2019. 课程领导：学校持续发展的引擎——上海市提升中小学（幼儿园）课程领导力十年行动. 上海：上海科技教育出版社，13

[2] 问卷星. 2020-12-10. 上海市学校课程领导力基础性测评检核表. https://www.wjx.cn/xz/45696325.aspx

[3] 中国人民大学中国调查与数据中心. 2020-12-10. 中国教育追踪调查（CEPS）2014—2015学年调查任课教师问卷. http://ceps.ruc.edu.cn/__local/1/00/98/AB062E7F7744BAB168F8981D4EC_05E32002_42760.pdf?e=.pdf

[4] 甘肃省基础教育调查老师问卷（2007）. 2020-12-01. https://bpb-us-w2.wpmucdn.com/web.sas.upenn.edu/dist/5/764/files/2021/04/General_Teacher_wave_3.doc

[5] Astiz M F, Wiseman A W, Bake D P. 2002. Slouching towards decentralization: Consequences of globalization for curricular control of national education systems. Comparative Education Review, 46（1）: 66-88

堡教育领导力评估》，如教师的专业水平和学校场域因素中相关题项，同时也结合指标体系自编其他对应的题项。此外，关于教师的基础信息题还参考了《关于深化中小学教师职称制度改革的指导意见》[①]等政策文件。在完成所有问卷题项编制后，对问卷中各题项的顺序、语言及整体排版进行反复检验与校对，初步拟订了教师课程领导力的调查问卷。

问卷主要由三个部分构成：①教师人口统计学特征，此部分的题项主要集中于教师自身的背景信息上，包括性别、教龄、职称、职务、教育背景、入职学历、职后学历、学校区位、学校性质、任教学段、任教学科、办学质量，问题形式涵盖单选题、多选题，对应问卷中的第 1~14 题；②教师课程领导力现实水平的测量，从教师课程领导认知力、教师课程领导实践力与教师课程领导认同力三个维度设题，每一维度下都设有一个或多个问题与其指标内容对应，所有题目采用利克特 5 点量表进行测量，其中"非常不符合"计为 1 分，"不太符合"计为 2 分，"一般"计为 3 分，"比较符合"计为 4 分，"非常符合"计为 5 分，对应问卷中的第 15.1~15.29 题；③教师课程领导力的相关影响因素测量，从教师个体场域因素和学校场域因素两个维度设题，在每一维度下设有一个或多个问题与其对应，以利克特 5 点量表为主，计分方式同上，兼有单选题、多选题与填空题，对应问卷中的第 14 题（单选题）和第 15.30~15.42 题。

（三）试测与完善

为确保测量题项的信度与效度指标，本书通过问卷试测、反复研讨等多个环节，多次对问卷进行修订与完善。本书结合研究目的和研究领域，选定参加问卷试测的专家覆盖教育领域专家、问卷编制领域教授、卓越教师和一线工作中小学教师等多学科方向的研究者和从业者，具体对来自教育领域的三类群体进行问卷试测与技术咨询：一是在高校从事教育研究并且有过相关课题研究经历的专家，他们不仅在人才培育方面独具匠心，而且在教育研究方面建树颇丰；二是从事教育工作的一线名师，他们既有丰富的教育教学和课程开发经验，也有充足的教育科研历程，且获得过"特级教师"等相关荣誉称号；三是省市级教研员，他们有丰富的教育教学科研和教学指导经验。本书所选取的试测对象需至少符合以下标准中的三项：①具有深厚的专业知识和与教育相关的经验；②在各自的领域拥有高水平论文和出版物，具有较高知名度；③关心教师教育实践与教师专业成长；

[①] 人力资源和社会保障部，教育部. 2020-10-01. 人力资源社会保障部 教育部关于印发《关于深化中小学教师职称制度改革的指导意见》的通知. http://www.moe.gov.cn/jyb_xxgk/moe_1777/moe_1779/201509/t20150902_205165.html

④有一定的工作时间和工作精力，配合度良好。符合上述标准的专家或教师可以被认为有能力对调查问题给出宝贵建议，并能够很好地代表不同领域专家的观点。在试测工作阶段，我们对这三类群体展开三轮预调研，通过电子邮件的形式向确定的预调研对象发放邀请信并阐明调研目的，试测对象均对我们的调研工作表示出极大关注与参与热情。双方进而确定了问卷试测的时间和地点以确保问卷试测的顺利进行。在每轮试测中，课题组成员将初步编制好的教师课程领导力调查问卷以纸质版的形式发放给试测对象；同时，针对本书的研究背景与主要研究内容，附上简明扼要的说明，以确保专家学者与教师对本轮试测有初步的了解；在试测对象填答完毕后，让其分别就问卷中存在的问题提出具体的修改建议。

在第一轮试测中，试测对象主要是从事课程研究、精通问卷编制的高校专家学者。本轮试测后，各专家学者分别针对问卷的题项设置与具体内容等提出相关建议与改进措施。首先需明确核心研究问题，围绕研究问题展开问卷的设计与编制，同时对于每一道题项的设置都需知晓其后续的数据处理方法。其次，在部分题项的编制上可以参考相关权威问卷，如《中国教育追踪调查（CEPS）2014—2015学年调查任课教师问卷》《甘肃省基础教育调查老师问卷（2007）》等，借鉴其中的经典题目。最后，问卷的设计与访谈提纲的编制需要匹配，二者不能割裂，以保证研究问题的一致性与深入性。在各专家学者的指导下，本书进一步厘清问卷设计思路，同时，在参考相关权威问卷的基础上，对于问卷中关于人口统计学特征的题项进行了改进与完善。

第二轮试测主要针对中小学名师与省市级教研员。本轮试测后，各名师专家就问卷的具体维度与内容进行了细致分析与研讨。首先，各名师专家结合自身多年的教育实践经验，对教师课程领导力进行了深入解读，认为教师课程领导力需涵盖政策理解与转化、教师决策能力、沟通与统筹能力、绩效管理能力以及反思改进力，要充分将教师课程领导这一概念与一线教师的教育教学工作相结合，而非停留于理论层面。其次，从影响教师课程领导力的因素来看，各名师专家认为其中较为重要的是教师自身的主观意愿，教师个人的情感与态度对领导课程具有重要的影响。同时，教师课程领导的氛围也是重要的影响因素之一，在教师群体间形成专业合作与发展的氛围会有效地推进教师领导课程。最后，各名师专家针对问卷中部分问题与选项的设置提出了具体的修改建议，如教师所在学校地理位置的选项需将城区具体分为中心城区和远郊城区。在此轮试测后，本书进一步丰富了问卷涵盖内容的维度，并将各名师专家对教师课程领导力的解读纳入问卷的题项设计之中。

第三轮试测主要针对在中小学工作的普通一线教师及校长。对三所学校的多名一线教师进行了问卷试测。参与试测的教师分别对问卷中问题的陈述、选项等具体细节问题提出了完善建议。具体而言：①对调研工具名称进行了调整。本书初步拟订调研工具的名称为课题名称，即"核心素养视域下的中小学教师课程领导力现状调查"，但是在试测过程中多数教师反馈"教师课程领导力"对他们而言是一个陌生概念，"核心素养"亦是近几年在基础教育界兴起的"新事物"。因此，"核心素养视域下的中小学教师课程领导力现状调查"会给填答者造成较大的心理压力。经反复研讨，课题组最终将问卷名称改为"教师课程实践情况调查问卷"。②教师学历所对应题项的表述在填答时有一定的歧义，应将"教育程度"一词替换为"学历"，因此将第9题"您初次从事教师工作时的教育程度是"改为"您的入职学历是"，将第10题"您目前的教育程度是"改为"您的职后学历是"。③教师教育背景所对应题项的表述不够清晰准确，因而将第11题"您是否毕业于师范类专业"改为"您是否有师范类专业背景"。④教师职务所对应问题的选项未穷尽，故在选项中增添"⑨其他"这一选项。⑤量表中部分题项的表述存在语气过于强烈、专有名词未表述清楚、某些词汇带有歧义的问题，具体来说，将第15.14、15.16题项中含有"总是"的表达改为"会"；将第15.21题项中提及的"核心素养"这一专有名词改为其全称"中国学生发展核心素养"；第15.28题项中含有"正式职务"的表述存在歧义，故将其改为"行政职务"。同时，对于一线工作教师来说，他们对于学科核心素养更为熟知，因此需增设"您了解所教学科的核心素养"这一题项。⑥为更好地识别不同地区或学校的教师课程领导力现实水平，最后还增添了题项"您的学校所在地""您的学校名称"，题项的填答信息仅限调研使用。本轮试测后，课题组基于试测教师的反馈建议对问卷的形式与内容进行了系统修订与完善。经过三轮的问卷试测，汇总并整理三轮问询意见，笔者根据其建议对问卷进行修改与调整，进一步保证各个题项的准确性，减少产生歧义与双重含义的可能性，以提高测评问卷的可靠性与准确性，最终形成了本书的量化调查工具——《教师课程实践情况调查问卷》（附录1）。调查问卷题的项来源如表4-3所示。

表4-3 《教师课程实践情况调查问卷》的题项设计与参考

维度	变量	题号	题项设置参考
人口统计学特征	性别	1. 您的性别是：①男 ②女	《中国教育追踪调查（CEPS）2014—2015学年调查任课教师问卷》，2014
	教龄	2. 您是从哪一年开始从事教师工作的？____年	
	学校区位	3. 您所在学校位于：①中心城区 ②远郊城区 ③镇 ④乡村 4. 您所在学校位于：①民族地区 ②非民族地区	
	学校性质	5. 您所在学校的性质是：①公办学校 ②民办学校	

续表

维度	变量	题号	题项设置参考
人口统计学特征	办学质量	6. 和本地区（城区/镇/乡村）同学段的其他学校相比，近两年您所在学校的排名处于？①中等及以下 ②中上 ③最好	
	任教学科	7. 您现在任教的科目是？（可多选）①语文 ②数学 ③英语 ④物理 ⑤化学 ⑥生物 ⑦道德与法治/思想政治 ⑧地理 ⑨历史/历史与社会 ⑩音乐 ⑪美术 ⑫体育与健康 ⑬信息技术 ⑭科学 ⑮其他（请注明）	
	任教学段	8. 您现在任教的学段是？①小学 ②初中 ③高中	
	教育背景	11. 您是否有师范类专业背景？①是 ②否	
	职称	12. 您现在的职称是：①暂未评级 ②三级教师（员级）③二级教师（助理级）④一级教师（中级）⑤高级教师（副高级）⑥正高级教师（正高级）	《关于深化中小学教师职称制度改革的指导意见》，2015
	入职学历	9. 您的入职学历是：①初中及以下 ②中专 ③技校 ④职业高中 ⑤普通高中 ⑥大学专科 ⑦大学本科 ⑧硕士研究生 ⑨博士研究生	《甘肃省基础教育调查老师问卷（2007）》，2007
	职后学历	10. 您的职后学历是：①初中及以下 ②中专 ③技校 ④职业高中 ⑤普通高中 ⑥大学专科 ⑦大学本科 ⑧硕士研究生 ⑨博士研究生	
	职务	13. 您现在兼任的职务是：（可多选）①无 ②班主任 ③备课组长 ④教研组长 ⑤年级负责人 ⑥教务主任/副主任 ⑦副校长 ⑧校长 ⑨其他（请注明）	
教师课程领导力现实水平	教师课程领导认知力	事实性认知力：15.21 您了解中国学生发展核心素养 15.22 您了解所教学科的核心素养 15.23 您对教师课程领导力有一定的了解	核心素养视域下的中小学教师课程领导力指标体系；范敏，2013①；教师访谈
		方法性认知力：15.24 您知道如何发挥课程领导力去培育学生的核心素养	
		价值性认知力：15.25 您知道教师课程领导力对于发展学生核心素养的意义	
	教师课程领导实践力	课程思想—文化现代：15.1 您掌握了先进前沿的教育理念与课程思想	核心素养视域下的中小学教师课程领导力指标体系；《上海市学校课程领导力基础性测评检测表》，2019；丁锐，吕立杰，2012②
		课程思想—政策理解：15.2 您掌握了国家与地方的最新课程政策、课程方案与学科课程标准	
		课程思想—愿景一致：15.3 您能将课程政策及时与恰当地传达给学生和家长 15.4 您引领学生、家长或同事合力形成并落实基于核心素养的课程愿景	

---

① 范敏. 2013. 指向教学行为转变的知识分类：一种分析框架. 教育科学，29（3）：40-44

② 丁锐，吕立杰. 2012. 深化课程改革背景下学校课程领导力的提升——第二届基础教育课程改革与发展论坛综述. 课程·教材·教法，32（12）：102-106

第四章
教师课程领导力总体水平、群体差异与影响因素的实证调查

续表

维度	变量		题号	题项设置参考
教师课程领导力现实水平	教师课程领导实践力	课程设计	整体规划	15.5 您总是基于对核心素养与本班学生的整体认识开展单元教学设计	核心素养视域下的中小学教师课程领导力指标体系
			资源意识	15.6 您充分利用现有课程资源（学校、社区、网络等），以最大程度地保障学生核心素养的培育效果	
			集体备课	15.7 您与同事共商共享基于核心素养的课程设计方案	
		课程实施	学生主体	15.8 在您的课上，大部分学生注意力高度集中并踊跃发言 15.9 您关注并回应不同学生的学习需要	核心素养视域下的中小学教师课程领导力指标体系；刘建军，2002①
			专业支持	15.10 您在课程实施中善用现代信息技术引导学生逐步实现自主发展 15.11 您在课程实施中善用教科研成果引导学生逐步实现自主发展	
			动态生成	15.12 您经常根据教学实际及时调整教学进度或方式	
		课程评价	导向明确	15.13 您以课程愿景的落实成效为基准，开展课程实践与学生发展的质量评估	核心素养视域下的中小学教师课程领导力指标体系；上海市提升中小学（幼儿园）课程领导力十年行动，2019
			监控及时	15.14 您会根据教学数据、成长记录等证据开展课程评价 15.15 您在教学过程中同步开展学情收集、教学诊断或课程评估	
			改进有力	15.16 您会根据课程反思结果优化课程设计	
		课程开发	回应需要	15.17 您通过开发校本课程，满足了学生的个性化发展需要（未开发课程请选"非常不符合"）	核心素养视域下的中小学教师课程领导力指标体系；吴刚平，1999②；李令永，2020③
			资源适切	15.18 您积极开发新的课程资源，以提升学生核心素养的培育效果（未开发课程请选"非常不符合"）	
			程序正当	15.19 您依据学科课程标准等有关规定科学地开发课程（未开发课程请选"非常不符合"） 15.20 开发新课程后，您总是邀请专家把关课程质量（未开发课程请选"非常不符合"）	
	教师课程领导认同力	群体认同		15.26 您认为教师这一职业群体能够并且应该参与课程领导管理与决策	核心素养视域下的中小学教师课程领导力指标体系；容中逵，2019④；
		自我认同		15.29 您认为自己能够并且应该参与课程领导、管理与决策	

---

① 刘建军．2002．从领导者到领导群：领导理论在 21 世纪的变革．领导科学，（4）：34-35
② 吴刚平．1999．校本课程开发的特点与条件．教育研究与实验，（3）：28-31，72
③ 李令永．2020．论校本课程开发的逻辑分殊．教育发展研究，40（18）：27-33
④ 容中逵．2019．教师身份认同构建的理论阐释．教育研究，40（12）：135-144

续表

维度	变量		题号	题项设置参考
教师课程领导力现实水平	教师课程领导认同力	职务认同	15.27 您认为只有具备行政职务，教师才能够进行课程领导、管理与决策	孙杰，程晋宽，2020[①]
		责任认同	15.28 您认为积极参与课程共同体建设的教师都是"课程领导者"，即使他们没有行政职务	
教师课程领导力影响因素	教师个体场域因素	专业水平	14. 您因为教育教学获得的最高奖励是？①暂未获得 ②校级 ③县（区）级 ④市级 ⑤省级 ⑥国家级	王绯烨，萨莉·扎帕达，2017[②]
		领导意愿	15.30 您具有强烈的课程领导意愿	Harris，Muijs，2005[③]；专家咨询
		信任品质	15.31 您在课程决策中充分重视同事的专业建议	王绯烨，萨莉·扎帕达，2017
		自我效能感	15.32 您相信只要付出必要的努力，自己能有效地完成各项工作	庞丽娟，洪秀敏，2005[④]
		自我规划及管理能力	15.33 即使工作繁忙，您仍然能够合理规划自己的日常工作	高顺伟，2009[⑤]
		人际交往能力	15.34 您在课程实践中总是得到学生、家长、同事、领导或专家的支持与配合	孙美龙，2006[⑥]
	学校场域因素	学校共同愿景	15.35 您所在的学校，办学理念、培养目标（育人目标）、课程目标三者之间高度契合	《上海市学校课程领导力基础性测评检核表》，2019
		学校文化氛围	15.36 您所在的学校，形成了彼此信任的文化氛围	专家咨询
		教师共同体	15.37 您所在的学校，教师之间互帮互助，协同发展	吴颖民，2008[⑦]
		学校组织结构	15.38 您所在的学校，管理层在课程决策时会充分吸纳教师的意见	刘志慧，罗生全，2013[⑧]

[①] 孙杰，程晋宽. 2020. 共享、协作与重构：国外教师领导力研究新动向. 外国教育研究，47（1）：103-115

[②] 王绯烨，萨莉·扎帕达. 2017. 骨干教师领导力影响因素的实证研究. 湖南师范大学教育科学学报，(3)：83-88

[③] Harris A，Muijs D. 2004. Improving Schools Through Teacher Leadership. Maidenhead：Open University Press，106

[④] 庞丽娟，洪秀敏. 2005. 教师自我效能感：教师自主发展的重要内在动力机制. 教师教育研究，(4)：43-46

[⑤] 高顺伟. 2009. 教师职业生涯的自我设计与自我管理. 教育理论与实践，29（5）：41-42

[⑥] 孙美龙. 2006. 师自我管理的方法. 中国教育学刊，(4)：76，78

[⑦] 吴颖民. 2008. 国外对中小学教师领导力问题的研究与启示. 比较教育研究，(8)：52-57

[⑧] 刘志慧，罗生全. 2013.21世纪以来国外教师领导研究新进展. 外国教育研究，40（2）：64-70

续表

维度	变量	题号	题项设置参考
教师课程领导力影响因素	学校场域因素	校长对教师的支持	15.39 您的校长为教师的专业成长提供了充分的条件	Lewthwaite，2006①
		校长与教师的沟通	15.40 您的校长经常与不同的教师交流课程改进意见	Yao，You，Zhu，2020②
		校长对教师的赋权	15.41 您的校长提供机会让没有职务但业务能力突出的教师参与课程管理与决策	Sanders，2006③
		校长对教师的奖励	15.42 您的校长对教师的努力给予适当的奖励	Fjendbo，2021④

（四）信效度检验

不同于理论思辨性研究，实证性研究需要充分保证数据资料的代表性和问题的准确性，故而对测评工具的信度和效度检验尤为必要，良好的信效度是科学的测量工具必须满足的条件⑤。

信度，即可靠性，指的是采取同样的研究方法对同一研究对象进行重复测量时，所得结果的一致性程度⑥。信度有外在信度与内在信度两大类，在多选项量表中，内在信度特别重要，在李克特态度量表法中常用的信度检验方法为内在一致性信度的 Cronbach's α 系数⑦。本书拟采用内部一致性分析中的 Cronbach's α 系数信度法，其中内部一致性信度法是通过研究测验中的单个项目来估计测验分数信度的方法，而 Cronbach's α 系数是一种常用的计算测验分数信度的方法。一般认为，系数值越高，表示量表的内部一致性越可靠。任何测验或量表的信度系数如果在 0.90 或 0.80 以上，表示测验或量表的信度甚佳⑧。在本书中，借助 SPSS

---

① Lewthwaite B. 2006. Constraints and contributors to becoming a science teacher-leader. Science Education，90（2）：331-347

② Yao J，You Y，Zhu J. 2020. Principal-teacher management communication and teachers' job performance：The mediating role of psychological empowerment and affective commitment. The Asia-Pacific Education Researcher，29：365-375

③ Sanders M G. 2006. Missteps in team leadership：The experiences of six novice teachers in three urban middle schools. Urban Education，41：277-304

④ Fjendbo T H. 2021. Leading Employees of different genders：The importance of gender for the leadership-motivation relationship. Review of Public Personnel Administration，41（4）：651-673

⑤ 风笑天. 2014. 社会调查中的问卷设计（第三版）. 北京：中国人民大学出版社，90

⑥ 风笑天. 2014. 社会调查中的问卷设计（第三版）. 北京：中国人民大学出版社，90

⑦ 吴明隆. 2010. 问卷统计分析实务：SPSS 操作与应用. 重庆：重庆大学出版社，238

⑧ 吴明隆. 2010. 问卷统计分析实务：SPSS 操作与应用. 重庆：重庆大学出版社，238

软件对量表的信度进行检验,如表 4-4 所示,整体量表的信度系数为 0.977,表示量表具有极佳的可靠性。同时,总量表与分量表的信度系数均在 0.80 以上,这充分表明本书的自制问卷具有较高的内部一致性信度。

表 4-4 问卷的信度检验情况

测量维度	Cronbach's α 系数	测量维度	Cronbach's α 系数
教师课程领导认知力	0.947	教师课程领导力	0.967
教师课程领导实践力	0.951	教师课程领导力影响因素	0.958
教师课程领导认同力	0.813	教师课程领导力与影响因素总量表	0.977

效度,也称测量的有效度或准确度,指测量工具或测量手段能够准确测出所要测量的变量的程度,或者说能够准确真实地量度事物属性的程度[①]。在定量研究中,效度通常可分为三种类型:内容效度、准则效度和构造效度[②]。本书主要采用专家判断法对本问卷的内容效度进行判断。在三轮试测的基础上,课题组邀请五位教育教学领域专家。这些专家具有充足的课题研究经历与问卷开发经验,均主持过若干国家级、省部级课题,在权威期刊上发表过多篇论文,具有较为成熟的问卷研发与审定的能力。同时,他们具备教师课程领导力相关研究基础。专家组围绕问卷与指标的对应性、问卷结构的科学性、问卷题目的合理性及问卷语言表达的适切性等进行评判,发现问卷能够较好地反映研究内容。因此可以认为本书所采用的问卷具有良好的效度。

第二节 核心素养视域下中小学教师课程领导力总体概况

当前我国中小学教师课程领导力整体水平如何?在各子维度上具有什么样的特点?这是问卷调查需要回答的核心问题。

表 4-5 展示的是全国 20 个省份 19 521 位中小学教师课程领导力及其各维度在不同统计量上的基本情况。

---

① 风笑天.2014. 社会调查中的问卷设计(第三版). 北京:中国人民大学出版社,90
② 吴明隆.2010. 问卷统计分析实务:SPSS 操作与应用. 重庆:重庆大学出版社,195

表4-6展示的是省际中小学教师课程领导力及其各维度的描述统计情况。

表 4-5 教师课程领导力各变量描述统计特征

测评维度	中位数	众数	M	SD
教师课程领导力	3.86	4.00	3.76	0.58
教师课程领导认知力	4.00	4.00	3.83	0.64
事实性认知力	4.00	4.00	3.85	0.64
方法性认知力	4.00	4.00	3.77	0.72
价值性认知力	4.00	4.00	3.82	0.71
教师课程领导实践力	3.85	4.00	3.76	0.59
课程思想	4.00	4.00	3.78	0.63
文化现代	4.00	4.00	3.68	0.72
政策理解	4.00	4.00	3.82	0.66
愿景一致	4.00	4.0	3.81	0.72
课程设计	4.00	4.00	3.89	0.65
整体规划	4.00	4.00	3.90	0.69
资源意识	4.00	4.00	3.90	0.69
集体备课	4.00	4.00	3.87	0.70
课程实施	4.00	4.00	3.95	0.58
学生主体	4.00	4.00	3.96	0.62
专业支持	4.00	4.00	3.89	0.65
动态生成	4.00	4.00	4.08	0.63
课程评价	4.00	4.00	3.91	0.61
导向明确	4.00	4.00	3.88	0.66
监控及时	4.00	4.00	3.89	0.66
改进有力	4.00	4.00	4.00	0.64
课程开发	3.50	4.00	3.24	1.17
回应需要	4.00	4.00	3.36	1.19
资源适切	4.00	4.00	3.32	1.22
程序正当	3.50	4.00	3.15	1.23
教师课程领导认同力	4.00	4.00	3.71	0.65
群体认同	4.00	4.00	3.85	0.70
自我认同	4.00	4.00	3.66	0.78
职务认同	2.00	2.00	3.47	0.99
责任认同	4.00	4.00	3.86	0.73

表 4-6　各省份教师课程领导力变量描述统计特征

省份	n	教师得分 优秀率/%	教师得分 不合格率/%	教师课程领导力 M	教师课程领导力 SD	教师课程领导认知力 M	教师课程领导认知力 SD	教师课程领导实践力 M	教师课程领导实践力 SD	教师课程领导认同力 M	教师课程领导认同力 SD
全样本	19 521	10.5	5.1	3.76	0.58	3.83	0.65	3.76	0.60	3.71	0.65
四川	7 168	9.6	5.6	3.73	0.58	3.80	0.64	3.72	0.60	3.67	0.64
湖北	2 230	13.7	3.4	3.86	0.57	3.94	0.62	3.85	0.58	3.79	0.65
广西	2 024	5.5	7.3	3.64	0.53	3.69	0.61	3.64	0.55	3.60	0.61
山东	1 151	17.6	3.8	3.93	0.61	4.00	0.66	3.93	0.64	3.88	0.67
山西	1 116	12.6	3.6	3.84	0.60	3.90	0.66	3.84	0.61	3.78	0.67
湖南	895	8.4	5.5	3.71	0.55	3.76	0.60	3.70	0.57	3.67	0.63
北京	702	10.4	3.1	3.82	0.56	3.86	0.62	3.83	0.57	3.72	0.64
宁夏	583	6.2	4.3	3.71	0.52	3.74	0.57	3.72	0.54	3.65	0.63
广东	532	11.1	5.1	3.79	0.59	3.84	0.65	3.79	0.61	3.72	0.65
浙江	497	10.9	3.6	3.80	0.56	3.87	0.61	3.79	0.58	3.71	0.61
新疆	480	8.1	6.7	3.70	0.56	3.75	0.62	3.70	0.58	3.66	0.62
江苏	456	12.5	4.4	3.86	0.57	3.91	0.61	3.86	0.57	3.79	0.64
贵州	398	7.5	6.8	3.73	0.52	3.78	0.59	3.72	0.54	3.71	0.60
重庆	333	20.1	3.9	3.94	0.63	4.05	0.67	3.92	0.65	3.91	0.70
河北	237	8.0	4.6	3.76	0.55	3.82	0.59	3.75	0.56	3.71	0.60
河南	205	7.3	6.8	3.61	0.56	3.71	0.64	3.58	0.59	3.63	0.58
安徽	149	5.4	11.4	3.62	0.54	3.71	0.62	3.60	0.56	3.62	0.62
上海	135	29.6	3.0	4.08	0.70	4.12	0.77	4.09	0.70	3.98	0.81
内蒙古	126	13.5	5.6	3.84	0.64	3.87	0.74	3.84	0.64	3.82	0.71
青海	104	5.8	6.7	3.64	0.56	3.70	0.60	3.63	0.59	3.64	0.61

一、教师课程领导力现实水平的整体观照

全样本教师课程领导力得分均值为 3.76。教师课程领导认知力的均值最高，教师课程领导实践力的均值次之，最低为教师课程领导认同力。教师课程领导力各维度的得分情况总体服从正态分布，可以进行配对样本 t 检验。如表 4-7 所

示，课程领导力各维度间均存在显著差异。

表 4-7 教师课程领导力各维度的配对样本 t 检验结果

测评维度	t	p
教师课程领导认知力-教师课程领导实践力	26.270	0.000
教师课程领导认知力-教师课程领导认同力	42.425	0.000
教师课程领导实践力-教师课程领导认同力	16.399	0.000

在各维度得分中，全国层面教师课程领导认知力得分显著高于其他维度，为 3.83；教师课程领导实践力得分次之，为 3.76；教师课程领导认同力得分最低，为 3.71。就结果而言，教师的课程领导认知力维度在三个维度中的得分最为突出；相反，教师最易忽略或者难以达到的是课程领导认同力。此外，教师课程领导认同力总体及其子维度得分出现次数最多的是 4.0 分，只有职务认同指标得分的众数为 2.0。

教师课程领导力发展现状的测评是依据教师对每一道题目的选择与回答进行的，通过对教师课程领导力问卷的结果进行计算，从而判断其课程领导力的水平。从参与调研的所有样本的统计结果来看，10.5%以上的教师得分在 4.5 分及以上，37.7%的教师得分在 4.0 分及以上，68.7%的教师得分在 3.5 分及以上，94.9%的教师得分处于 3.0 分及以上。以此为标准，可以按照样本的问卷得分对教师课程领导力的水平进行界定。经过转换，本书将教师得分在 4.5 分以上确定为优秀，4.0~4.5 分为良好，3.5~4.0 分为一般，3.0~3.5 分则为合格。

图 4-2 直观展示了全样本教师课程领导力的得分情况，处于一般水平的教师数量最多，为 6070 人，占全样本的 31.1%；其次为处于良好水平的教师，共 5282 人，占全样本的 27.1%；处于合格水平的教师有 5130 人，占全样本的 26.3%；处于优秀水平的教师有 2041 人，占全样本的 10.5%；不合格教师的数量最少，共 998 人，占 5.1%。这表明全样本中绝大部分教师（94.9%）的课程领导力水平在合格及以上，只有少数教师的课程领导力表现为不合格。

图 4-3 全面展现了全样本教师课程领导力各维度不同水平的人数分布情况。就各水平的人数分布而言，处于良好水平的人数最多，其次为合格水平和一般水平，不合格水平的人数最少。在每个水平上，各维度的表现情况各有不同。在优秀水平上，教师在各维度的人数由多到少依次为课程领导认知力、课程领导实践力和课程领导认同力；而在合格水平中，具体表现情况却完全相反，即教师在各维度的人数由多到少依次为课程领导认同力、课程领导实践力和课

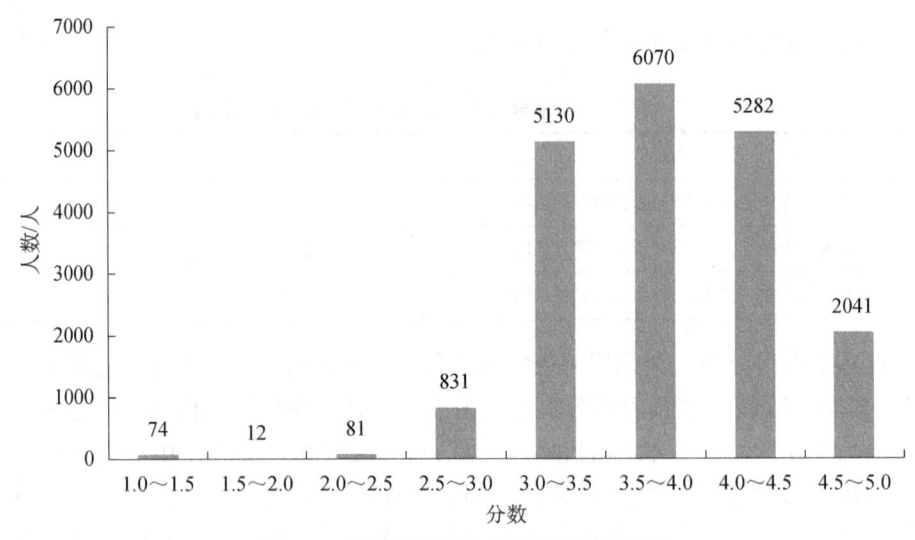

图 4-2　教师课程领导力得分情况统计图

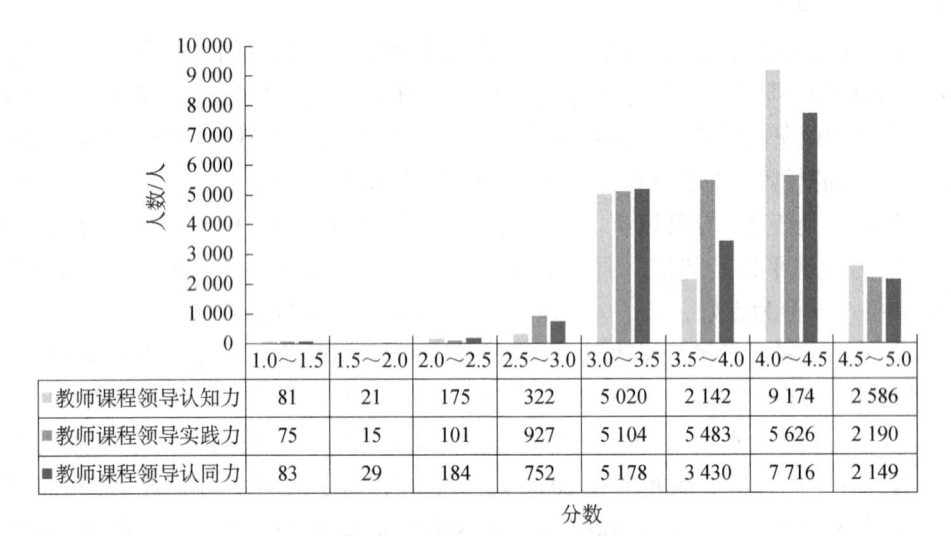

分数	1.0~1.5	1.5~2.0	2.0~2.5	2.5~3.0	3.0~3.5	3.5~4.0	4.0~4.5	4.5~5.0
教师课程领导认知力	81	21	175	322	5 020	2 142	9 174	2 586
教师课程领导实践力	75	15	101	927	5 104	5 483	5 626	2 190
教师课程领导认同力	83	29	184	752	5 178	3 430	7 716	2 149

图 4-3　教师课程领导力各维度得分情况统计图

程领导认知力，在良好水平上，课程领导认知力的人数最多，课程领导实践力的人数最少；而在一般水平上，具体表现情况却完全相反，即课程领导实践力的人数最多，课程领导认知力的人数最少。从各维度人数分布的比较情况出发，在课程领导认知力维度，各水平的人数呈现不均匀分布的状态，处于良好水平的人数最多，其次为合格水平和优秀水平；在课程领导实践力维度，各水平的人数分布较为均匀，处于良好水平的人数最多，与一般、合格水平的人数相近；在课程领导认同力维度，处于良好水平的教师人数最多，其次为合格和一般水平。

本次问卷调查结果与关于教师课程领导力的前期理论研究相一致。教师的课程领导认知力、实践力与认同力均是逐步习得的结果，但各维度的发展往往表现出不平衡、非同步的特征，教师通常处于单维发端和逐步关联的阶段，因而在量化研究的结果中会出现教师课程领导力某一维度的得分高于其他维度的情况，这是符合教师课程领导力发展的现实样态的。目前，我国中小学教师课程领导力整体得分不高，各水平人数分布不均，说明其未达及交融互构的三维度凝合的高阶状态，尚有发展提升的空间。

虽然全样本教师课程领导力的均值处于3.5～4.0，但省际教师课程领导力的均值存在一定差异。如表4-6所示，上海教师课程领导力得分为4.08，超过全样本水平，居于领先位置。这或许与"上海市提升中小学（幼儿园）课程领导力行动研究"项目组近年来对上海市教师进行课程领导力提升所付诸的研究和努力密不可分。紧随上海之后的，依次为重庆、山东、湖北、江苏、山西、内蒙古、北京、浙江和广东。这些省份的教师课程领导力得分在3.79～3.94，均高于全样本水平，尤以排名前五名的上海、重庆、山东、湖北和江苏为代表，其教师课程领导力得分较为突出。这可能与这些省份的教育水平直接相关，其"义务教育巩固率超越全国平均水平"[1]。其余省份，如河北、四川、贵州、宁夏、湖南、新疆、青海、广西、安徽和河南，其教师课程领导力得分均低于全样本水平。

从各省份的教师课程领导力优秀率和不合格率出发，省际表现与教师课程领导力均值的表现情况基本一致。如表4-6所示，上海教师的课程领导力优秀率最高，为29.6%，远超其余各省份，位于全样本首位，同时其不合格率最低。这与其教师课程领导力均值在全样本中排于第一的表现相一致。重庆和山东教师的课程领导力优秀率分别位于第二、三位，分别为20.1%和17.6%，其不合格率也在4.0%之下。除此之外，湖北、内蒙古、山西、江苏、广东和浙江的教师课程领导力优秀率均大于10.5%，优于全样本的表现，除内蒙古外，其不合格率均不大于全样本的表现。其他11个省份的优秀率均低于全样本表现，除北京、宁夏、河北的不合格率较小外，其余均高于全样本的不合格率。

各省份教师课程领导力各维度的表现同样与全国表现有一定差异。如表4-6所示，在各维度的具体表现上，上海、重庆的课程领导认知力维度得分均在4.00分以上，其余如山东、湖北等在内的8个省份的得分均高于全样本水平，其余10

---

[1] 方晓东，等. 2014. 中国教育发展报告2012. 北京：教育科学出版社，162

个省份的得分均低于全样本水平；在课程领导实践力维度上，只有上海的得分在 4.00 分以上，此外，山东、重庆等 9 个省份的得分均高于全样本水平，其余 10 个省份的得分均低于全样本水平；在课程领导认同力维度，各省份的得分均在 4.00 分以下，其中 9 个省份的得分低于全样本水平。从比较各维度间的表现层面出发，大部分省份的教师课程领导力各维度得分均显示出"认知最高、实践次之、认同最低"的情形，但青海、河南和安徽三省与大部分省份相反，其教师课程领导实践力得分低于课程领导认同力。这或许与这些省的教育、经济情况相关，教师受限于经济等现实水平，未能充分开展课程实践、发展课程领导力。

综合而言，以上对全样本和省际教师课程领导力水平的具体描述，无论是在均值上还是在人数、优秀率等不同指标上的具体表现均呈现出一致性。在教师课程领导力各维度中，各省份基本上呈现出教师课程领导认知力最高、教师课程领导实践力次之、教师课程领导认同力最低的样态。全样本范围内，10 个省份的教师课程领导力得分高于全样本得分，上海位于全样本首位，在优秀率等指标上的具体情况也呈现出相近结果。

二、教师课程领导认知力水平的具体考察

教师课程领导认知力均值为 3.83，高于教师课程领导实践力和认同力两个维度的均值，在三个维度中均值最高。教师课程领导认知力各维度的得分情况总体服从正态分布，可以进行配对样本 t 检验。t 检验结果表明各维度得分之间差异显著（表 4-8）。在教师课程领导力三维度中，我国教师在课程领导认知力维度上的表现最佳。教师在课程领导认知力维度具体各指标上的表现如何？下面将展开具体分析。

表 4-8　教师课程领导认知力各维度的配对样本 t 检验结果

测评维度	t	p
事实性认知力-方法性认知力	32.656	0.000
事实性认知力-价值性认知力	12.996	0.000
方法性认知力-价值性认知力	−18.909	0.000

（一）教师课程领导事实性认知力

教师课程领导事实性认知力面向教师对于核心素养与教师课程领导力的基本

认知，可具化为教师对这两者的了解程度。根据测评结果，事实性认知力的得分为 3.85，显著高于其他两个维度得分。事实性认知力的标准差为 0.64，在三个指标中最低。由此可见，事实性认知力是与课程领导认知力联系紧密的要素，教师在此指标上得分最高是因为其对核心素养、教师课程领导力本质方面已具有基本认知。

（二）教师课程领导方法性认知力

教师课程领导方法性认知力指向教师在具体的课程领导实践中解决问题的知识，具体表现为教师了解如何发挥课程领导力，进而引领学生发展核心素养。表 4-5 显示，教师课程领导力的方法性认知力得分均值为 3.77，显著低于课程领导认知力其他两个维度。可见，教师在方法性认知力方面还未建立准确的认知，尚未明晰如何利用课程领导力促进学生发展。方法性认知的模糊或许印证了教师的课程领导实践力得分较低，因为教师没有明晰的方法性认知力以指导自身的课程领导实践。

（三）教师课程领导价值性认知力

教师课程领导价值性认知力指向教师对课程领导力的价值与意义的看法，具体表现为教师对课程领导力之于学生核心素养发展意义的判断。表 4-5 显示，价值性认知力的平均得分为 3.82，其标准差为 0.71。由此可见，教师在价值性认知力方面建立了一定的认知，但仍处于表层状态，并未深刻意识到课程领导力之于学生、教师乃至学校发展的价值。

总体而言，在全样本层面的教师课程领导认知力三维度的描述性统计量中，均值最小的是方法性认知力，其次是价值性认知力，最高的是事实性认知力。这表明教师对课程领导力和核心素养已具备一定的认知，但对课程领导力的方法性认知力的了解较为薄弱。然而在访谈中，教师却没有意识到自身在教育实践中形成了课程领导认知力或者说对课程领导力形成了一定认知，主要存在以下问题：大多数教师可能对问卷中的"课程领导力"这个词语较为陌生，认为自身对其未形成系统而规整的认识。但在课程领导实践中，他们已经形成了对课程领导力的初步感知，只不过这种感知尚未形成系统而内化的理解。因此，问卷调查的结果同样印证了教师在访谈中透露出的困惑，二者具有共同性。

三、教师课程领导实践力发展的微观透视

教师课程领导实践力得分为 3.76，位于教师课程领导力三个维度的中间位置。

教师课程领导实践力各维度的得分情况总体服从正态分布，说明可以进行配对样本 t 检验。t 检验结果显示，课程领导实践力各维度间两两差异显著（表 4-9）。

表 4-9　教师课程领导实践力各维度的配对样本 t 检验结果

测评维度	t	p	测评维度	t	p
课程思想-课程设计	−36.322	0.000	课程设计-课程评价	−9.816	0.000
课程思想-课程实施	−56.085	0.000	课程设计-课程开发	82.816	0.000
课程思想-课程评价	−40.660	0.000	课程实施-课程评价	18.126	0.000
课程思想-课程开发	70.113	0.000	课程实施-课程开发	92.351	0.000
课程设计-课程实施	−25.829	0.000	课程评价-课程开发	89.877	0.000

（一）课程思想

课程思想可具化为教师的文化现代、政策理解、愿景一致三个指标，具体题目包含"您掌握了先进前沿的教育理念与课程思想""您掌握了国家与地方的最新课程政策、课程方案与学科课程标准"等四道题目。

课程思想各指标的得分情况总体服从正态分布，说明可以进行配对样本 t 检验。t 检验结果显示，各指标得分之间差异显著，如表 4-10 所示。

表 4-10　课程思想各指标的配对样本 t 检验结果

测评维度	t	p
文化现代-政策理解	−42.738	0.000
文化现代-愿景一致	−32.050	0.000
政策理解-愿景一致	−2.087	0.000

教师在文化现代指标上的得分为 3.68，显著低于其他两个指标的得分。由此可见，教师一般认为自己并未掌握先进的教育思想与理念，对自身课程思想的前瞻性的肯定具有一定的保留性。

政策理解的得分显著高于其他两个指标，如表 4-5 所示，此指标的得分均值为 3.82。这在一定程度上表明，教师认为自己能够理解课程政策并将其转化、反馈给学生与家长，能够营造民主、开放的和谐课程建设氛围。该指标的标准差为 0.66。较之其他指标，教师在政策理解方面的得分更为集中。

愿景一致指标得分为 3.81，处于两个指标的中间位置。由此可知教师能够及时引领各方主体共同形成与落实、构建美好课程愿景。

课程思想得分为 3.78，居于课程领导实践力五个维度中的第四位。此维度下三个指标的得分均值由高到低依次为政策理解、愿景一致和文化现代。可见，在政策理解方面，教师相对表现得最为优秀。总体来看，教师能够理解与把握课程标准等国家政策要求，并能够营造课程建设的开放性及民主性，但在具备较为科学且符合时代与教育发展要求的先进课程思想方面有所欠缺。

（二）课程设计

课程设计可具化为整体规划、资源意识和集体备课三个指标，具体包含"您总是基于对核心素养与本班学生的整体认识开展单元教学设计"等三道题目。

通过分析，课程设计各指标的得分情况总体服从正态分布，说明可以进行配对样本 t 检验，结果如表 4-11 所示，各指标的得分存在显著差异。

表 4-11　课程设计各指标的配对样本 t 检验结果

测评维度	t	p
整体规划-资源意识	−5.160	0.000
整体规划-集体备课	3.789	0.000
资源意识-集体备课	9.356	0.000

教师的整体规划得分为 3.90，在课程设计维度中得分较高。总之，教师认为自己能够就学情对课程内容进行整体全面的规划设计，且此方面在课程设计中的表现最好。

教师的资源意识得分为 3.90，同样是此维度内得分较高的指标。总体得分表明，教师认为自己能够利用学校、社区及网络等多方资源以促进学生核心素养的培育。可见，教师的资源意识贯穿课程实践的始终。

教师的集体备课得分为 3.87，显著低于其他两个指标。虽然相较于整体规划和资源意识，此方面的得分略低，但在课程领导实践力的 15 个指标中，此指标的得分居于中间位置，说明教师在进行课程设计时具有与同事共同探讨课程设计的意识与行为。

教师的课程设计指标得分为 3.89，居于课程领导实践力五个维度的第三位，显著高于课程思想维度的得分。此维度下三个指标的得分均值由高到低依次为资源意识、整体规划和集体备课。可见，教师在资源意识和整体规划方面表现得较为优秀。总体来看，教师已具备落实课程标准、执行课程计划的能力，并能够在设计课程计划时综合考虑各要素，能够做到重点突出、难易合宜，同时也能与同事形成课程共同体，进行集体课程设计与讨论。

（三）课程实施

课程实施可具化为学生主体、专业支持和动态生成三个指标，其中包括"在您的课上，大部分学生注意力高度集中并踊跃发言""您在课程实施中善用现代信息技术或教科研成果引导学生逐步实现自主发展"等五道题目。

课程实施各指标的得分情况总体服从正态分布，说明可以进行配对样本 t 检验。t 检验表明，课程实施各指标间存在显著差异，如表4-12所示。

表4-12　课程实施各指标的配对样本 t 检验结果

测评维度	t	p
学生主体-专业支持	23.541	0.000
学生主体-动态生成	−40.527	0.000
专业支持-动态生成	58.812	0.000

表4-5显示，在学生主体方面，教师的得分为3.96，居于三个指标的中间位置。这表明教师在课程实施过程中，能够尊重学生主体及其差异性，能够激发学生的学习兴趣，促进学生积极踊跃地参与到课程中来。

教师的专业支持得分为3.89，此指标的得分显著低于其他两个指标。这表明教师群体在实施课程的过程中，对现代信息技术和教科研成果的运用稍显不足。

教师的动态生成得分为4.08，显著高于学生主体和专业支持指标。动态生成是衡量教师根据教学实际在课程实践中及时创生课程目标与调整课程设计程度的指标，得分高表明教师在实施课程监控并及时调整教学方向方面得心应手。

教师在课程实施维度上的得分为3.95，显著高于其他四个维度，在课程领导实践力各维度的得分中位于首位，说明教师认为自己在课程实施方面表现最为优异。在课程实施维度下，三个指标的得分均值由高到低依次为动态生成、学生主体和专业支持。总体来看，教师在课程实施时能够秉持学生主体原则，利用专业成果引导学生发展。同时，在课程实践时，教师擅长根据实际情况及时创新和调整课程内容，能对课程实施进行动态把控。

（四）课程评价

课程评价可具化为导向明确、监控及时和改进有力三个指标，其中包括"您以课程愿景的落实成效为基准，开展课程实践与学生发展的质量评估""您会根据课程反思结果优化课程设计"等四道题目。

课程评价各指标的得分情况总体服从正态分布，说明可以进行配对样本 t 检验。表4-13显示，课程评价中导向明确和监控及时之间不存在显著差异；导向明确和改进有力、监控及时和改进有力指标间存在显著差异。

表 4-13 课程评价各指标的配对样本 t 检验结果

测评维度	t	p
导向明确-监控及时	−1.420	0.156
导向明确-改进有力	−34.131	0.000
监控及时-改进有力	38.597	0.000

教师的导向明确指标得分为 3.88，显著低于改进有力指标的得分，说明在进行课程评价时，教师基本认为自身在以课程愿景的落实为课程评价的目标与指引方面稍有欠缺，较之其他指标，导向明确方面略显不足。

教师的监控及时指标得分为 3.89，显著低于改进有力指标的得分，表明教师认为自己基本能够在教育过程中通过进行学情收集开展课程评价。

教师的改进有力指标得分为 4.00，显著高于另外两个指标，居于课程评价维度的首位，表明教师善于对课程评价的结果进行归因分析，且能够根据自身实际情况，有针对性地就促进学生发展进行课程改进与设计。

教师在课程评价维度上的得分均值为 3.91，显著低于课程实施指标的得分，但显著高于其余三个指标的得分，居于五个维度的第二位。其中，课程评价三个指标的平均值由高到低依次为改进有力、监控及时、导向明确。总体而言，教师在课程评价时能够明确课程的目标与导向，并根据评价结果进行课程改进，但在具体指标的表现方面尚存在提升的可能。

（五）课程开发

课程开发可具化为回应需要、资源适切和程序正当三个指标，其中包括"您通过开发校本课程，满足了学生的个性化发展需要""您积极开发新的课程资源，以提升学生核心素养的培育效果"等四道题目。

课程开发各指标的得分情况总体服从正态分布，说明可以进行配对样本 t 检验。表 4-14 显示课程开发各指标间存在显著差异。

表 4-14 课程开发各指标的配对样本 t 检验结果

测评维度	t	p
回应需要-资源适切	8.276	0.000
回应需要-程序正当	42.311	0.000
资源适切-程序正当	42.932	0.000

回应需要指标的得分为 3.36，得分较低，处于 15 个具体指标的倒数第三位，同时其标准差是 1.19。这表明虽然一些教师认为自己能够在课程开发时回应学生发展的需求，但部分教师认为自身在此方面有所欠缺。

资源适切方面的得分为 3.32，处于 15 个具体指标的倒数第二位。这表明教师认为自己在利用课程资源开发课程方面未能完全自如，对各类课程开发资源的挖掘使用尚不充分，表现出一定的抗拒性。

程序正当指标的得分为 3.15，显著低于其他指标，位于 15 个具体指标的末位。这表明在课程开发中进行具体的操作、遵循规范合理的操作程序是教师较为困惑和棘手的问题。同时，教师在开发新课程后，面对专家的态度普遍是不主动邀请，表现出一定的被动性。这些都是教师在此指标上得分最低的原因。

综合来看，教师在课程开发维度上的得分均值为 3.24，在课程领导实践力层面的指标中得分最低，显著低于其他四个维度。可见，教师认为自己在这一维度的表现较其他四个维度最差，尤以程序正当指标为代表。总体而言，教师在课程开发时未能选择合适的课程资源，且在开发程序方面尚存在一定不足，因而不能充分满足学生对课程的需求。

综合分析，课程实施在教师课程领导实践力的五个维度中得分最高，其得分显著高于其他四个维度，其后依次为课程评价、课程设计、课程思想和课程开发。从均值高低可以看出，教师最为认可自己在课程领导实践力中的课程实施及实施后的评价表现，但认为自己在课程开发的具体操作方面尚需提高。这与现实状况中部分教师群体的观念和认识有关，他们重视教学和课程的实施情况，关注学生对课程实施的回应，能够就学情等进行诊断评估，进而改进课程设计、优化课程实施效果，却习惯于固守现有的课程内容，不关注课程的创新与课程的开发。此外，也有教师关注课程开发且颇具兴趣，但常常会遇到开发程序混乱、开发资源缺乏等挫折，陷入心有余而力不足的困境。这可能也是教师对自己课程开发的认可度较低的原因之一。

四、教师课程领导认同力状况的下沉分析

教师课程领导认同力的得分为 3.71，在教师课程领导力的三个维度中处于最低。可见，在实际的教育与课程领导实践中，教师的课程领导认同力是较难以达到的层面。

教师课程领导认同力各维度的得分情况总体服从正态分布，说明可以进行配对样本 t 检验。表 4-15 的统计学检验表明，课程领导认同力中的群体认同与自我

认同、职务认同与责任认同的 p 值均小于 0.05，说明其得分存在显著差异。

表 4-15　教师课程领导认同力各维度的配对样本 t 检验结果

测评维度	t	p
群体认同-自我认同	42.212	0.000
职务认同-责任认同	129.971	0.000

（一）群体认同

群体认同指教师对教师这一职业应参与课程领导的态度与信念。教师的群体认同得分为 3.85，显著高于自我认同的得分。可见，在教师课程领导认同力主体层面，教师趋向于课程领导力群体认同而非自我认同。由此可见大部分教师对教师职业进行课程领导的态度是较为认可的。

（二）自我认同

自我认同指教师对自我应参与课程领导的态度与信念。教师的自我认同得分为 3.66，其得分显著低于群体认同维度。由此可见，教师对自身进行课程领导持一定的不自信和怀疑的态度，认为自己存在能力不足等各种缺点而拒绝进行课程领导。

（三）职务认同

职务认同指教师面对仅有具备行政领导职务的教师才参与课程领导的态度与信念。根据测评结果，职务认同的均值为 3.47，得分显著低于责任认同。就课程领导认同的内容层面而言，教师表现出明显的责任认同而非职务认同，担任正式领导职务的教师的课程领导认同力水平不高。由此可见，教师对职务认同的程度不一，但教师基本不认可仅具备职务的教师才可以进行课程领导的观点，他们认为不具备行政领导职务的教师同样能够且应该参与到课程领导之中，并视其为课程领导者。

（四）责任认同

责任认同是教师面对不具备行政领导职务的教师也应参与课程领导的态度与信念。教师的责任认同得分为 3.86，显著高于职务认同的得分。这说明教师更倾向于认为所有参与课程建设与发展的教师都是课程领导力的体现者，而非仅具备行政职务的教师才是课程领导者。由此可见，教师对未兼任职务的教师进行课程领导的态度是肯定的,这与职务认同指标的结果是一致的。

总体而言,在教师课程领导认同力中,在认同主体上,教师倾向于群体认同;而在认同内容上,教师趋向于责任认同,表明教师对自身和仅具备职务的教师的课程领导认同力较弱,但对其他教师和具备领导职务的教师备怀期望。

第三节 核心素养视域下中小学教师课程领导力差异分析

以上分析呈现了全国教师课程领导力的基本情况及其分维度特征。那么,对于不同教师群体而言,教师课程领导力的发展情况是否存在差异?为深入了解教师课程领导力的差异水平,我们采用独立样本 t 检验和单因素方差分析对不同维度的教师课程领导力进行了差异分析。结果发现,不同性别、教龄、学历、职称、学校区位、学校性质、学校排名、任教学段、专业水平、任教学科、职务的教师,其课程领导力均存在显著差异。

一、教师课程领导力的个体特征差异分析

(一)性别差异:女教师课程领导实践力及总体水平显著高于男教师

采用独立样本 t 检验对男女教师的课程领导力进行比较(表 4-16)。结果表明,教师的课程领导力存在显著的性别差异($p<0.01$),且由均值来看,女教师的课程领导力总体水平显著高于男教师。就三个子维度的对比而言,女教师与男教师在课程领导认知力和课程领导认同力两个方面未呈现出显著差异,而在课程领导实践力维度上,女教师显著高于男教师($p<0.001$)。

表 4-16 教师课程领导力的性别差异

变量	性别	n	M(SD)	t	p
教师课程领导认知力	男	5 454	3.83(0.64)	0.51	0.614
	女	14 067	3.83(0.64)		
教师课程领导实践力	男	5 454	3.73(0.60)	4.20	0.000
	女	14 067	3.77(0.59)		

续表

变量	性别	n	M（SD）	t	p
教师课程领导认同力	男	5 454	3.71（0.65）	0.30	0.766
	女	14 067	3.71（0.64）		
教师课程领导力总体	男	5 454	3.74（0.58）	3.16	0.002
	女	14 067	3.77（0.58）		

（二）教龄差异：新手教师课程领导认知力、认同力与总体水平最佳

采用单因素方差分析检验不同教龄的教师在课程领导力水平上是否存在差异（表4-17）。结果表明，处于不同教龄段的教师之间的课程领导力存在显著差异，这种差异主要表现在课程领导认知力、课程领导认同力与课程领导力总体水平上，而课程领导实践力维度则不存在显著的教龄差异。

表4-17 教龄的单因素方差分析结果

变量	教龄	n	M（SD）	F	p	事后多重比较
教师课程领导认知力	0~5年	5015	3.88（0.65）	9.27	0.000	1>2,4,5
	6~10年	2711	3.80（0.66）			
	11~15年	2059	3.83（0.66）			
	16~20年	2113	3.82（0.64）			
	21年及以上	7623	3.81（0.61）			
教师课程领导实践力	0~5年	5015	3.78（0.62）	2.30	0.057	
	6~10年	2711	3.74（0.62）			
	11~15年	2059	3.77（0.63）			
	16~20年	2113	3.77（0.59）			
	21年及以上	7623	3.75（0.56）			
教师课程领导认同力	0~5年	5015	3.77（0.64）	26.88	0.000	1>2,3,4,5 5<2,3,4
	6~10年	2711	3.72（0.66）			
	11~15年	2059	3.73（0.66）			
	16~20年	2113	3.70（0.64）			
	21年及以上	7623	3.66（0.63）			

续表

变量	教龄	n	M（SD）	F	p	事后多重比较
教师课程领导力总体	0～5年	5015	3.79（0.60）	5.29	0.000	1>2,5
	6～10年	2711	3.75（0.60）			
	11～15年	2059	3.78（0.61）			
	16～20年	2113	3.77（0.57）			
	21年及以上	7623	3.75（0.55）			

注：1～5分别代表教龄0～5年、6～10年、11～15年、16～20年、21年及以上

事后多重比较发现，在教师课程领导认知力这一变量上，拥有0～5年教龄的教师得分显著高于教龄6～10年、16～20年、21年及以上的教师（$ps<0.05$）。教龄在0～5年的教师课程领导认知力表现最佳。

在教师课程领导认同力变量上，教龄为0～5年的教师得分高于教龄为6～10年、11～15年、16～20年、21年及以上的教师；教龄为6～10年、11～15年、16～20年的教师得分均高于教龄为21年及以上的教师，即0～5年教龄组教师的课程领导认同力水平最高，而教龄为21年及以上的教师课程领导认同力水平最低。

在教师课程领导力总体水平上，0～5年教龄组教师的得分高于"6～10年"以及"21年及以上教龄组教师（$p<0.05$）。另外，教师课程领导力与教龄之间不存在正相关，即课程领导力并不随着教龄的增加而提高。

（三）入职学历差异：研究生学历教师课程领导力显著高于其他学历教师

在调查对象中，获得"大学本科"学历的教师最多，共9153人；其次为"大学专科"学历，共4978人（表4-18）。对不同入职学历教师的课程领导力进行单因素方差分析。

表4-18 入职学历的单因素方差分析结果

变量	入职学历	n	M（SD）	F	p	事后多重比较
教师课程领导认知力	初中及以下	79	3.76（0.66）	7.79	0.000	6>5 7>2,4,5,6 8>2,4,5,6 9>1,2,3,4,5,6,7,8
	中专	4108	3.79（0.62）			
	技校	11	3.73（0.38）			
	职业高中	45	3.64（0.68）			

第四章 教师课程领导力总体水平、群体差异与影响因素的实证调查

续表

变量	入职学历	n	M(SD)	F	p	事后多重比较
教师课程领导认知力	普通高中	333	3.73(0.60)			
	大学专科	4978	3.82(0.63)			
	大学本科	9153	3.85(0.65)			
	硕士研究生	812	3.90(0.66)			
	博士研究生	2	5.00(0.00)			
教师课程领导实践力	初中及以下	79	3.72(0.59)	3.89	0.000	2<7 9>1,2,3,4,5,6,7,8
	中专	4108	3.74(0.56)			
	技校	11	3.62(0.46)			
	职业高中	45	3.67(0.66)			
	普通高中	333	3.69(0.55)			
	大学专科	4978	3.75(0.58)			
	大学本科	9153	3.77(0.61)			
	硕士研究生	812	3.80(0.61)			
	博士研究生	2	5.00(0.00)			
教师课程领导认同力	初中及以下	79	3.64(0.71)	14.04	0.000	6>2 7>2,5,6 8>2,5,6 9>1,2,3,4,5,6,7,8
	中专	4108	3.64(0.64)			
	技校	11	3.43(0.48)			
	职业高中	45	3.59(0.64)			
	普通高中	333	3.59(0.61)			
	大学专科	4978	3.69(0.64)			
	大学本科	9153	3.75(0.65)			
	硕士研究生	812	3.78(0.62)			
	博士研究生	2	5.00(0.00)			
教师课程领导力总体	初中及以下	79	3.72(0.58)	6.14	0.000	2<7,8 5<7,8 9>1,2,3,4,5,6,7,8
	中专	4108	3.73(0.55)			
	技校	11	3.61(0.41)			
	职业高中	45	3.65(0.63)			
	普通高中	333	3.69(0.52)			
	大学专科	4978	3.76(0.57)			

续表

变量	入职学历	n	M(SD)	F	p	事后多重比较
教师课程领导力总体	大学本科	9153	3.78（0.59）			
	硕士研究生	812	3.82（0.58）			
	博士研究生	2	5.00（0.00）			

注：1~9分别代表初中及以下、中专、技校、职业高中、普通高中、大学专科、大学本科、硕士研究生、博士研究生

方差分析结果表明，在教师课程领导认知力、教师课程领导实践力、教师课程领导认同力三个维度上，不同入职学历教师之间均存在显著差异（$p<0.001$）。

在教师课程领导认知力方面，博士研究生组与其他所有组差异显著，大学专科组与普通高中组、大学本科组与中专组、职业高中组、普通高中组、大学专科组、硕士研究生组与中专组、职业高中组、普通高中组、大学专科组之间均存在显著差异。入职学历为博士研究生的教师课程领导认知力显著高于其他组别的教师。

在教师课程领导实践力方面，博士研究生组与其他所有组差异显著，大学本科组与中专组的差异显著，博士研究生组的教师课程领导实践力表现最佳。

在教师课程领导认同力方面，大学专科组与中专组的差异显著，大学本科组与中专组、普通高中组、大学专科组的差异显著，硕士研究生组与中专组、普通高中组、大学专科组的差异显著，博士研究生组与其他所有组差异显著。与教师课程领导实践力的结果相一致的是，入职学历为博士研究生的教师课程领导认同力表现最佳。

就教师课程领导力总体水平而言，各组之间的多重比较结果显示，博士研究生组与其他所有组差异显著，中专组与大学本科组、硕士研究生组的差异显著，普通高中组与大学本科组、硕士研究生组的差异显著，入职学历为博士研究生的教师课程领导力表现最佳。

（四）学历提升差异：未提升职后学历的教师课程领导力各维度水平更高

样本中有8569位教师在教育生涯中提升了自身学历水平，约占总体的43.90%。采用独立样本t检验，对学历提升与学历未提升教师的课程领导力进行比较，结果见表4-19。

表 4-19 学历提升的独立样本 t 检验结果

变量	学历提升与否	n	M(SD)	t	p
教师课程领导认知力	学历提升	8 569	3.80（0.63）	-5.63	0.000
	学历未提升	10 952	3.85（0.64）		
教师课程领导实践力	学历提升	8 569	3.74（0.58）	-3.47	0.001
	学历未提升	10 952	3.77（0.61）		
教师课程领导认同力	学历提升	8 569	3.66（0.64）	-8.57	0.000
	学历未提升	10 952	3.74（0.65）		
教师课程领导力总体	学历提升	8 569	3.74（0.56）	-4.84	0.000
	学历未提升	10 952	3.78（0.59）		

结果表明，经过职后学历提升的教师与未经过职后学历提升的教师在教师课程领导认知力、教师课程领导实践力、教师课程领导认同力三个子维度以及教师课程领导力总体水平上均呈现出显著差异，学历未提升的教师课程领导力反而高于经过学历提升的教师。这说明教师很可能是为了取得更高的"学历证书"以获取外部利益而选择进行学历提升，但实际未获得真正的"学力"增长，从而导致职后的学历提升在很大程度上流于形式。结合第三项入职学历的差异分析可知，应鼓励进行职前学历提升，因为入职学历最高的教师，课程领导力水平也最高。

（五）职称差异：正高级教师课程领导力水平显著高于其他职称教师

在参与调查的教师群体中，一级教师的数量最多，为 7513 人，占总体的 38.5%。教师的职称在一定程度上反映了教师的教育水平。接下来对不同职称的教师课程领导力进行单因素方差分析，结果见表 4-20。

表 4-20 职称的单因素方差分析结果

变量	职称	n	M(SD)	F	p	事后多重比较
教师课程领导认知力	暂未评级	2762	3.92（0.63）	26.83	0.000	1>3,4,5 5>4 6>1,2,3,4,5
	三级教师	473	3.87（0.67）			
	二级教师	5833	3.80（0.65）			
	一级教师	7513	3.80（0.63）			
	高级教师	2909	3.84（0.61）			
	正高级教师	31	4.47（0.53）			

续表

变量	职称	n	M（SD）	F	p	事后多重比较
教师课程领导实践力	暂未评级	2762	3.82（0.60）	13.81	0.000	1>3,4,5 6>1,2,3,4,5
	三级教师	473	3.74（0.63）			
	二级教师	5833	3.74（0.61）			
	一级教师	7513	3.75（0.59）			
	高级教师	2909	3.76（0.56）			
	正高级教师	31	4.29（0.54）			
教师课程领导认同力	暂未评级	2762	3.82（0.63）	28.61	0.000	1>3,4,5 2>4,5 3>4 6>3,4,5
	三级教师	473	3.78（0.67）			
	二级教师	5833	3.71（0.65）			
	一级教师	7513	3.67（0.64）			
	高级教师	2909	3.67（0.63）			
	正高级教师	31	4.19（0.73）			
教师课程领导力总体	暂未评级	2762	3.84（0.58）	18.11	0.000	1>3,4,5 6>1,2,3,4,5
	三级教师	473	3.77（0.62）			
	二级教师	5833	3.74（0.59）			
	一级教师	7513	3.75（0.57）			
	高级教师	2909	3.76（0.54）			
	正高级教师	31	4.31（0.54）			

注：1~6分别代表职称为暂未评级、三级教师（员级）、二级教师（助理级）、一级教师（中级）、高级教师（副高级）、正高级教师（正高级）

结果表明，不同职称教师在课程领导力总体水平及课程领导认知力、课程领导实践力、课程领导认同力三个维度上存在显著差异（$p<0.001$）。

多重比较发现，无论在哪一维度，正高级教师的表现都优于其他教师。

在教师课程领导认知力方面，不同职称教师之间的多重比较结果显示，正高级教师与所有其他职称教师的差异显著，高级教师与一级教师的差异显著，暂未评级教师与二级教师、一级教师、高级教师的差异显著。其中，正高级教师的课程领导认知力最强。

在教师课程领导实践力方面，正高级教师与其他所有职称教师的差异显著，暂未评级教师与二级教师、一级教师、高级教师的差异显著，正高级教师的教师课程领导实践力最强。

在教师课程领导认同力方面，正高级教师的课程领导认同力显著高于高级教师、一级教师、二级教师，二级教师的课程领导认同力差异高于一级教师，三级教师的课程领导认同力显著高于高级教师、一级教师，暂未评级教师的课程领导认同力显著高于高级教师、一级教师、二级教师。

在教师课程领导力总体方面，暂未评级教师与正高级教师、高级教师、一级教师、二级教师之间存在显著差异，正高级教师与其他所有职称教师存在显著差异，正高级教师的课程领导力水平最高。

（六）师范背景差异：非师范类教师课程领导认同力与总体水平更高

为探究具有师范背景与非师范背景教师的课程领导力是否存在差异，进行了独立样本 t 检验，结果见表4-21。

表4-21　是否具有师范背景的独立样本 t 检验结果

变量	师范背景	n	M（SD）	t	p
教师课程领导认知力	是	16 489	3.83（0.63）	-1.50	0.134
	否	3 032	3.85（0.65）		
教师课程领导实践力	是	16 489	3.76（0.59）	-1.68	0.093
	否	3 032	3.78（0.61）		
教师课程领导认同力	是	16 489	3.70（0.64）	-5.01	0.000
	否	3 032	3.76（0.65）		
教师课程领导力总体	是	16 489	3.76（0.57）	-2.26	0.024
	否	3 032	3.79（0.59）		

结果表明，具有师范背景的教师与非师范背景的教师在课程领导认知力与实践力两个维度上的显著性水平均大于0.05，未呈现出显著差异。然而，两类教师在课程领导认同力维度以及总体水平上差异显著，且相较于具有师范背景的教师，非师范背景的教师均值更高，说明非师范背景教师对于"课程领导力是一种共享的责任担当，需要依靠学习共同体的力量达成"以及"如果能够获得一定的行政职务，则可以有效进行课程领导、管理与决策，促进课程领导力的释放"等问题都表现出较高的认同感。

（七）专业水平差异：获国家级奖励教师课程领导力综合表现最好

为探究专业水平对中小学教师课程领导力的影响，进行单因素方差分析，结果见表4-22。

表 4-22 专业水平的单因素方差分析结果

测评维度	专业水平	n	M(SD)	F	p	事后多重比较
教师课程领导认知力	暂未获奖	2696	3.84(0.64)	18.58	0.000	1>3 4>3 5>2,3,4 6>1,2,3,4,5
	校级获奖	1917	3.82(0.63)			
	县(区)级获奖	6049	3.79(0.62)			
	市级获奖	4987	3.83(0.64)			
	省级获奖	2144	3.87(0.62)			
	国家级获奖	1728	3.94(0.67)			
教师课程领导实践力	暂未获奖	2696	3.73(0.61)	34.77	0.000	4>3 5>1,2,3 6>1,2,3,4,5
	校级获奖	1917	3.73(0.60)			
	县(区)级获奖	6049	3.71(0.58)			
	市级获奖	4987	3.77(0.59)			
	省级获奖	2144	3.80(0.58)			
	国家级获奖	1728	3.91(0.62)			
教师课程领导认同力	暂未获奖	2696	3.75(0.65)	14.94	0.000	1>2,4 3<1,2,4,5 6>1,2,3,4,5
	校级获奖	1917	3.71(0.63)			
	县(区)级获奖	6049	3.67(0.64)			
	市级获奖	4987	3.70(0.65)			
	省级获奖	2144	3.72(0.63)			
	国家级获奖	1728	3.80(0.68)			
教师课程领导力总体	暂未获奖	2696	3.75(0.59)	31.02	0.000	3>1 4>2,3 5>1,2,3,4 6>1,2,3,4,5
	校级获奖	1917	3.74(0.58)			
	县(区)级获奖	6049	3.72(0.57)			
	市级获奖	4987	3.77(0.57)			
	省级获奖	2144	3.80(0.56)			
	国家级获奖	1728	3.90(0.61)			

注：1～6分别代表专业水平为暂未获奖、校级获奖、县（区）级获奖、市级获奖、省级获奖、国家级获奖

单因素方差分析结果表明，不同专业水平的教师在课程领导力总体以及课程领导认知力、实践力、认同力三个维度上均存在显著差异（$p<0.001$）。

多重比较表明，在教师课程领导认知力方面，"国家级获奖"的教师与所有其他级别获奖的教师差异显著，且国家级获奖的教师课程领导认知力水平最高。此外，暂未获奖和市级获奖教师的课程领导认知力均显著高于县（区）级获奖教

师,省级获奖教师的课程领导认知力显著高于校级获奖、县(区)级获奖、市级获奖教师。

在教师课程领导实践力方面,国家级获奖教师与所有其他级别获奖的教师差异显著,且国家级获奖教师课程领导实践力水平最高。此外,市级获奖教师的课程领导实践力均显著高于县(区)级获奖教师,省级获奖教师的课程领导实践力显著高于暂未获奖、校级获奖、县(区)级获奖教师。

在教师课程领导认同力方面,同样是国家级获奖教师的课程领导认同力显著高于所有其他级别获奖的教师。不过在其他方面与以上有异。具体来看,暂未获奖教师的课程领导认同力显著高于校级获奖、市级获奖教师;县(区)级获奖教师的课程领导认同力显著低于暂未获奖、校级获奖、市级获奖、省级获奖教师。

在教师课程领导力总体水平上,国家级获奖教师的课程领导力总体水平显著高于所有其他级别获奖的教师;省级获奖教师的课程领导力总体水平显著高于除"国家级获奖"教师以外的所有其他级别获奖的教师;市级获奖教师显著高于校级获奖、县(区)级获奖教师;县(区)级获奖教师的课程领导总体力显著高于暂未获奖教师。

综合上述结果,出现各项差异的可能解释是,荣获国家级奖项的教师必定已在本领域深耕数载,拥有丰富的教育教学经验,并能获得同行的一致认可,被视为该领域的专家与佼佼者。因而,这些教师通常具备较高水平的教师课程领导力,能引领同侪教师在该领域得到更好的发展。

(八)学科差异:单学科教师课程领导力全面优于多学科教师

为探究任教学科情况对中小学教师课程领导力的影响,本书对所得数据进行独立样本 t 检验,结果见表 4-23。

表 4-23 任教学科的独立样本 t 检验结果

变量	任教学科	n	$M(SD)$	t	p
教师课程领导认知力	单学科	15 711	3.84(0.64)	6.31	0.000
	多学科	3 810	3.77(0.62)		
教师课程领导实践力	单学科	15 711	3.77(0.60)	6.40	0.000
	多学科	3 810	3.70(0.57)		
教师课程领导认同力	单学科	15 711	3.72(0.65)	5.00	0.000
	多学科	3 810	3.66(0.63)		
教师课程领导力总体	单学科	15 711	3.78(0.58)	6.52	0.000
	多学科	3 810	3.71(0.56)		

结果表明，教授单学科的教师与兼任多学科的教师在课程领导力总体以及课程领导认知力、实践力、认同力三个维度上均存在显著差异（$p<0.001$），且教授单学科教师的课程领导力得分均高于兼任多学科的教师。这表明，教师的课程领导力不会随任教学科数量的增加而提升，相反，教授单学科的教师可能因其更加专注于某一课程的理解、设计、实施与评价，从而能够更充分地发挥自身的课程领导力，进而成为这一学科领域的专家。

（九）职务差异：有职务教师课程领导实践力与总体水平更优

为了解职务这一变量对中小学教师课程领导力的影响，本书对所得数据进行独立样本 t 检验，结果见表 4-24。

表 4-24 职务的独立样本 t 检验结果

变量	职务	n	M（SD）	t	p
教师课程领导认知力	有职务	12 941	3.83（0.64）	0.63	0.525
	无职务	6 580	3.83（0.63）		
教师课程领导实践力	有职务	12 941	3.77（0.60）	3.37	0.001
	无职务	6 580	3.74（0.60）		
教师课程领导认同力	有职务	12 941	3.71（0.65）	0.38	0.704
	无职务	6 580	3.71（0.65）		
教师课程领导力总体	有职务	12 941	3.77（0.58）	2.58	0.010
	无职务	6 580	3.75（0.58）		

结果显示，有职务的教师与无职务的教师在课程领导实践力维度存在显著差异，有职务的教师得分高于无职务的教师。在教师课程领导认知力与认同力这两个维度上，双方的得分没有显著差异。从总体水平来看，有职务的教师和无职务的教师的课程领导力差异显著，有职务的教师的课程领导力水平相对更高。

二、教师课程领导力的学校背景差异分析

（一）省际差异：不同省份教师课程领导力存在显著差异

为探究中小学教师课程领导力的省际差异，本书对调查数据进行了单因素方差分析，结果见表 4-25。

第四章 教师课程领导力总体水平、群体差异与影响因素的实证调查

表 4-25　教师课程领导力的省际差异

省份	n	教师课程领导认知力	教师课程领导实践力	教师课程领导认同力	教师课程领导力总体
四川	7168	3.80（0.64）	3.72（0.60）	3.67（0.64）	3.73（0.58）
湖北	2230	3.94（0.62）	3.85（0.58）	3.79（0.65）	3.86（0.57）
广西	2024	3.69（0.61）	3.64（0.55）	3.60（0.61）	3.64（0.53）
山东	1151	4.00（0.66）	3.93（0.64）	3.88（0.67）	3.93（0.61）
山西	1116	3.90（0.66）	3.84（0.61）	3.78（0.67）	3.84（0.60）
湖南	895	3.76（0.60）	3.70（0.57）	3.67（0.63）	3.71（0.55）
北京	702	3.86（0.62）	3.83（0.57）	3.72（0.64）	3.82（0.56）
宁夏	583	3.74（0.57）	3.72（0.54）	3.65（0.63）	3.71（0.52）
广东	532	3.84（0.65）	3.79（0.61）	3.72（0.65）	3.79（0.59）
浙江	497	3.87（0.61）	3.79（0.58）	3.71（0.61）	3.80（0.56）
新疆	480	3.75（0.62）	3.70（0.60）	3.66（0.62）	3.70（0.56）
江苏	456	3.91（0.61）	3.85（0.57）	3.79（0.64）	3.86（0.56）
贵州	398	3.78（0.59）	3.72（0.54）	3.71（0.60）	3.73（0.52）
重庆	333	4.05（0.67）	3.92（0.65）	3.91（0.70）	3.94（0.63）
河北	237	3.82（0.59）	3.75（0.56）	3.71（0.60）	3.76（0.54）
河南	205	3.71（0.64）	3.58（0.59）	3.63（0.58）	3.61（0.56）
安徽	149	3.71（0.62）	3.60（0.56）	3.62（0.62）	3.62（0.54）
上海	135	4.12（0.77）	4.09（0.70）	3.98（0.81）	4.08（0.70）
内蒙古	126	3.87（0.66）	3.84（0.64）	3.82（0.71）	3.84（0.64）
青海	104	3.70（0.60）	3.63（0.59）	3.64（0.61）	3.64（0.56）
F	—	20.51	22.16	16.58	22.97
p	—	0.000	0.000	0.000	0.000

注：括号外为平均数，括号内为标准差

单因素方差分析结果表明，全国 20 个省份的教师在课程领导力总体水平上存在显著差异（$p<0.001$），这种差异也广泛存在于教师课程领导认知力、教师课程领导实践力、教师课程领导认同力三个维度上。具体而言，通过数据可见，在东、中、西部三个地区中，上海、山东等东部地区的教师课程领导力较高。

东部沿海地区教育资源丰富，教育经费投入大，薪酬待遇丰厚，教师得以依托此优势促进自身的专业发展。相较而言，西部地区的教育相对落后，教育经费投入相对不足，教学条件相对落后，教师幸福感相对较低，导致教师更关注自身生存而非课程教学与学生的成长，因而，其教师课程领导力也相对较低。

（二）民族区位差异：民族与非民族地区教师在课程领导认知力上存在显著差异

为探究中小学教师课程领导力的民族区位差异，对调查数据进行了独立样本 t 检验，结果见表 4-26。

表 4-26　教师课程领导力的民族区位差异

测评维度	区位	n	M（SD）	t	p
教师课程领导认知力	民族	6 263	3.81（0.63）	2.46	0.014
	非民族	13 258	3.84（0.64）		
教师课程领导实践力	民族	6 263	3.75（0.58）	−0.96	0.339
	非民族	13 258	3.76（0.60）		
教师课程领导认同力	民族	6 263	3.71（0.64）	0.54	0.588
	非民族	13 258	3.71（0.65）		
教师课程领导力总体	民族	6 263	3.76（0.57）	−1.06	0.288
	非民族	13 258	3.77（0.58）		

结果显示，民族与非民族地区教师在课程领导认知力上存在显著差异（$p<0.05$），而在课程领导力总体水平以及课程领导力实践力、课程领导力认同力维度上的得分没有显著差异，意味着其教师课程领导力水平大致相当。

（三）城乡区位差异：城镇教师的课程领导力在总体与各维度上均显著高于乡村教师

为探究学校所在城乡区位对中小学教师课程领导力的影响，对所得数据进行单因素方差分析，结果见表 4-27。通过对位于中心城区、远郊城区、镇、乡村四个不同区位的教师的相关数据进行分析，发现不同区位的教师在课程领导认知力、课程领导实践力、课程领导认同力三个维度上差异显著（$p<0.001$），在课程领导力总体水平上差异显著。

表 4-27　教师课程领导力的城乡区位差异

测评维度	城乡区位	n	M（SD）	F	p	事后多重比较
教师课程领导认知力	中心城区	9087	3.90（0.65）	76.80	0.000	1>2,3,4 2>3,4
	远郊城区	3163	3.82（0.64）			
	镇	4305	3.76（0.60）			
	乡村	2966	3.73（0.62）			

续表

测评维度	城乡区位	n	M（SD）	F	p	事后多重比较
教师课程领导实践力	中心城区	9087	3.84（0.61）	112.21	0.000	1>2,3,4 2>3,4
	远郊城区	3163	3.76（0.59）			
	镇	4305	3.67（0.57）			
	乡村	2966	3.66（0.57）			
教师课程领导认同力	中心城区	9087	3.76（0.66）	45.83	0.000	1>2,3,4 2>3,4
	远郊城区	3163	3.70（0.65）			
	镇	4305	3.65（0.63）			
	乡村	2966	3.63（0.63）			
教师课程领导力总体	中心城区	9087	3.84（0.59）	104.70	0.000	1>2,3,4 2>3,4
	远郊城区	3163	3.76（0.57）			
	镇	4305	3.68（0.55）			
	乡村	2966	3.67（0.55）			

注：1～4分别代表学校所在区位为中心城区、远郊城区、镇、乡村

四个区域的教师在课程领导力各维度上的多重比较结果高度一致，即"中心城区"学校的教师与"远郊城区""镇""乡村"学校的教师之间、"远郊城区"学校的教师与"镇""乡村"学校的教师之间的课程领导认知力、课程领导实践力、课程领导认同力以及课程领导力总体水平的差异显著。平均数差异值表明，位于"中心城区"学校教师的课程领导力在四个区域中最佳，"远郊城区"次之。这一结果说明，城市区位能够为教师带来明显的课程领导力优势。

（四）学校性质差异：民办学校教师课程领导力在总体和分维度上表现更佳

为探究中小学教师课程领导力的学校性质差异，对调查数据进行了独立样本 t 检验，结果如表4-28所示。

表4-28 学校性质的独立样本 t 检验结果

测评维度	学校性质	n	M（SD）	t	p
教师课程领导认知力	公办	18 728	3.82（0.63）	-5.27	0.000
	民办	793	3.95（0.68）		
教师课程领导实践力	公办	18 728	3.75（0.59）	-6.89	0.000
	民办	793	3.91（0.65）		

续表

测评维度	学校性质	n	M（SD）	t	p
教师课程领导认同力	公办	18 728	3.70（0.64）	-4.95	0.000
	民办	793	3.82（0.69）		
教师课程领导力总体	公办	18 728	3.76（0.57）	-6.55	0.000
	民办	793	3.91（0.63）		

结果表明，公办学校教师和民办学校教师在课程领导认知力、课程领导实践力、课程领导认同力以及课程领导力总体水平上均存在显著差异（$p<0.001$），且民办学校教师的平均得分均高于公办学校教师。

（五）学校排名差异：优质校教师课程领导力整体优于其他水平校教师

为探究学校排名对中小学教师课程领导力的影响，对所得数据进行单因素方差分析，结果如表4-29所示。

表4-29　教师课程领导力的学校排名差异

测评维度	学校排名	n	M（SD）	F	p	事后多重比较
教师课程领导认知力	中等及以下	5 256	3.73（0.62）	149.07	0.000	1<2<3
	中上	10 868	3.83（0.61）			
	最好	3 397	3.99（0.69）			
教师课程领导实践力	中等及以下	5 256	3.63（0.58）	253.24	0.000	1<2<3
	中上	10 868	3.77（0.57）			
	最好	3 397	3.93（0.65）			
教师课程领导认同力	中等及以下	5 256	3.63（0.63）	96.67	0.000	1<2<3
	中上	10 868	3.71（0.63）			
	最好	3 397	3.83（0.69）			
教师课程领导力总体	中等及以下	5 256	3.65（0.56）	229.30	0.000	1<2<3
	中上	10 868	3.77（0.55）			
	最好	3 397	3.93（0.62）			

注：1~3分别代表办学质量中等及以下、中上、最好。

表4-29中的单因素方差分析结果表明，处于不同办学质量水平的学校教师在课程领导认知力、课程领导实践力、课程领导认同力以及课程领导力总体水平上

均存在显著差异（$p<0.001$）。并且办学质量"最好"的学校教师的课程领导认知力、实践力、认同力与总体水平在三者之中为最高，办学质量"中上"的学校教师次之，"中等及以下"水平的学校教师为最低。这在一定程度上说明学校办学质量水平越高，教师的课程领导认知力越强。

（六）学段差异：小学教师的课程领导力总体与各维度水平最高

为探究任教学段对中小学教师课程领导力的影响，笔者对所得数据进行单因素方差分析，结果如表 4-30 所示。

表 4-30　教师课程领导力的任教学段差异

测评维度	任教学段	n	$M(SD)$	F	p	事后多重比较
教师课程领导认知力	小学	11 268	3.84（0.64）	4.59	0.010	1>2
	初中	5 385	3.81（0.63）			
	高中	2 868	3.82（0.63）			
教师课程领导实践力	小学	11 268	3.79（0.60）	40.89	0.000	1>2>3
	初中	5 385	3.73（0.58）			
	高中	2 868	3.70（0.59）			
教师课程领导认同力	小学	11 268	3.73（0.65）	12.56	0.000	1>2>3
	初中	5 385	3.69（0.64）			
	高中	2 868	3.67（0.64）			
教师课程领导力总体	小学	11 268	3.79（0.58）	29.64	0.000	1>2,3
	初中	5 385	3.74（0.57）			
	高中	2 868	3.71（0.57）			

注：1～3 分别代表任教学段为小学、初中、高中

单因素方差分析结果表明，在教师课程领导认知力、教师课程领导实践力、教师课程领导认同力三个维度与教师课程领导力总体上，不同任教学段的教师之间均存在显著差异（$p<0.05$）。

多重比较结果表明，在教师课程领导认知力方面，"小学"与"初中"教师存在显著差异，而"小学"教师与"高中"教师，以及"初中"教师与"高中"教师之间均没有显著差异。通过平均数差值比较来看，小学教师的教师课程领导认知力最佳。

在教师课程领导实践力方面，"小学"教师与"初中"、"高中"教师之间，

"初中"教师与"高中"教师之间的差异显著,且在三个任教学段的教师中,小学教师的课程领导实践力优于初中教师,初中教师优于高中教师,表明教师的课程领导力并未随着任教学段的升高而提升。

教师课程领导认同力的多重比较结果与教师课程领导实践力的结果基本一致,即"小学"教师与"初中"、"高中"教师之间,"初中"教师与"高中"教师之间存在显著差异。基于各群组之间的平均数差异进行分析,教师课程领导实践力根据任教学段由高到低排序依次为"小学>初中>高中"。

在教师课程领导力总体方面,小学教师与初中、高中教师的课程领导力总体水平差异显著（$p<0.001$）,小学教师的课程领导力总体水平最突出。

第四节 教师课程领导力影响因素探寻:基于场动力视角

根据场动力理论模型与研究假设,核心素养视域下教师课程领导力同时受教师个体场域因素和学校场域因素的影响,其中教师个体场域因素包含专业水平、领导意愿、信任品质、自我效能感、自我规划及管理能力、人际交往能力6个变量。这里的专业水平是哑变量,以教师迄今所获得的最高级别的教育教学奖励等级为代表,以暂未获得奖励教师为参照组;余下5个均为定量变量。学校场域因素包含学校共同愿景、学校文化氛围、教师共同体、学校组织结构、校长对教师的支持、校长与教师的沟通、校长对教师的奖励、校长对教师的赋权8个变量,均为定量变量。本部分将以这些变量作为解释变量,重点探索其对教师课程领导力的影响。此外,教师的性别、教龄、最高学历、师范背景、多学科背景、职务、职称、城乡区位、民族区位、学校性质、学校办学质量、任教学段等人口统计学变量作为控制变量进入模型。

此外,根据差异性分析结果,教师课程领导力在多个人口统计学变量上存在显著差异,因此,本部分在从总体层面探索影响教师课程领导力的核心解释变量的基础上,进一步比较不同省份和城乡区位、不同任教学段、不同学校性质与不同性别教师的课程领导力水平影响因素的特殊情况,以为制定更为精准的改进对策提供更多经验性证据。

第四章
教师课程领导力总体水平、群体差异与影响因素的实证调查

一、模型设定与变量定义

使用阶层线性回归模型分析核心素养背景下的教师课程领导力影响因素。以矩阵形式表示的具体计量经济学回归模型为

$$Y = \beta_{个体}^{T} X_{个体} + \beta_{学校}^{T} X_{学校} + \beta_{控制}^{T} X_{控制}$$

其中，Y 代表被解释变量中小学教师课程领导力，代表教师课程领导认知力、教师课程领导实践力、教师课程领导认同力3个变量的整体水平。根据勒温的场动力理论，教师个人的动力对其课程领导力的发挥与发展是最重要的，其次才是环境的影响，因此，在阶层线性回归模型中，首先投入的是个体场域变量，其次再加入学校场域变量。在上面的方程表达式中，$X_{个体}$ 代表个体场域这一核心解释变量，由专业水平、领导意愿、信任品质、自我效能感、自我规划及管理能力、人际交往能力6个子变量的整体解释水平所反映。$X_{学校}$ 代表另一个核心解释变量——学校场域，由学校共同愿景、学校文化氛围、教师共同体、学校组织结构、校长对教师的支持、校长与教师的沟通、校长对教师的赋权、校长对教师的奖励8个子变量的整体解释水平所反映。$X_{控制}$ 代表控制变量，包含性别、教龄、城乡区位、民族区位、学校性质、学校排名、任教学段、职称、师范背景、学科背景、职务背景和最高学历。T表示转置，β 表示回归系数。

二、教师课程领导力影响因素的总体性分析

运用阶层回归分析得到3个模型（表4-31）。模型1为仅投入控制变量的情况，模型解释力为3.8%。模型2为在控制相关干扰变量的基础上加入教师个体场域因素的情况，模型解释力为70.5%，获得显著提升。模型3在模型2的基础上增加了学校场域因素的变量，模型解释力升至72.8%。可见，教师课程领导力的运用与发展确实受到了教师个体与学校场域因素的综合影响。下面将对个体场域因素以及教师自身与学校场域因素对教师课程领导力的综合影响展开说明。

表4-31 全国层面教师课程领导力影响因素回归结果

	解释变量	模型1	模型2	模型3
控制变量	性别-男性	0.001（0.281）	−0.011**（0.157）	−0.011**（0.151）
	最高学历-大学专科以下	−0.004（1.829）	−0.007（1.013）	−0.008*（0.974）
	最高学历-大学专科	−0.033***（0.362）	−0.015***（0.202）	−0.014***（0.194）
	最高学历-大学本科以上	0.011（0.498）	−0.001（0.276）	0.001（0.266）
	师范背景-有师范背景	0.002（0.342）	−0.001（0.190）	0.002（0.182）

续表

	解释变量	模型1	模型2	模型3
控制变量	教龄-6~10年	-0.017（0.429）	-0.004（0.241）	-0.004（0.232）
	教龄-11~15年	0.000（0.496）	0.006（0.279）	0.005（0.268）
	教龄-16~20年	0.000（0.538）	0.012*（0.302）	0.012*（0.290）
	教龄-21年及以上	-0.020（0.507）	0.031***（0.285）	0.035***（0.274）
	学校城乡区位-农村	-0.042***（0.348）	-0.019***（0.193）	-0.016***（0.186）
	学校民族区位-民族地区	-0.003（0.254）	-0.003（0.141）	-0.001（0.136）
	学校性质-公办	-0.022**（0.610）	-0.007（0.338）	-0.008*（0.326）
	任教学段-初中	-0.048***（0.290）	-0.028***（0.161）	-0.020***（0.155）
	任教学段-高中	-0.070***（0.387）	-0.032***（0.216）	-0.015***（0.209）
	学校排名-中等及以下	-0.196***（0.370）	-0.048***（0.208）	-0.020***（0.202）
	学校排名-中上	-0.128***（0.328）	-0.033***（0.183）	-0.018***（0.176）
	任教学科-多学科	-0.040***（0.317）	-0.013***（0.176）	-0.009*（0.169）
	职务-有职务	0.020**（0.255）	0.004（0.142）	0.002（0.137）
	职称-三级教师	-0.011（0.824）	0.001（0.461）	0.004（0.444）
	职称-二级教师	-0.069***（0.426）	-0.008（0.257）	-0.001（0.247）
	职称-一级教师	-0.062***（0.533）	-0.016（0.317）	-0.006（0.305）
	职称-高级教师	-0.022（0.640）	-0.020*（0.376）	-0.010（0.362）
	职称-正高级教师	0.031***（3.005）	0.003（1.675）	0.002（1.610）
教师个体场域因素	专业水平-校级获奖		0.005（0.286）	0.005（0.275）
	专业水平-县（区）级获奖		0.006（0.256）	0.008（0.246）
	专业水平-市级获奖		0.019**（0.273）	0.022**（0.262）
	专业水平-省级获奖		0.008（0.313）	0.011*（0.301）
	专业水平-国家级获奖		0.028***（0.331）	0.031***（0.319）
	领导意愿		0.282***（0.100）	0.273***（0.098）
	信任品质		0.202***（0.151）	0.160***（0.149）
	教师自我效能感		0.108***（0.165）	0.083***（0.160）
	教师自我规划及管理能力		0.131***（0.156）	0.093***（0.152）
	教师人际交往能力		0.272***（0.149）	0.152***（0.163）
学校场域因素	学校共同愿景			0.135***（0.184）
	学校文化氛围			0.017（0.202）
	教师共同体			0.046***（0.175）

续表

解释变量		模型1	模型2	模型3
学校场域因素	学校组织结构			−0.027***（0.175）
	校长对教师的支持			0.000（0.204）
	校长与教师的沟通			0.047***（0.186）
	校长对教师的赋权			0.056***（0.155）
	校长对教师的奖励			0.016*（0.146）
调整后 R^2		0.038	0.705	0.728

注：*$p<0.05$，**$p<0.01$，***$p<0.001$；括号外为标准化系数，括号内为标准误

（一）个体场域因素对教师课程领导力的显著正向影响

如模型2所示，在控制性别、最高学历、师范背景、教龄、学校城乡区位与民族区位、学校性质、任教学段、学校排名、任教学科、职务、职称的情况下，反映教师个体场域因素的6个变量共同解释了教师课程领导力70.5%的变异量，并且，每个变量都对教师课程领导力构成显著正向影响。其中，领导意愿具有最高的解释力（$\beta=0.282$，$p<0.001$），说明教师的领导意愿水平最能够预测其课程领导力水平，同时其标准化回归系数β为正，表明教师的课程领导意愿越强烈，教师的课程领导力水平则越高。余下按照解释力由高到低依次为人际交往能力、信任品质、自我规划及管理能力、自我效能感以及专业水平。由于专业水平属于哑变量，对其解释力的报告需要以参照组为参考。专业水平变量被设定的参照组为"暂未获得"奖励的教师，根据显著性水平与标准化回归系数，与暂未获得奖励的教师相比，获市级与国家级奖励的教师的课程领导力水平更高，而其余获奖水平［校级、县（区）级、省级］的教师的课程领导力水平与暂未获得奖励的教师并无显著差异。

（二）个体场域因素与学校场域因素对教师课程领导力的综合影响

如模型3所示，在控制干扰变量的情况下，反映教师个体场域因素的6个变量与反映学校场域因素的8个变量共同解释了教师课程领导力72.8%的变异量，表明加入学校场域因素后，模型解释力提高了2.3%。

在学校方面，投入的8个变量中，仅有6个因素达到显著性水平，即学校共同愿景、教师共同体、学校组织结构、校长与教师的沟通、校长对教师的赋权以及校长对教师的奖励。其中，学校共同愿景的解释力最强，标准化回归系数为0.135（$p<0.001$），余下依次为校长对教师的赋权、校长与教师的沟通、教师共同

体、学校组织结构、校长对教师的奖励。从预测方向来看，学校组织结构对教师课程领导力的影响为负，其余均为正。这表明，办学理念、培养目标与课程目标三者之间高度契合，对于教师课程领导力的发展尤为重要。此外，校长对教师的课程赋权、与教师交流课程改进意见、给予教师适当奖励，以及教师之间互帮互助，都对教师课程领导力的发展产生了显著的正向影响，但学校组织结构，即"管理层在课程决策时会充分吸纳教师的意见"，则对教师课程领导力具有显著负向影响。在教师方面，加入学校场域因素后，教师个体场域因素的所有变量均受到调节，解释力有所下降，例如，教师领导意愿的解释力变为27.3%。不过，教师个体场域因素中绝大多数变量的解释力仍然高于学校场域因素各变量。

三、教师课程领导力影响机制的异质性分析

由教师课程领导力的差异分析可知，当教师被划入不同的群体时，他们之间的差异在很多情况下是不容忽视的，因此笔者进一步假设，对于不同的教师群体，其课程领导力的影响机制也存在差异。为此，本书在总体探索了教师课程领导力的影响因素后，进一步开展教师课程领导力影响机制的异质性分析。

（一）教师课程领导力影响因素：省际差异视角

根据差异性分析可知，不同省份教师的课程领导力水平存在显著差异，据此，本书进一步假设，位于不同省份的教师，其课程领导力的影响因素不尽相同。如果该假设成立，在提供对策建议时，就需要酌情考虑省际差异。根据差异性分析，在样本量超过1000的5个省份中，山东、湖北、山西的教师课程领导力水平居于前六，四川居于中段（12位），广西较为靠后（18位），各省份教师课程领导力的水平区分较为鲜明，且以上5个省份分布在中国的东部、中部、西部，具有一定的区位代表性，故在此将分别探索影响这些省份教师课程领导力的具体因素。由表4-32可知，影响山东、湖北、山西、四川、广西5个省份教师课程领导力水平的因素存在差异。

在加入控制变量的情况下，5个省份的教师都会在不同程度上受到教师个体场域因素的影响。从专业水平来看，教师是否获得教育教学奖励对5个省份教师的课程领导力的影响程度不同。在湖北，暂未获得奖励的教师与获得国家级奖励的教师课程领导力达到统计学意义上的显著水平（$p<0.05$）。相对而言，在教师课程领导力总体水平较低的广西，暂未获得奖励的教师与仅获得校级奖励的教师之间呈现出一定的课程领导力差异，后者的课程领导力水平略高。在山东、山西、

第四章 教师课程领导力总体水平、群体差异与影响因素的实证调查

表 4-32 5个省份教师课程领导力影响因素回归结果

解释变量		山东 模型1	山东 模型2	山东 模型3	湖北 模型1	湖北 模型2	湖北 模型3	山西 模型1	山西 模型2	山西 模型3	四川 模型1	四川 模型2	四川 模型3	广西 模型1	广西 模型2	广西 模型3
控制变量	性别-男性	0.002 (0.042)	-0.019 (0.024)	-0.018 (0.023)	-0.041 (0.029)	-0.018 (0.017)	-0.016 (0.017)	-0.048 (0.054)	0.015 (0.028)	0.014 (0.027)	0.052*** (0.016)	-0.002 (0.009)	-0.006 (0.008)	-0.044 (0.027)	-0.015 (0.016)	-0.012 (0.016)
	最高学历-大学专科以下	0.002 (0.428)	0.004 (0.028)	0.004 (0.230)	0.002 (0.320)	0.003 (0.187)	-0.004 (0.179)	-0.028 (0.424)	-0.002 (0.216)	-0.001 (0.207)	-0.013 (0.094)	-0.012* (0.051)	-0.015* (0.049)	0.034 (0.169)	0.000 (0.103)	0.007 (0.100)
	最高学历-大学专科	-0.030 (0.076)	-0.029 (0.043)	-0.022 (0.041)	-0.004 (0.041)	-0.002 (0.025)	-0.002 (0.023)	-0.065* (0.051)	-0.015 (0.026)	-0.009 (0.025)	-0.030* (0.020)	-0.009 (0.011)	-0.010 (0.010)	0.025 (0.035)	0.005 (0.021)	0.005 (0.021)
	最高学历-大学本科以上	-0.011 (0.067)	-0.017 (0.037)	-0.017 (0.036)	-0.022 (0.043)	0.008 (0.025)	0.011 (0.024)	-0.014 (0.089)	-0.002 (0.046)	-0.001 (0.044)	0.006 (0.028)	-0.009 (0.015)	-0.008 (0.014)	-0.032 (0.086)	-0.035* (0.053)	-0.020 (0.051)
	师范背景-有师范背景	0.016 (0.050)	-0.012 (0.028)	-0.011 (0.027)	-0.015 (0.030)	0.000 (0.017)	0.002 (0.017)	0.026 (0.054)	0.005 (0.027)	0.004 (0.026)	-0.021 (0.022)	-0.008 (0.012)	-0.006 (0.011)	0.076** (0.037)	0.025 (0.023)	0.027* (0.022)
	教龄-6~10年	0.014 (0.061)	0.003 (0.035)	-0.011 (0.034)	0.020 (0.042)	0.016 (0.025)	0.009 (0.024)	0.061 (0.081)	0.010 (0.042)	0.012 (0.040)	-0.035* (0.024)	-0.010 (0.013)	-0.009 (0.013)	-0.095** (0.049)	-0.042* (0.030)	-0.039* (0.029)
	教龄-11~15年	-0.015 (0.072)	0.022 (0.042)	0.015 (0.041)	-0.011 (0.052)	0.017 (0.031)	0.019 (0.029)	0.021 (0.072)	0.008 (0.038)	0.016 (0.037)	-0.003 (0.028)	-0.001 (0.015)	-0.001 (0.015)	-0.091** (0.054)	-0.019 (0.033)	-0.021 (0.032)
	教龄-16~20年	0.045 (0.077)	0.029 (0.046)	0.027 (0.044)	0.016 (0.060)	0.006 (0.035)	0.005 (0.034)	0.008 (0.081)	0.015 (0.043)	0.023 (0.042)	-0.036* (0.030)	0.013 (0.016)	0.014 (0.016)	-0.092** (0.059)	-0.024 (0.036)	-0.025 (0.035)
	教龄-21年及以上	-0.002 (0.074)	0.035 (0.044)	0.035 (0.042)	-0.018 (0.053)	0.34 (0.032)	0.036 (0.030)	0.041 (0.076)	0.024 (0.041)	0.042 (0.039)	-0.101*** (0.029)	0.010 (0.016)	0.022 (0.015)	-0.098 (0.056)	-0.005 (0.035)	-0.015 (0.033)
	学校城乡区位-农村	-0.090** (0.055)	-0.055** (0.031)	-0.044* (0.030)	-0.032 (0.068)	-0.019 (0.040)	-0.015 (0.038)	-0.009 (0.043)	-0.020 (0.022)	-0.016 (0.021)	-0.054*** (0.021)	-0.025** (0.012)	-0.023** (0.011)	-0.071** (0.031)	-0.009 (0.019)	-0.006 (0.018)
	学校民族区位-民族地区	0.050 (0.046)	0.011 (0.025)	0.019 (0.025)	0.023 (0.025)	-0.006 (0.014)	-0.004 (0.014)	0.072 (0.043)	0.018 (0.022)	0.013 (0.021)	0.004 (0.019)	0.004 (0.010)	0.006 (0.010)	0.018*** (0.032)	0.007 (0.017)	0.011 (0.016)
	学校性质-公办	-0.068* (0.070)	-0.006 (0.040)	0.001 (0.039)	-0.045* (0.054)	-0.017 (0.032)	-0.023 (0.031)	-0.015 (0.212)	0.002 (0.109)	-0.006 (0.105)	-0.025*** (0.032)	-0.013* (0.017)	-0.014* (0.017)	0.039 (0.109)	0.008 (0.067)	0.007 (0.065)
	任教学段-初中	-0.044 (0.045)	-0.037 (0.025)	-0.021 (0.024)	-0.055** (0.031)	-0.041** (0.018)	-0.036** (0.017)	0.077** (0.062)	0.003 (0.032)	0.08 (0.031)	-0.052*** (0.017)	-0.028*** (0.009)	-0.018*** (0.009)	0.108*** (0.032)	0.048** (0.020)	0.055*** (0.019)
	任教学段-高中	-0.008 (0.066)	0.019 (0.037)	0.027 (0.036)	-0.116*** (0.044)	-0.061*** (0.026)	-0.044*** (0.025)	-0.084 (0.114)	-0.065** (0.060)	-0.053** (0.058)	-0.052*** (0.022)	-0.024** (0.012)	-0.005 (0.011)	0.054 (0.038)	0.042* (0.023)	0.061*** (0.023)

续表

解释变量		山东 模型1	山东 模型2	山东 模型3	湖北 模型1	湖北 模型2	湖北 模型3	山西 模型1	山西 模型2	山西 模型3	四川 模型1	四川 模型2	四川 模型3	广西 模型1	广西 模型2	广西 模型3
	学校排名-中等及以下	-0.117** (0.058)	-0.056** (0.033)	-0.035 (0.032)	-0.216*** (0.036)	-0.049** (0.021)	-0.009 (0.021)	-0.136** (0.065)	-0.022 (0.034)	0.020 (0.033)	-0.211*** (0.022)	-0.058 (0.102)	-0.033*** (0.011)	-0.124*** (0.040)	-0.044* (0.024)	-0.039* (0.024)
	学校排名-中上	-0.031 (0.042)	-0.033 (0.023)	-0.023 (0.023)	-0.171*** (0.030)	-0.064*** (0.018)	-0.048** (0.017)	-0.100* (0.061)	-0.029 (0.031)	-0.002 (0.030)	-0.128*** (0.019)	-0.028** (0.010)	-0.015 (0.010)	-0.078* (0.034)	-0.009 (0.021)	-0.005 (0.020)
	任教学科-多学科	0.043 (0.061)	0.005 (0.034)	0.011 (0.033)	-0.043* (0.032)	-0.015 (0.019)	-0.012 (0.018)	-0.014 (0.044)	0.007 (0.023)	0.001 (0.022)	-0.061*** (0.017)	-0.025*** (0.009)	-0.016* (0.009)	0.037 (0.040)	0.029 (0.024)	0.028 (0.024)
	职务-有职务	0.064* (0.041)	0.047* (0.023)	0.036* (0.023)	0.046* (0.026)	0.018 (0.015)	0.015 (0.015)	0.057 (0.040)	0.006 (0.021)	0.014 (0.020)	0.006 (0.014)	-0.005 (0.008)	-0.007 (0.008)	0.027 (0.025)	0.016 (0.015)	0.012 (0.015)
控制变量	职称-三级教师	-0.067* (0.133)	-0.017 (0.074)	-0.011 (0.072)	-0.043 (0.077)	-0.003 (0.047)	-0.003 (0.045)	-0.040 (0.113)	-0.011 (0.059)	0.001 (0.057)	0.018 (0.044)	0.013 (0.024)	0.017* (0.023)	0.008 (0.145)	-0.011 (0.089)	-0.012 (0.086)
	职称-二级教师	-1.46** (0.066)	-0.055 (0.040)	-0.041 (0.038)	-0.026 (0.042)	-0.003 (0.028)	0.009 (0.027)	-0.105* (0.062)	-0.010 (0.035)	0.010 (0.034)	-0.039 (0.025)	0.011 (0.015)	0.020 (0.024)	-0.007 (0.046)	0.003 (0.031)	0.003 (0.030)
	职称-一级教师	-0.085 (0.084)	-0.034 (0.050)	-0.021 (0.048)	0.044 (0.053)	-0.001 (0.034)	0.012 (0.033)	-0.115 (0.077)	-0.009 (0.043)	0.007 (0.041)	-0.010 (0.031)	0.014 (0.018)	0.023 (0.017)	0.014 (0.060)	-0.031 (0.039)	-0.019 (0.038)
	职称-高级教师	-0.059 (0.106)	-0.037 (0.061)	-0.028 (0.059)	0.089* (0.065)	0.015 (0.040)	0.030 (0.039)	-0.032 (0.125)	0.007 (0.066)	0.001 (0.064)	0.022 (0.037)	0.009 (0.021)	0.015 (0.020)	0.032 (0.069)	-0.036 (0.045)	-0.013 (0.044)
	职称-正高级教师	0.028 (0.302)	0.013 (0.024)	0.010 (0.196)	0.045* (0.282)	0.007 (0.166)	0.008 (0.159)	—	—	—	0.031** (0.182)	0.004 (0.098)	0.004 (0.095)	0.007 (0.527)	0.005 (0.323)	0.010 (0.312)
	专业水平-校级获奖		-0.029 (0.041)	-0.019 (0.040)		0.005 (0.032)	0.010 (0.031)		-0.020 (0.039)	-0.027 (0.037)		0.003 (0.017)	0.001 (0.016)		0.036* (0.035)	0.033* (0.034)
	专业水平-县（区）级获奖		-0.006 (0.037)	0.002 (0.036)		0.011 (0.031)	0.018 (0.029)		-0.004 (0.036)	-0.022 (0.035)		0.010 (0.015)	0.008 (0.015)		0.043 (0.030)	0.049* (0.029)
教师个体场域因素	专业水平-市级获奖		-0.028 (0.040)	-0.009 (0.039)		0.037 (0.031)	0.042 (0.030)		0.006 (0.037)	-0.001 (0.036)		0.014 (0.016)	0.013 (0.016)		0.043 (0.030)	0.052 (0.029)
	专业水平-省级获奖		-0.013 (0.044)	-0.012 (0.043)		-0.010 (0.033)	0.002 (0.032)		0.006 (0.042)	0.003 (0.040)		0.017 (0.020)	0.019* (0.019)		0.026 (0.036)	0.030 (0.035)
	专业水平-国家级获奖		0.004 (0.069)	0.002 (0.066)		0.047* (0.034)	0.050* (0.033)		0.004 (0.053)	-0.001 (0.051)		0.029 (0.019)	0.029** (0.019)		0.050* (0.038)	0.054** (0.037)

续表

		山东			湖北			山西			四川			广西		
解释变量		模型1	模型2	模型3	模型1	模型2	模型3	模型1	模型2	模型3	模型1	模型2	模型3	模型1	模型2	模型3
教师个体场域因素	领导意愿		0.236***(0.015)	0.238***(0.014)		0.281***(0.010)	0.275***(0.010)		0.245***(0.015)	0.233***(0.015)		0.296***(0.006)	0.288***(0.006)		0.311***(0.010)	0.291***(0.010)
	信任品质		0.222***(0.025)	0.172***(0.025)		0.193***(0.015)	0.153***(0.015)		0.303***(0.023)	0.231***(0.024)		0.203***(0.008)	0.164***(0.008)		0.178***(0.015)	0.142***(0.015)
	教师自我效能感		0.074*(0.027)	0.060(0.026)		0.104***(0.107)	0.082***(0.016)		0.067**(0.025)	0.036(0.024)		0.121***(0.009)	0.097***(0.009)		0.124***(0.017)	0.102***(0.017)
	教师自我规划及管理能力		0.161***(0.025)	0.104***(0.025)		0.097***(0.016)	0.060**(0.016)		0.151***(0.023)	0.108***(0.022)		0.133***(0.009)	0.099***(0.009)		0.091***(0.017)	0.055***(0.017)
	教师人际交往能力		0.285***(0.025)	0.193***(0.027)		0.304***(0.015)	0.174***(0.016)		0.234***(0.023)	0.148***(0.024)		0.249***(0.008)	0.140***(0.009)		0.283***(0.016)	0.157***(0.017)
学校场域因素	学校共同愿景			0.030(0.030)			0.148***(0.018)			0.132***(0.026)			0.112***(0.011)			0.159***(0.020)
	学校文化氛围			0.037(0.035)			0.030(0.021)			-0.015(0.032)			0.019*(0.011)			0.000(0.021)
	教师共同体			0.022(0.028)			-0.026(0.019)			0.037(0.026)			0.043***(0.010)			0.033(0.019)
	学校组织结构			0.023(0.029)			-0.004(0.018)			-0.022(0.026)			-0.025(0.010)			-0.014(0.019)
	校长对教师的支持			-0.012(0.036)			-0.065*(0.020)			0.106**(0.031)			0.008(0.012)			0.015(0.021)
	校长与教师的沟通			0.105*(0.035)			0.093***(0.020)			0.045(0.029)			0.040**(0.011)			0.013(0.018)
	校长对教师的赋权			0.025(0.023)			0.067***(0.015)			0.047(0.021)			0.062***(0.009)			0.059**(0.016)
	校长对教师的奖励			0.049(0.018)			0.005(0.016)			-0.038(0.021)			0.004(0.009)			0.037(0.014)
调整后 R^2		0.035	0.702	0.734	0.053	0.678	0.704	0.022	0.747	0.768	0.050	0.728	0.746	0.027	0.638	0.663

四川3个省份，暂未获得奖励的教师与获得校级及以上奖励的教师之间不存在显著差异。

教师领导意愿、信任品质、自我效能感、自我规划及管理能力、人际交往能力是影响5个省份教师课程领导力的共同因素，分别能够解释70.2%、67.8%、74.7%、72.8%和63.8%的变异量。进一步来看，教师领导意愿、信任品质、人际交往能力对各省份教师课程领导力的解释力最强，且3个因素的标准化回归系数 β 值均为正数，表明其均能够对教师课程领导力产生正向影响，即教师的课程领导意愿越强烈，与同事间的信任关系越稳固，人际交往能力越强，教师的课程领导力水平则越高。

通过5个省份的模型3可见，在模型2的基础上加入学校共同愿景、学校文化氛围、教师共同体等学校场域因素的8个变量后，5个省份的教师课程领导力模型的解释力都得到了不同程度的提高。

具体来看，学校场域因素的8个变量对5个省份教师的课程领导力的影响存在显著差异。在山东，仅有校长教师沟通（$\beta=0.105$）这一预测变量具有显著正向影响，其他预测变量对教师课程领导力均未产生显著影响。在湖北，教师课程领导力主要受学校共同愿景、校长对教师的支持、校长与教师的沟通和校长对教师的赋权的影响。其中，学校共同愿景的解释力最强，标准化回归系数为0.148（$p<0.001$）。在山西，学校共同愿景和校长对教师的支持两个预测变量的影响达到显著，其 β 均为正数，表明学校共同愿景和校长对教师的支持对本省教师的课程领导力能够产生正向影响。在四川，同样是学校共同愿景的解释力最强（$\beta=0.112$），其次分别是校长对教师的赋权、教师共同体、校长与教师的沟通和学校文化氛围，这意味着四川省教师课程领导力在很大程度上受到学校场域因素的影响，而当校长能够主动营造良好的文化氛围，给予教师实施课程领导力的权力空间，并且经常与其开展积极的交流时，教师课程领导力水平会显著提高。在广西，教师课程领导力受到学校共同愿景和校长对教师的赋权的影响，从 β 值来看，这两个因素均产生正向影响。此外，加入学校场域因素后，教师个体场域因素中的多数变量的解释力呈现出下降趋势，例如，山西省教师在人际交往能力这一变量上的解释力由23.4%下降到14.8%，但教师个体场域因素中的各个变量对教师课程领导力仍然具有显著影响。

（二）教师课程领导力影响因素：城乡差异视角

根据差异性分析可知，城乡教师课程领导力水平存在显著差异，据此，本书进一步假设，位于不同城乡区位的教师，其课程领导力的影响因素也不尽相同。

如果该假设成立，在提供对策建议时，就需要酌情考虑城乡差异。在此节，将中心城区、远郊城区、镇合并为城镇变量，以此来比较影响城乡教师课程领导力的具体因素。由表4-33可知，城乡教师课程领导力的影响因素存在显著差异。

表4-33 城乡教师课程领导力影响因素回归结果

	解释变量	城镇 模型1	城镇 模型2	城镇 模型3	乡村 模型1	乡村 模型2	乡村 模型3
控制变量	性别-男性	0.012 （0.011）	−0.011* （0.006）	−0.011* （0.006）	−0.051* （0.023）	−0.013 （0.013）	−0.011 （0.013）
	最高学历-大学专科以下	−0.003 （0.087）	−0.006 （0.048）	−0.007 （0.046）	−0.003 （0.090）	−0.011 （0.052）	−0.013 （0.050）
	最高学历-大学专科	−0.031*** （0.014）	−0.010* （0.008）	−0.010* （0.008）	−0.033 （0.025）	−0.031** （0.014）	−0.029* （0.014）
	最高学历-大学本科以上	0.008 （0.018）	−0.003 （0.010）	−0.001 （0.009）	0.058** （0.087）	0.023* （0.050）	0.026* （0.048）
	师范背景-有师范背景	−0.001 （0.013）	−0.004 （0.007）	−0.002 （0.007）	0.019 （0.029）	0.021 （0.017）	0.022* （0.016）
	教龄-6～10年	−0.021* （0.016）	−0.006 （0.009）	−0.004 （0.009）	0.010 （0.040）	0.003 （0.023）	−0.002 （0.022）
	教龄-11～15年	−0.005 （0.018）	0.006 （0.010）	0.006 （0.010）	0.028 （0.048）	0.004 （0.028）	0.001 （0.027）
	教龄-16～20年	−0.002 （0.020）	0.009 （0.011）	0.011 （0.011）	0.011 （0.051）	0.029* （0.029）	0.022 （0.028）
	教龄-21年及以上	−0.029 （0.019）	0.024** （0.011）	0.029** （0.010）	0.057 （0.045）	0.073** （0.026）	0.075** （0.025）
	学校民族区位-民族地区	−0.005 （0.010）	−0.007 （0.005）	−0.004 （0.005）	0.017 （0.021）	0.016 （0.012）	0.014 （0.012）
	学校性质-公办	−0.025** （0.022）	−0.007 （0.012）	−0.008 （0.012）	0.005 （0.090）	−0.008 （0.051）	−0.011 （0.049）
	任教学段-初中	−0.054*** （0.011）	−0.031*** （0.006）	−0.021*** （0.006）	−0.013 （0.024）	−0.012 （0.013）	−0.014 （0.013）
	任教学段-高中	−0.081*** （0.014）	−0.034*** （0.008）	−0.017** （0.007）	0.019 （0.087）	0.004 （0.049）	0.010 （0.048）
	学校排名-中等及以下	−0.192*** （0.014）	−0.049*** （0.008）	−0.021*** （0.007）	−0.181*** （0.045）	−0.030 （0.026）	−0.008 （0.025）
	学校排名-中上	−0.127*** （0.012）	−0.033*** （0.007）	−0.018*** （0.006）	−0.101* （0.044）	−0.016 （0.025）	−0.002 （0.024）
	任教学科-多学科	−0.046*** （0.013）	−0.011** （0.007）	−0.008 （0.007）	−0.001 （0.022）	−0.011 （0.012）	−0.007 （0.012）
	职务-有职务	0.023** （0.010）	0.006 （0.005）	0.003 （0.005）	0.004 （0.023）	−0.009 （0.013）	−0.009 （0.013）

续表

解释变量		城镇			乡村		
		模型1	模型2	模型3	模型1	模型2	模型3
控制变量	职称-三级教师	−0.009 (0.033)	0.004 (0.018)	0.006 (0.018)	−0.027 (0.057)	−0.017 (0.033)	−0.010 (0.032)
	职称-二级教师	−0.061*** (0.016)	−0.008 (0.010)	−0.001 (0.009)	−0.110*** (0.036)	−0.011 (0.023)	−0.002 (0.022)
	职称-一级教师	−0.046** (0.020)	−0.009 (0.012)	0.001 (0.011)	−0.161*** (0.049)	−0.063* (0.030)	−0.056* (0.029)
	职称-高级教师	−0.011 (0.024)	−0.014 (0.014)	−0.005 (0.014)	−0.089* (0.055)	−0.054* (0.034)	−0.050 (0.033)
	职称-正高级教师	0.035*** (0.106)	0.003 (0.059)	0.002 (0.057)	−0.003 (0.551)	0.003 (0.315)	0.006 (0.303)
教师个体场域因素	专业水平-校级获奖		0.005 (0.011)	0.005 (0.010)		0.009 (0.024)	0.007 (0.023)
	专业水平-县（区）级获奖		0.011 (0.010)	0.012 (0.009)		−0.016 (0.021)	−0.009 (0.021)
	专业水平-市级获奖		0.022** (0.010)	0.023** (0.010)		0.010 (0.024)	0.019 (0.023)
	专业水平-省级获奖		0.009 (0.012)	0.012* (0.011)		0.007 (0.031)	0.014 (0.030)
	专业水平-国家级获奖		0.031*** (0.012)	0.033*** (0.012)		0.012 (0.033)	0.017 (0.032)
	领导意愿		0.279*** (0.004)	0.271*** (0.004)		0.305*** (0.009)	0.290*** (0.009)
	信任品质		0.206*** (0.006)	0.163*** (0.006)		0.183*** (0.013)	0.143*** (0.013)
	教师自我效能感		0.109*** (0.006)	0.084*** (0.006)		0.103*** (0.014)	0.081*** (0.014)
	教师自我规划及管理能力		0.136*** (0.006)	0.100*** (0.006)		0.105*** (0.014)	0.055** (0.014)
	教师人际交往能力		0.267*** (0.006)	0.147*** (0.006)		0.299*** (0.013)	0.177*** (0.014)
学校场域因素	学校共同愿景			0.133*** (0.007)			0.140*** (0.016)
	学校文化氛围			0.016 (0.008)			0.020 (0.016)
	教师共同体			0.046*** (0.007)			0.053** (0.015)
	学校组织结构			−0.028** (0.007)			−0.013 (0.015)

第四章 教师课程领导力总体水平、群体差异与影响因素的实证调查

续表

解释变量		城镇			乡村		
		模型1	模型2	模型3	模型1	模型2	模型3
学校场域因素	校长对教师的支持			−0.005 （0.008）			0.014 （0.017）
	校长与教师的沟通			0.052*** （0.007）			0.015 （0.016）
	校长对教师的赋权			0.056*** （0.006）			0.057** （0.014）
	校长对教师的奖励			0.016* （0.006）			0.021 （0.012）
调整后 R^2		0.037	0.708	0.730	0.018	0.682	0.707

注：括号外为标准化系数，括号内为标准误

表4-33的结果表明，在控制性别、最高学历、师范背景等干扰变量的情况下，教师个体场域因素的6个变量共同解释城镇教师课程领导力70.8%的变异量，共同解释乡村教师课程领导力68.2%的变异量。数据显示，无论城镇教师还是乡村教师，其教师领导意愿、信任品质、自我效能感、自我规划及管理能力、人际交往能力的标准化回归系数均为正且达到显著水平（$p<0.001$），表明这5个预测变量对两类教师的课程领导力均具有显著正向影响。在教师个体场域因素的所有变量中，领导意愿依旧具有最高的解释力，对教师课程领导力的影响最大。

此外，根据专业水平来看，城镇教师群体中，获得市级、国家级奖励的教师课程领导力显著优于暂未获得奖励的教师，而获得校级、县（区）级或省级奖励教师的课程领导力与暂未获得奖励的教师没有显著差异。就乡村教师群体而言，暂未获得奖励的教师与获得其他各获奖的教师均不存在显著差异。

在模型3中，反映教师个体场域因素的6个变量与反映学校场域因素的8个变量共同解释了城镇教师课程领导力73.0%的变异量，共同解释了乡村教师课程领导力70.7%的变异量，表明加入学校场域因素后，城乡教师模型的解释力分别提高了2.2%和2.5%。

在模型3中，加入学校场域因素的8个变量对城镇教师和乡村教师的课程领导力产生了不同程度的影响。从城镇教师群体来看，除学校文化氛围和校长对教师的支持这2个预测变量外，其余6个变量均对教师课程领导力呈现出显著影响，其中学校共同愿景、教师共同体、校长与教师的沟通、校长对教师的赋权、校长对教师的奖励5个变量的 β 值为正，表明这5个变量对城镇教师课程领导力具有正向影响，而学校组织结构（$\beta=-0.028$）的标准化回归系数为负，表明其对

城镇教师课程领导力具有负向影响,即如果学校管理层在课程决策时不能充分吸纳教师的意见,会极大地降低教师课程领导力。对于乡村教师群体,学校共同愿景、教师共同体、校长对教师的赋权是影响教师课程领导力的重要预测变量,其 β 值分别为 0.140、0.053 和 0.057,其对乡村教师课程领导力的影响均为正,而其他变量均没有产生显著影响。加入学校场域因素后反观教师个体场域因素,其对教师课程领导力的影响仍显著($p<0.05$),但解释力有所下降。

(三)教师课程领导力影响因素:学校性质差异视角

根据差异性分析,公办学校与民办学校的教师课程领导力水平存在显著差异,据此本书进一步假设,公办学校与民办学校教师课程领导力的影响因素不尽相同。如果该假设成立,在提供对策建议时,就需要酌情考虑学校性质的差异。由表 4-34 可知,公办学校与民办学校教师课程领导力的影响因素存在显著差异。

表 4-34 公办学校与民办学校教师课程领导力影响因素回归结果

解释变量		公办学校			民办学校		
		模型1	模型2	模型3	模型1	模型2	模型3
控制变量	性别-男性	0.000 (0.010)	-0.011* (0.006)	-0.011** (0.005)	0.034 (0.054)	-0.012 (0.031)	-0.006 (0.030)
	最高学历-大学专科以下	-0.004 (0.063)	-0.007 (0.035)	-0.008* (0.033)	—	—	—
	最高学历-大学专科	-0.034*** (0.013)	-0.015** (0.007)	-0.014** (0.007)	-0.014 (0.092)	-0.029 (0.052)	-0.030 (0.050)
	最高学历-大学本科以上	0.010 (0.018)	-0.002 (0.010)	0.000 (0.010)	0.010 (0.066)	0.012 (0.038)	0.013 (0.037)
	师范背景-有师范背景	0.004 (0.012)	-0.001 (0.007)	0.001 (0.006)	-0.053 (0.054)	-0.001 (0.031)	0.009 (0.030)
	教龄-6~10年	-0.020* (0.015)	-0.003 (0.009)	-0.003 (0.008)	0.049 (0.061)	-0.019 (0.036)	-0.020 (0.035)
	教龄-11~15年	0.000 (0.018)	0.008 (0.010)	0.008 (0.010)	0.008 (0.075)	-0.033 (0.043)	-0.039 (0.042)
	教龄-16~20年	0.000 (0.019)	0.013* (0.011)	0.013* (0.010)	0.031 (0.094)	0.014 (0.054)	0.012 (0.053)
	教龄-21年及以上	-0.016 (0.018)	0.033*** (0.010)	0.037*** (0.010)	-0.033 (0.094)	0.037 (0.054)	0.039 (0.053)
	学校城乡区位-农村	-0.042*** (0.012)	-0.020** (0.007)	-0.017*** (0.006)	-0.043 (0.108)	0.001 (0.061)	0.002 (0.059)
	学校民族区位-民族地区	-0.006 (0.009)	-0.004 (0.005)	-0.002 (0.005)	0.073* (0.050)	0.022 (0.029)	0.016 (0.028)

第四章 教师课程领导力总体水平、群体差异与影响因素的实证调查

续表

解释变量		公办学校 模型1	公办学校 模型2	公办学校 模型3	民办学校 模型1	民办学校 模型2	民办学校 模型3
控制变量	任教学段-初中	−0.045***（0.010）	−0.028***（0.006）	−0.019***（0.005）	−0.084*（0.051）	−0.026（0.029）	−0.015（0.028）
	任教学段-高中	−0.064***（0.014）	−0.029***（0.008）	−0.012**（0.007）	−0.147***（0.086）	−0.084***（0.049）	−0.078***（0.048）
	学校排名-中等及以下	−0.194***（0.013）	−0.048***（0.007）	−0.021***（0.007）	−0.180***（0.066）	−0.014（0.038）	0.011（0.038）
	学校排名-中上	−0.126***（0.012）	−0.032***（0.006）	−0.018**（0.006）	−0.111**（0.050）	−0.022（0.028）	0.000（0.028）
	任教学科-多学科	−0.039***（0.011）	−0.012**（0.006）	−0.008（0.006）	−0.069（0.080）	−0.040*（0.046）	−0.035（0.045）
	职务-有职务	0.022**（0.009）	0.004（0.005）	0.002（0.005）	−0.017（0.047）	0.008（0.027）	0.003（0.026）
	职称-三级教师	−0.013（0.029）	0.000（0.016）	0.004（0.016）	−0.032（0.147）	−0.007（0.084）	0.002（0.081）
	职称-二级教师	−0.081***（0.015）	−0.014（0.009）	−0.004（0.009）	0.057（0.059）	0.037（0.036）	0.025（0.035）
	职称-一级教师	−.078***（0.019）	−0.023*（0.011）	−0.009（0.011）	0.073（0.075）	0.023（0.046）	0.004（0.044）
	职称-高级教师	−0.035*（0.023）	−0.025**（0.013）	−0.013（0.013）	0.064（0.118）	0.015（0.070）	0.001（0.068）
	职称-正高级教师	0.030***（0.103）	0.002（0.058）	0.002（0.055）	—	—	—
教师个体场域因素	专业水平-校级获奖		0.007（0.010）	0.006（0.010）		−0.020（0.040）	−0.014（0.038）
	专业水平-县（区）级获奖		0.006（0.009）	0.008（0.009）		0.007（0.043）	0.013（0.042）
	专业水平-市级获奖		0.019*（0.010）	0.020**（0.009）		0.046（0.046）	0.057*（0.042）
	专业水平-省级获奖		0.008（0.011）	0.011（0.011）		0.000（0.057）	0.013（0.055）
	专业水平-国家级获奖		0.029***（0.012）	0.031***（0.011）		0.018（0.063）	0.029（0.062）
	领导意愿		0.282***（0.004）	0.274***（0.003）		0.282***（0.017）	0.251***（0.017）
	信任品质		0.204***（0.005）	0.162***（0.005）		0.163***（0.028）	0.127***（0.029）
	教师自我效能感		0.109***（0.006）	0.083***（0.006）		0.096**（0.033）	0.082*（0.032）

续表续表

解释变量		公办学校			民办学校		
		模型1	模型2	模型3	模型1	模型2	模型3
教师个体场域因素	教师自我规划及管理能力		0.127*** （0.005）	0.090*** （0.005）		0.192*** （0.026）	0.152*** （0.027）
	教师人际交往能力		0.273*** （0.005）	0.150*** （0.006）		0.260*** （0.027）	0.183*** （0.029）
学校场域因素	学校共同愿景			0.136*** （0.006）			0.113* （0.036）
	学校文化氛围			0.017 （0.007）			0.024 （0.043）
	教师共同体			0.049*** （0.006）			−0.001 （0.032）
	学校组织结构			−0.026** （0.006）			−0.053 （0.029）
	校长对教师的支持			0.003 （0.007）			−0.037 （0.038）
	校长与教师的沟通			0.046*** （0.007）			0.051 （0.035）
	校长对教师的赋权			0.051*** （0.005）			0.151*** （0.028）
	校长对教师的奖励			0.017* （0.005）			−0.005 （0.031）
调整后 R^2		0.035	0.705	0.728	0.069	0.704	0.724

注：括号外为标准化系数，括号内为标准误；"—"表示所调查的民办学校样本中缺少"大学专科以下"学历及具有正高级职称教师的数据

从教师个体场域因素来看，领导意愿、领导品质、领导技能等因素对公办学校与民办学校教师的课程领导力均具有显著正向影响。对于公办学校教师，根据模型2的标准化回归系数，影响其课程领导力水平的解释变量按解释力由强到弱依次是领导意愿、人际交往能力、信任品质、自我规划及管理能力、自我效能感，这5个变量的β值均为正，表明其对公办学校教师课程领导力均具有正向影响。对于民办学校教师而言，影响其课程领导力水平的预测变量按解释力由强到弱依次是领导意愿、人际交往能力、自我规划及管理能力、信任品质、自我效能感。通过比较来看，领导意愿和人际交往能力是影响教师课程领导力的两大关键因素，这表明，当教师自身具有积极主动开展课程领导的意愿，且在得到学生、家长、同事、领导或专家的支持与配合时，教师的课程领导力水平较高。在专业水平方面，与获得市级与国家级奖励的公办学校教师相比，暂未获得奖励的教师

课程领导力水平明显较低，但与其他获奖层次的教师不存在显著差异。在民办学校中，仅有获得市级奖励的教师课程领导力要显著高于暂未获得奖励的教师，而获得其余级别奖励的教师课程领导力与暂未获得奖励的教师不存在显著差异。

从模型解释力来看，加入学校场域因素后，学校场域因素的 8 个变量能够共同解释公办学校教师课程领导力 72.8%的变异量，能够共同解释民办学校教师课程领导力 72.4%的变异量。从表 4-34 中的数据可见，学校场域因素对于在两类性质学校任教教师课程领导力的影响不同。对于公办学校，学校共同愿景、教师共同体、校长与教师的沟通、校长对教师的赋权及奖励与教师的课程领导力均存在显著的正向关联，学校组织结构与教师课程领导力存在显著的负向关联（$p<0.01$），而学校文化氛围和校长对教师的支持 2 个变量则对其不产生显著影响。对于民办学校，仅有学校共同愿景（$\beta=0.113$，$p<0.05$）、校长对教师的赋权（$\beta=0.151$，$p<0.001$）2 个变量能够对教师的课程领导力产生影响，其余因素的影响则未达到显著水平。

（四）教师课程领导力影响因素：学段差异视角

根据差异性分析可知，不同任教学段教师在课程领导力水平上存在显著差异，据此，本书进一步假设，影响小学、初中与高中教师课程领导力的因素不尽相同。如果该假设成立，在提供对策建议时就需要酌情考虑学段差异。由表 4-35 可知，小学、初中与高中教师课程领导力的影响因素存在显著差异。

在控制相关干扰变量的情况下，教师个体场域因素的 6 个变量分别共同解释小学教师、初中教师和高中教师课程领导力 71.6%、69.6%和 67.5%的变异量。在教师个体场域因素的变量中，领导意愿、信任品质、自我效能感、自我规划及管理能力、教师人际交往能力的标准化回归系数均为正，表明这些变量对于小学、初中与高中教师的课程领导力水平均具有正向影响。对于小学教师而言，最具解释力的是领导意愿（$\beta=0.275$，$p<0.001$），其次为人际交往能力、信任品质、自我效能感、自我规划及管理能力。对于初中教师而言，影响其课程领导力水平的解释变量依次是领导意愿、人际交往能力、信任品质、自我规划及管理能力、自我效能感。与小学教师相比，初中教师的自我规划及管理能力较之自我效能感，对其课程领导力水平具有更强的影响力，其余影响情况与小学相似。对于高中教师而言，影响其课程领导力水平的各预测变量的解释力由强到弱依次是领导意愿、人际交往能力、信任品质、自我规划及管理能力、自我效能感，领导

160　核心素养视域下的中小学教师课程领导力研究

表 4-35　不同任教学段教师课程领导力影响因素回归结果

解释变量		小学 模型 1	小学 模型 2	小学 模型 3	初中 模型 1	初中 模型 2	初中 模型 3	高中 模型 1	高中 模型 2	高中 模型 3
控制变量	性别-男性	0.002 (0.014)	−0.009 (0.008)	−0.009 (0.007)	−0.004 (0.017)	−0.020* (0.010)	−0.018* (0.009)	0.009 (0.023)	−0.008 (0.013)	−0.008 (0.013)
	最高学历-大学专科以下	−0.010 (0.069)	−0.007 (0.038)	−0.009 (0.037)	0.004 (0.178)	−0.008 (0.099)	−0.007 (0.096)	0.029 (0.325)	0.003 (0.188)	0.002 (0.179)
	最高学历-大学专科	−0.044*** (0.015)	−0.018** (0.008)	−0.018** (0.008)	−0.009 (0.026)	−0.002 (0.014)	−0.001 (0.014)	0.011 (0.102)	0.008 (0.059)	0.009 (0.056)
	最高学历-大学本科以上	0.012 (0.026)	0.000 (0.014)	0.000 (0.014)	0.040** (0.032)	0.006 (0.018)	0.007 (0.017)	−0.014 (0.034)	−0.005 (0.020)	0.004 (0.019)
	师范背景-有师范背景	−0.015 (0.015)	−0.001 (0.008)	−0.001 (0.008)	0.037* (0.024)	0.000 (0.013)	0.007 (0.013)	0.020 (0.039)	0.004 (0.022)	0.009 (0.021)
	教龄-6～10 年	0.001 (0.018)	0.002 (0.010)	0.001 (0.010)	−0.037* (0.031)	−0.012 (0.017)	−0.013 (0.017)	−0.064* (0.043)	−0.018 (0.025)	−0.011 (0.024)
	教龄-11～15 年	0.012 (0.022)	0.008 (0.012)	0.007 (0.012)	−0.009 (0.034)	−0.001 (0.019)	−0.001 (0.019)	−0.037 (0.048)	0.016 (0.028)	0.014 (0.027)
	教龄-16～20 年	−0.013 (0.024)	0.007 (0.013)	0.009 (0.013)	−0.002 (0.037)	0.008 (0.021)	0.006 (0.020)	0.026 (0.051)	0.045* (0.030)	0.039* (0.028)
	教龄-21 年及以上	−0.013 (0.022)	0.028** (0.012)	0.033** (0.012)	−0.036 (0.034)	0.019 (0.019)	0.022 (0.019)	−0.014 (0.053)	0.075** (0.031)	0.077** (0.030)
	学校城乡区位-农村	−0.043*** (0.015)	−0.025*** (0.008)	−0.019*** (0.008)	−0.041** (0.020)	−0.010 (0.011)	−0.013 (0.011)	0.015 (0.086)	0.005 (0.050)	0.008 (0.048)
	学校民族区位-民族地区	0.010 (0.012)	0.002 (0.006)	0.002 (0.006)	−0.005 (0.016)	−0.011 (0.009)	−0.008 (0.009)	−0.052* (0.023)	−0.009 (0.013)	−0.002 (0.012)
	学校性质	−0.028** (0.027)	−0.007 (0.015)	−0.008 (0.014)	−0.024 (0.039)	−0.017 (0.022)	−0.019* (0.021)	0.039* (0.071)	0.023** (0.041)	0.028** (0.039)
	学校排名-中等及以下	−0.237*** (0.016)	−0.056*** (0.010)	−0.027*** (0.010)	−0.143*** (0.024)	−0.029** (0.014)	−0.006 (0.013)	−0.137*** (0.029)	−0.048** (0.017)	−0.016 (0.016)
	学校排名-中上	−0.166*** (0.015)	−0.042*** (0.008)	−0.025*** (0.008)	−0.074*** (0.022)	−0.014 (0.012)	−0.004 (0.012)	−0.074** (0.027)	−0.024 (0.016)	−0.008 (0.015)

续表

解释变量		小学 模型1	小学 模型2	小学 模型3	初中 模型1	初中 模型2	初中 模型3	高中 模型1	高中 模型2	高中 模型3
控制变量	任教学科-多学科	-0.041***(0.012)	-0.012*(0.007)	-0.008(0.007)	-0.036**(0.025)	-0.018*(0.014)	-0.013(0.014)	0.007(0.094)	0.007(0.055)	0.007(0.052)
	职务-有职务	0.019*(0.012)	0.002(0.007)	0.001(0.006)	0.009(0.016)	0.000(0.009)	0.000(0.009)	0.046*(0.021)	0.020(0.012)	0.008(0.012)
	职称-三级教师	-0.014(0.033)	0.003(0.018)	0.007(0.018)	-0.007(0.064)	-0.009(0.036)	-0.007(0.035)	-0.010(0.122)	0.006(0.070)	0.010(0.067)
	职称-二级教师	-0.085***(0.018)	-0.015(0.011)	-0.007(0.010)	-0.025(0.031)	0.013(0.019)	0.023(0.018)	-0.073(0.050)	-0.008(0.031)	-0.008(0.029)
	职称-一级教师	-0.063**(0.023)	-0.018(0.013)	-0.010(0.013)	-0.043(0.038)	0.015(0.023)	0.025(0.022)	-0.066(0.059)	-0.050(0.036)	-0.035(0.034)
	职称-高级教师	-0.011(0.030)	-0.020*(0.017)	-0.015(0.017)	-0.006(0.043)	0.005(0.026)	0.015(0.025)	-0.076(0.065)	-0.066*(0.040)	-0.046(0.038)
	职称-正高级教师	0.028**(0.202)	-0.002(0.111)	-0.002(0.017)	0.031*(0.182)	0.017(0.102)	0.016*(0.099)	0.041*(0.168)	-0.010(0.099)	-0.010(0.094)
教师个体场域因素	专业水平-校级获奖		0.007(0.012)	0.007(0.012)		0.003(0.020)	0.004(0.019)		-0.002(0.031)	-0.003(0.030)
	专业水平-县(区)级获奖		0.003(0.011)	0.004(0.011)		0.000(0.017)	0.005(0.017)		0.028(0.029)	0.032(0.027)
	专业水平-市级获奖		0.022**(0.012)	0.022**(0.012)		0.004(0.018)	0.009(0.018)		0.031(0.028)	0.040(0.027)
	专业水平-省级获奖		0.011(0.014)	0.013(0.013)		-0.006(0.021)	0.001(0.021)		0.020(0.030)	0.025(0.029)
	专业水平-国家级获奖		0.030***(0.014)	0.031***(0.014)		0.018(0.023)	0.024(0.023)		0.035*(0.034)	0.040(0.027)
	领导意愿		0.275***(0.004)	0.275***(0.004)		0.302***(0.007)	0.284***(0.006)		0.277***(0.010)	0.251***(0.009)

续表

解释变量		小学 模型1	小学 模型2	小学 模型3	初中 模型1	初中 模型2	初中 模型3	高中 模型1	高中 模型2	高中 模型3
教师个体场域因素	信任品质		0.206***(0.007)	0.162***(0.007)		0.183***(0.010)	0.143***(0.010)		0.222***(0.014)	0.187***(0.014)
	教师自我效能感		0.122***(0.008)	0.086***(0.007)		0.101***(0.010)	0.089***(0.010)		0.069***(0.015)	0.061***(0.014)
	教师自我规划及管理能力		0.120***(0.007)	0.086***(0.007)		0.145***(0.010)	0.102***(0.010)		0.141***(0.014)	0.098***(0.014)
	教师人际交往能力		0.269***(0.007)	0.152***(0.008)		0.276***(0.010)	0.159***(0.010)		0.277***(0.013)	0.140***(0.014)
学校场域因素	学校共同愿景			0.119***(0.009)			0.142***(0.012)			0.170***(0.015)
	学校文化氛围			0.025*(0.010)			−0.005(0.013)			0.030(0.017)
	教师共同体			0.057***(0.008)			0.038***(0.011)			0.028(0.015)
	学校组织结构			−0.028**(0.008)			−0.024(0.011)			−0.032(0.015)
	校长对教师的支持			−0.015(0.010)			0.000(0.013)			0.052(0.017)
	校长与教师的沟通			0.050***(0.009)			0.044*(0.012)			0.048*(0.015)
	校长对教师的赋权			0.053***(0.007)			0.066***(0.010)			0.052*(0.014)
	校长对教师的奖励			0.025**(0.007)			0.019(0.009)			−0.034(0.013)
调整后 R^2		0.051	0.716	0.737	0.021	0.696	0.718	0.025	0.675	0.707

注：括号外为标准化系数，括号内为标准误

意愿的解释力同样最强（$\beta=0.277$，$p<0.001$）。在专业水平方面，在小学，获得市级和国家级奖励的教师的课程领导力显著高于暂未获得奖励的教师，但获得校级、县（区）级及省级奖励的教师的课程领导力与暂未获得奖励的教师不存在显著差异。在高中，获得国家级奖励的教师的课程领导力显著优于暂未获得奖励的教师，获得其余级别奖励的教师的课程领导力与暂未获得奖励的教师不存在显著差异。相较于小学和高中而言，在初中，暂未获得奖励的教师与获得不同层级奖励的教师不存在显著差异，表明获奖与未获奖教师的课程领导力水平相当。

学校场域因素的8个变量对不同任教学段教师的课程领导力具有显著影响。综合来看，对于3个任教学段的教师而言，学校共同愿景、校长与教师的沟通、校长对教师的赋权与其课程领导力均存在显著的正向关联，表明学校在共同愿景、与教师沟通和赋权方面做得越好，教师课程领导力水平越高。除此之外，学校场域因素的其他变量对教师课程领导力的影响则存在学段差异。教师共同体影响着小学和初中教师的课程领导力，表明教师之间互帮互助、协同发展的关系越稳固，其课程领导力水平越高，在高中，教师共同体则不会对课程领导力产生明显的影响。学校组织结构（$\beta=-0.028$）的分布性负向影响着小学教师的课程领导力，这表明当学校的管理压制了教师的自主空间时，教师课程领导力必然会显著降低。但对于初中与高中教师而言则不存在这样的显著性关联。校长对教师的支持这一变量对小学、初中和高中教师均不存在显著影响。校长奖励（$\beta=0.025$）对于小学教师课程领导力的发展具有正向促进作用，当校长能够及时给予教师奖励和鼓舞时，教师实施课程领导力的积极性就会显著提高。但在初中和高中阶段，校长奖励则不再具有激发教师课程领导力的动力作用。

综合模型2和模型3的结果来看，当在模型3中加入学校场域因素的各个变量，小学、初中和高中三个学段的模型解释力分别增加了2.1%、2.2%和3.2%，且教师个体场域因素仍然正向显著影响教师课程领导力。这意味着教师和学校对于教师课程领导力的实现共同发挥着关键作用，教师要获得较高的课程领导认知力、实践力和认同力，既需要教师个体的行动，同时也需要学校的外部支持。

（五）教师课程领导力影响因素：性别差异视角

由差异性分析可知，不同性别教师的课程领导力水平存在显著差异，据此，本书进一步假设，影响男教师与女教师课程领导力的因素不尽相同。如果该假设成立，在提供对策建议时就需要酌情考虑性别差异。回归分析结果表明，男教师与女教师课程领导力的影响因素存在显著差异（表4-36）。

表 4-36　不同性别教师课程领导力影响因素回归结果

	解释变量	男 模型1	男 模型2	男 模型3	女 模型1	女 模型2	女 模型3
控制变量	最高学历-大学专科以下	-0.009 （0.080）	-0.006 （0.043）	-0.008 （0.041）	0.004 （0.105）	-0.008 （0.059）	-0.007 （0.057）
	最高学历-大学专科	-0.038* （0.021）	-0.011 （0.011）	-0.013 （0.011）	-0.028** （0.016）	-0.016** （0.009）	-0.014** （0.009）
	最高学历-大学本科以上	0.022 （0.042）	0.013 （0.022）	0.014 （0.021）	0.011 （0.019）	-0.005 （0.011）	-0.001 （0.010）
	师范背景-有师范背景	0.028* （0.028）	0.000 （0.015）	0.004 （0.014）	-0.007 （0.013）	-0.001 （0.007）	0.000 （0.007）
	教龄-6～10年	-0.020 （0.039）	-0.009 （0.020）	-0.013 （0.019）	-0.014 （0.016）	-0.003 （0.009）	-0.002 （0.009）
	教龄-11～15年	-0.031 （0.040）	-0.011 （0.022）	-0.014 （0.021）	0.009 （0.019）	0.010 （0.011）	0.010 （0.010）
	教龄-16～20年	-0.020 （0.039）	0.010 （0.021）	0.002 （0.020）	0.000 （0.021）	0.009 （0.012）	0.012 （0.012）
	教龄-21年及以上	-0.087** （0.037）	0.012 （0.020）	0.010 （0.019）	-0.002 （0.020）	0.030** （0.012）	0.036*** （0.011）
	学校城乡区位-农村	-0.077*** （0.021）	-0.019* （0.011）	-0.017* （0.011）	-0.025** （0.015）	-0.019*** （0.008）	-0.015** （0.008）
	学校民族区位-民族地区	0.002 （0.017）	-0.007 （0.009）	-0.003 （0.009）	-0.007 （0.010）	-0.003 （0.006）	-0.001 （0.006）
	任教学段-初中	-0.047** （0.018）	-0.023** （0.010）	-0.015* （0.009）	-0.045*** （0.012）	-0.027*** （0.007）	-0.019*** （0.007）
	任教学段-高中	-0.074*** （0.023）	-0.021* （0.013）	-0.008 （0.012）	-0.069*** （0.016）	-0.034*** （0.009）	-0.016** （0.009）
	学校排名-中等及以下	-0.203*** （0.024）	-0.034** （0.013）	-0.011 （0.012）	-0.194*** （0.015）	-0.053*** （0.009）	-0.024*** （0.008）
	学校排名-中上	-0.152*** （0.021）	-0.029** （0.011）	-0.017 （0.011）	-0.120*** （0.013）	-0.034*** （0.008）	-0.018** （0.007）
	任教学科-多学科	-0.018 （0.022）	-0.007 （0.012）	-0.001 （0.011）	-0.049*** （0.013）	-0.016** （0.010）	-0.012** （0.007）
	职务-有职务	0.002 （0.017）	-0.020** （0.009）	-0.022** （0.009）	0.027** （0.010）	0.013** （0.006）	0.011* （0.006）
	职称-三级教师	-0.002 （0.068）	0.000 （0.036）	-0.001 （0.035）	-0.016 （0.031）	0.001 （0.018）	0.005 （0.017）
	职称-二级教师	-0.024 （0.037）	0.019 （0.021）	0.023 （0.020）	-0.084*** （0.016）	-0.016* （0.010）	-0.007 （0.009）
	职称-一级教师	-0.055 （0.043）	-0.021 （0.024）	-0.010 （0.023）	-0.064*** （0.020）	-0.012 （0.012）	-0.002 （0.012）
	职称-高级教师	-0.031 （0.046）	-0.037 （0.026）	-0.026 （0.025）	-0.009 （0.026）	-0.007 （0.016）	0.003 （0.015）

第四章
教师课程领导力总体水平、群体差异与影响因素的实证调查

续表

	解释变量	男 模型1	男 模型2	男 模型3	女 模型1	女 模型2	女 模型3
控制变量	职称-正高级教师	0.042** (0.141)	0.013 (0.076)	0.014 (0.073)	0.026** (0.158)	−0.004 (0.089)	−0.006 (0.086)
教师个体场域因素	专业水平-校级获奖		−0.004 (0.021)	−0.005 (0.020)		0.007 (0.011)	0.008 (0.011)
	专业水平-县（区）级获奖		0.013 (0.018)	0.016 (0.018)		0.004 (0.010)	0.006 (0.010)
	专业水平-市级获奖		0.025 (0.019)	0.028* (0.018)		0.017* (0.011)	0.019* (0.010)
	专业水平-省级获奖		0.007 (0.021)	0.009 (0.021)		0.008 (0.013)	0.012 (0.012)
	专业水平-国家级获奖		0.026* (0.024)	0.031** (0.023)		0.027*** (0.013)	0.028*** (0.013)
	领导意愿		0.272*** (0.007)	0.261*** (0.007)		0.286*** (0.004)	0.277*** (0.004)
	信任品质		0.210*** (0.010)	0.179*** (0.010)		0.199*** (0.006)	0.153*** (0.006)
	教师自我效能感		0.107*** (0.011)	0.082*** (0.010)		0.108*** (0.007)	0.083*** (0.007)
	教师自我规划及管理能力		0.126*** (0.010)	0.085*** (0.010)		0.132*** (0.006)	0.096*** (0.006)
	教师人际交往能力		0.279*** (0.009)	0.165*** (0.010)		0.268*** (0.006)	0.144*** (0.007)
学校场域因素	学校共同愿景			0.153*** (0.011)			0.127*** (0.008)
	学校文化氛围			0.034* (0.012)			0.010 (0.009)
	教师共同体			0.041** (0.011)			0.048*** (0.007)
	学校组织结构			−0.046** (0.011)			−0.018 (0.007)
	校长对教师的支持			−0.002 (0.013)			0.000 (0.008)
	校长与教师的沟通			0.034* (0.012)			0.053*** (0.008)
	校长对教师的赋权			0.035* (0.011)			0.065*** (0.006)
	校长对教师的奖励			0.020 (0.009)			0.015 (0.006)
	调整后 R^2	0.048	0.732	0.753	0.036	0.696	0.719

注：括号外为标准化系数，括号内为标准误

从教师个体场域因素来看，专业水平、领导意愿、领导品质、领导技能等因素对于男教师与女教师的课程领导力水平均具有显著正向影响。对于男教师而言，反映教师个体场域因素的 6 个变量共同解释了教师课程领导力 73.2% 的变异量。其中，教师人际交往能力这一变量的解释力最强（$\beta=0.279$，$p<0.001$），由于其标准化回归系数为正，表明男教师得到学生、家长、同事、领导或专家的支持与配合越多，课程领导力水平则越高。其余影响课程领导力水平的预测变量按解释力强弱程度依次是领导意愿、信任品质、自我规划及管理能力、自我效能感。对于女教师而言，领导意愿（$\beta=0.286$，$p<0.001$）是影响其课程领导力水平的最关键因素，表明相较于男教师，女教师在教育教学中实施课程领导力更依赖于内在的课程领导动机。在专业水平方面，通过显著性水平与标准化回归系数可见，只有获得过国家级奖励的男教师的课程领导力显著高于暂未获得奖励的教师，而获得国家级以下奖励的男教师与暂未获得奖励的男教师在课程领导力水平上不存在显著差异。对于女教师群体，暂未获得奖励的教师与获得市级奖励的教师的课程领导力具有统计学意义上的显著差异（$p<0.05$），表明获得市级奖励的教师在一定程度上具有较高的课程领导力，而获得国家级奖励的教师的课程领导力要显著高于暂未获得奖励的教师（$p<0.001$），获得其余级别奖励的女教师的课程领导力与暂未获得奖励的女教师不存在显著差异。

由表 4-36 中的模型 3 可见，投入学校场域因素的 8 个变量后，教师课程领导力模型的解释力都有所提升，且多个学校场域因素的影响达到显著水平，包括学校共同愿景、教师共同体、校长与教师的沟通、校长对教师的赋权等。具体而言，对于男教师，除了校长对教师的支持和校长对教师的奖励 2 个预测变量外，其余变量均与其课程领导力存在显著关联。其中，学校共同愿景最具显著正向影响，其余按影响力由高到低分别为教师共同体、校长对教师的赋权、学校文化氛围和校长与教师的沟通，而学校组织结构则负向影响男教师的课程领导力。对于女教师，学校共同愿景、校长对教师的赋权、教师共同体和校长与教师的沟通的标准化回归系数均为正，且差异显著，表明这 4 个预测变量对其课程领导力具有显著正向影响（$p<0.001$）。男女这一差异表明，与男教师相比，除了学校共同愿景这一因素外，女教师受到学校场域因素的影响更为明显。对比模型 3 和模型 2 可见，加入学校因素后，暂未获得奖励的教师与获得市级奖励的教师之间开始呈现出一定的差异性，且获得国家级奖励的女教师和男教师与暂未获得奖励的教师的课程领导力差异都有所增加（$p<0.01$）。同时，教师个体场域因素对两类教师课程领导力的解释力有所变化，但领导意愿及其他各变量对其课程领导力的影响仍然达到显著水平。

通过问卷调查与分析，本章系统考察了全国教师课程领导力的总体水平及在课程领导认知力、实践力以及认同力三个维度上的表现情况，在微观层面揭示了不同性别、教龄等教师群体在课程领导力水平上的差异；同时，基于勒温的场动力理论，探究了影响教师课程领导力的个体场域因素和学校场域因素，发现个体领导意愿以及学校共同愿景等对于教师发挥课程领导力起关键作用。这为研究者今后深入剖析教师课程领导力的现实困境、探寻提升路径提供了重要依据。

第五章

教师视角下的课程领导力图景：
基于深度访谈的经验澄明

教师课程领导力不仅是课程改革需要攻克的重要理论课题，而且是课程改革必须回答的实践问题。在课程改革的过程中，基础教育重构并发展了课程内容、结构和体系等。教师的角色定位也因此发生了深刻变化，要求从课程执行者向课程领导者转变。具备课程领导力成为新时期教师专业发展的应有之义。需要说明的是，教师课程领导力不是一种学术话语垄断，而是一线教师的真实素养、日常生活与个人知识，亦即一线教师对于教师课程领导力拥有专业话语权。教师唯有理解与认同课程领导力，方能更好地施展课程领导力，这密切关乎一线教师的看法与体验。然而，当前关于考察一线教师对课程领导力的经验与看法的研究较少，已有研究大多采用思辨辅以问卷调查的方式，对站在课程改革一线的教师群体的真实想法和实践状态的关注不够。为此，本章借助从经验中生发理论的扎根理论方法，获悉与呈现了中小学教师眼中的课程领导力图景，以反映一线教师落实课程领导力的心声。

第五章
教师视角下的课程领导力图景：基于深度访谈的经验澄明

第一节　研究设计与实施

笔者梳理了三大扎根理论流派，旨在着重阐述程序化扎根理论的优势及其研究设计，在此基础上，基于指向核心素养培育的中小学教师课程领导力模型，借助自主开发的访谈提纲对一线中小学教师进行实证调查，同时采用扎根理论研究范式对访谈数据进行三级编码和分析，以此探寻指向核心素养培育的中小学教师对课程领导力的经验性认识及其生成机制。

一、扎根理论研究设计

当前，扎根理论主要有经典扎根理论、程序化扎根理论、建构主义扎根理论三大流派。虽然不同流派之间存在显著差异，但仍有不少共通之处。由于程序化扎根理论更具操作性，能够提高研究质量和效率，本章采用该理论开展研究设计、数据收集与分析。

（一）扎根理论的不同流派

扎根理论是一种基于经验数据形成理论的研究方法[1]。不同学者的研究背景、研究范式、研究问题不同，扎根理论获得了发展与分化，派生出三大颇具影响力的流派：经典扎根理论、程序化扎根理论、建构主义扎根理论。

20世纪60年代，格拉泽（Glaser）和施特劳斯（Strauss）在对医务人员处理即将去世病人的一项实地观察研究中，"总结出了一套质性研究方法，并于1967年共同出版了《扎根理论的发现：质化研究策略》（*The Discovery of Grounded Theory: Strategies for Qualitative Research*）"[2]。它标志着扎根理论的诞生，强调理论建立在系统分析数据的基础上，而不是根据现有的理论或预设推演而来。随后，扎根理论出现分化与发展。1978年，格拉泽出版的《理论敏感性》（*Theoretical Sensitivity*）一书进一步补充与发展了扎根理论，其秉持客观主义立场，认为理论可以脱离特殊情境、个人情感经验和生活而客观独立地存

---

[1] Glaser B G, Strauss A L. 1967. The Discovery of Grounded Theory: Strategies for Qualitative Research. Chicago: Aldine Transaction, 21
[2] 吴毅, 吴刚, 马颂歌. 2016. 扎根理论的起源、流派与应用方法述评——基于工作场所学习的案例分析. 远程教育杂志, 35（3）: 32-41

在[1]，并提出编码包含实质编码和理论编码两个步骤，其中实质编码又分为开放编码和选择编码。至此，扎根理论方法论的原则、要素和策略基本形成，格拉泽也被认为是"经典扎根理论"的代表。

与此同时，施特劳斯和科宾（Corbin）也对扎根理论的发展做出了新的贡献，合作出版了《质性研究基础：扎根理论程序与技术》（Basics of Qualitative Research: Grounded Theory Procedures and Techniques）一书，"从中立的'观察'走向'倾听'被研究者的声音，并逐步形成了扎根理论的程序化版本"[2]。他们认为分析数据是研究者的一种解释，理论则是对人们生活的场景、事件和情绪的再现，并主张在具体分析上采用开放编码、主轴编码和选择性编码三级编码程序。然而，这一研究取向遭到秉持客观主义立场的格拉泽的强烈反对。1992年，格拉泽出版了《扎根理论的分析基础：自然呈现与生硬促成》（Basics of Grounded Theory Analysis: Emerging vs Forcing），对施特劳斯和科宾的程序化扎根理论进行反驳与纠正，批判其完全违背了扎根理论方法论的基本精神——自然呈现，并反复强调扎根理论不是事先臆想的、完整的概念化描述，而是自然生成的，主张从数据中呈现研究问题，归纳范畴及其属性，展现范畴之间的关系并建立理论[3]。此后，施特劳斯通过研究和教学进一步积累了使用扎根理论的经验，对其进行了改写。他认为扎根理论在选择研究问题时和其他研究范式没有太大区别，可以源自文献、个人经验和职业经验等多种渠道[4]。由此，他们被认定为"程序化扎根理论"的代表。

卡麦兹（Charmaz）则在格拉泽和施特劳斯的基础上将建构主义理念与方法融入扎根理论中，并发表了《建构扎根理论：质性研究实践指南》（Constructing Grounded Theory: A Practical Guide Through Qualitative Analysis）等一系列著作，是"建构主义扎根理论"的典型代表。建构主义扎根理论最为核心的理念和精神是优先考虑研究过程本身，关注数据产生的过程及其来源，强调数据不是客观存在的，而是来自研究者与被研究对象共享的经验或共同建构的内容，所以不能忽视数据产生的社会环境和研究者的影响[5]。可是，格拉泽同样对卡麦兹的观点进行了批

---

[1] 贾旭东，衡量. 2020. 扎根理论的"丛林"、过往与进路. 科研管理, 41（5）：151-163

[2] 吴继霞，何雯静. 2019. 扎根理论的方法论意涵、建构与融合. 苏州大学学报（教育科学版），7（1）：35-49

[3] Glaser B G. 1992. Basics of Grounded Theory Analysis: Emergence vs. Forcing. Mill Valley: Sociology Press, 20

[4] Corbin J, Strauss A. 1998. Basics of Qualitative Research: Techniques and Procedures for Developing Grounded Theory（2nd Edition）. Los Angeles: Sage Publications, 17

[5] 〔英〕凯西·卡麦兹. 2009. 建构扎根理论：质性研究实践指南. 边国英译. 重庆：重庆大学出版社，223-229

判，认为所谓的建构主义扎根理论，不过是把扎根理论改造成了一种质性研究方法[1]。2006年，卡麦兹进一步发展与完善了建构主义扎根理论，主张文献回顾不仅应当成为论文的独立章节，还应当贯穿整个研究，使文献回顾的作用得到了进一步肯定和凸显[2]。格拉泽则继续对扎根理论方法论的不同方面进行探讨，不断充实着他的扎根理论方法论文本体系。

（二）扎根理论的基本要义

尽管各个派别的扎根理论存在差异性，但其普遍坚守的共性则有力地反映了扎根理论的基本要义。其一，强调理论来源于经验数据。扎根理论是一种生成的而非验证的方法论，为弥合理论研究与经验研究之间的鸿沟，反对"演绎-验证"的研究理路，主张通过逐层归纳的方法在经验事实中抽象出理论[3]，并且理论必须符合经验，能够用于解释研究中的行为[4]。其二，在质性研究中引入量化分析方法。为超越传统量化研究与质性研究的弊端，充分融合二者的优势，扎根理论在质性研究中引入量化分析方法。这既有助于揭示复杂、动态的人文社会科学现象，又强调理论的可追溯性、研究过程的可重复性以及研究结论的可验证性[5]。其三，要求研究者保持理论敏感性。这意味着研究者必须具备挖掘数据中所蕴含的深层意义的能力，即"当研究者面对经验数据时，有能力赋予其一定意义并将其概念化，这也是从原始经验数据中建构理论的基础"[6]。其四，扎根理论主张依据理论性抽样的原则确定研究对象与收集数据。换言之，依据已有的数据及其分析结果确定接下来要收集哪些数据以及去何处收集数据，数据收集的过程受新生成理论（无论是实质理论还是形式理论）的影响。直到实现理论饱和，即在编码和分析中没有出现任何新的属性，并且遍历整个数据范围而不断出现相同属性时[7]，数据收集方可停止。其五，理论建构是一个不断比较、连续抽象的

---

[1] Glaser B G. 2002. Conceptualization: On theory and theorizing using grounded theory. International Journal of Qualitative Methods, 1 (2): 23-38

[2] Charmaz K. 2006. Constructing Grounded Theory: A Practical Guide through Qualitative Analysis. London: Sage Publications, 26-29

[3] 吴肃然，李名荟. 2020. 扎根理论的历史与逻辑. 社会学研究，35 (2): 75-98

[4] Glaser B G, Strauss A L. 1967. The Discovery of Grounded Theory: Strategies for Qualitative Research. Chicago: Aldine Transaction, 35-37

[5] Glaser B G. 1978. Theoretical Sensitivity: Advances in the Methodology of Grounded Theory. Mill Valley: Sociology Press, 19

[6] 吴毅，吴刚，马颂歌. 2016. 扎根理论的起源、流派与应用方法述评——基于工作场所学习的案例分析. 远程教育杂志，35 (3): 32-41

[7] Glaser B G. 1978. Theoretical Sensitivity: Advances in the Methodology of Grounded Theory.. Mill Valley: Sociology Press, 53

过程。一般的质性研究方法是先集中收集数据，再具体分析数据，而扎根理论研究中的数据收集与分析是交替进行的，即"每次获得数据后要及时分析，分析获得概念或范畴不仅要和已有的概念与范畴进行比较，而且要成为指导下一步样本选择与数据收集的基础"[1]。

（三）程式化扎根理论的主要特征

1. 程式化扎根理论的优势

在研究取向层面，格拉泽所强调的系统化方法论模式过于庞杂、艰涩[2]，短时间内不容易为使用者接受。施特劳斯和科宾则把步骤和技术细化为"一步一步来"的阐述，提出了一套明确、系统的程序和技术，由此形成了一种程序化水平更高、编码过程更加系统严格的扎根理论。这套严格的程序和概念框架对那些有兴趣从事扎根理论的研究者具有重要影响，因为比起其他流派的扎根理论，程式化扎根理论更容易为初学者所学习和接受，而且还能大大缓解研究者自身的创造压力。由于这一独特优势，以施特劳斯和科宾为代表的程序化扎根理论始终占据着扎根理论的主流位置，其所发明的"开放编码—主轴编码—选择编码"三级编码策略受到了更为广泛的认可。基于此，本章将采用程序化扎根理论进行数据收集与分析。具体而言，开放编码旨在将资料分解、检视、比较、概念化和类属化，主轴编码旨在借助范式模型确定主类属，选择编码旨在确定核心类属，进而完善理论建构[3]。

2. 基于程式化扎根理论的研究设计

本章在程序化扎根理论方法论原理的指导下进行研究：首先，将中小学一线教师确立为研究对象，因为他们可以为研究问题提供最大的信息量。其次，通过三个阶段的采用半结构化个体访谈与焦点团体访谈相结合的访谈方式，收集参与对象对教师课程领导力的经验感知、具体实践和认同倾向的描述。第一阶段，随机选取 44 名参与对象作为初步样本，并对其进行一对一的半结构化访谈；研究者获得数据后及时进行分析，对访谈体系与编码系统达成初步共识。第二阶段，对第一阶段形成的访谈系统和编码体系进行证实和完善，继续选取 45 名参与对

---

[1] 吴毅，吴刚，马颂歌. 2016. 扎根理论的起源、流派与应用方法述评——基于工作场所学习的案例分析. 远程教育杂志, 35（3）：32-41.

[2] 〔德〕伍多·库卡茨. 质性文本分析：方法、实践与软件使用指南. 朱志勇，范晓慧译. 重庆：重庆大学出版社，2017，10

[3] Strauss A，Corbin J. 1990. Basics of Qualitative Research：Grounded Theory Procedures and Techniques. Newbury Park：Sage Publications，61-116

象，仍然由研究者对参与对象进行半结构化访谈，此后进行独立编码分析。第三阶段，继续选取 20 名教师作为进一步理论性抽样的对象，分析资料后若实现理论饱和，则无须再搜集新的资料。最后，采用施特劳斯和科宾的编码策略，扎根访谈数据进行三级编码，据此建构教师课程领导力的生成机制，并探寻教师课程领导力发展的现实阻碍（图 5-1）。

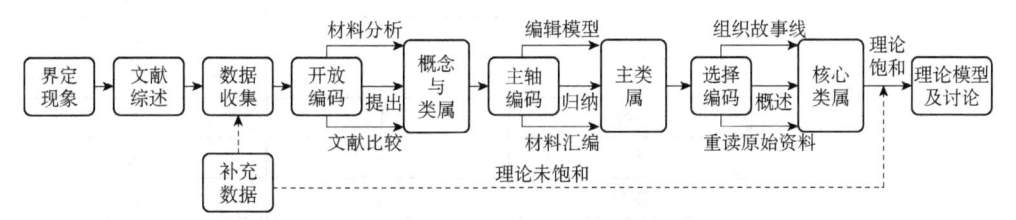

图 5-1　程式化扎根理论研究设计图

二、研究对象

本次研究的参与对象是研究者分别于 2019 年冬、2021 年夏和 2022 年夏从中国 6 省 15 所中小学校招募而来的，所选调研省份均启动了高考综合改革，并已全面开展了基于核心素养的基础教育教师培训，具有一定代表性。在样本校的确定上，本次研究选取了 15 所学校作为重点调研对象，区位上较为均衡地覆盖了城区、城郊和县镇。2019 年 12 月，研究者深入中国中部某省份 6 所中小学校，遴选出符合研究需要且自愿参与的 44 位教师。2021 年 7 月，由于疫情影响，研究者通过发放电子宣传单的方式招募到 45 名符合条件的教师。2022 年 6 月，研究者通过线上招募和滚雪球的方式招募到 20 名符合条件的教师。三次招募共计获得 109 名参与对象（表 5-1）。

表 5-1　受访教师学校与区位分布基本情况

特征	分类	n	占比/%
性别	女	67	61.47
	男	42	38.53
任教学段	小学	32	29.36
	初中	38	34.86
	高中	39	35.78
任教学科	语文	16	14.68
	数学	10	9.17
	英语	11	10.09

续表

特征	分类	n	占比/%
任教学科	政治	8	7.34
	历史	12	11.01
	地理	9	8.25
	物理	8	7.34
	化学	10	9.17
	生物	9	8.25
	科学	1	0.92
	音乐	6	5.50
	体育	4	3.67
	美术	5	4.61
省份	河南	16	14.68
	湖北	44	40.36
	贵州	13	11.92
	福建	18	16.51
	浙江	1	0.92
	江西	17	15.61
学校区位	城市	45	41.28
	郊区	41	37.61
	乡镇	23	21.11

三、数据收集

本次研究的数据收集基于理论性抽样原则[1]，采用相互促进、交互进行以达到结果稳定状态的策略，分为三个阶段，采用半结构化访谈。基于受访者的知情同意，研究者对访谈进行了全程录音和逐字转录。每段访谈时长在30～90分钟。为确保受访者的隐私，我们匿名对待所有受访者。同时，本次研究在扎根理论的指导下，在处理定性数据的过程中试图保持研究的严谨性[2]（图5-2），使用迈尔斯（Miles）和哈伯曼（Huberman）[3]的公式，可靠性=［协议/（协议+不同

---

[1] Strauss A，Corbin J. 1990. Basics of Qualitative Research：Grounded Theory Procedures and Techniques. Newbury Park：Sage Publications，197

[2] Ting C，Ismail M，Ting H，et al. 2019. Consumer behaviour towards pharmaceutical products：A model development. International Journal of Pharmaceutical and Healthcare Marketing，13（3）：387-402

[3] Miles M B，Huberman A M. 1994. Qualitative Data Analysis：An Expanded Sourcebook（2nd Edition）. Thousand Oaks：Sage Publications，22-24

意）] ×100%，发现研究人员和专家之间的编码器间的可靠性为91.8%。

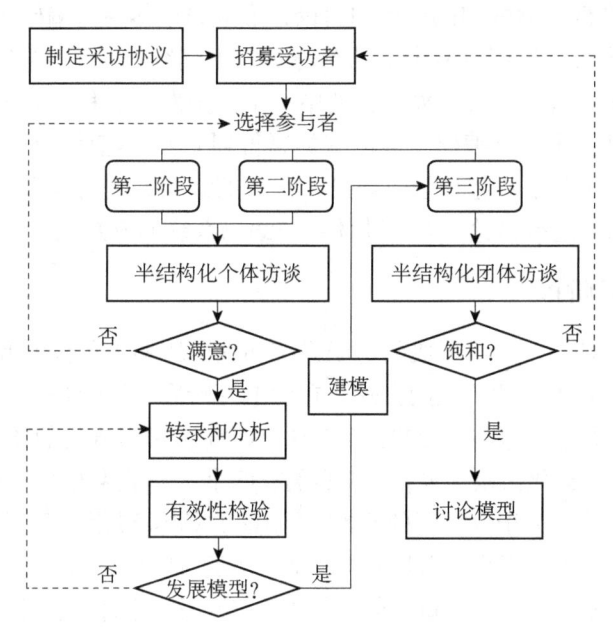

图 5-2 程式化扎根理论研究设计图

需要说明的是，访谈提纲是依据教师课程领导力模型展开设计的，但也留下了充分的开放空间，让受访人畅所欲言，访谈者也留意"新质"，特别是超越了模型预设的维度，作为下一轮新提纲的基础。

（一）第一阶段

本阶段主要是初步构建访谈体系与编码系统。2019年12月，研究者从招募到的44名参与对象中随机选取了20名作为初步样本，进行了一对一的半结构化访谈。访谈紧密围绕"指向核心素养培育的中小学教师课程领导力"这一主题进行，并且将主问题细化为如下5个具有内在逻辑的子问题：①您怎样看待核心素养？②您在教育教学活动中如何落实核心素养？③落实核心素养的过程中存在哪些阻力？④您如何理解课程领导力？⑤您认为怎样发展课程领导力？

虽然研究者事先设计了访谈提纲，但实际访谈时，研究者在发现新的、更有价值的信息时会适时进行追问。例如，对某位参与科研项目的教师进行提问：您个人在科研项目的参与中有什么收获？同时，在访谈过程中，一般为两位研究者搭档进行访谈：一位主要负责提问；另一位及时补充提问并记录。研究者不仅需要记录被访者的言语，也需要对其非言语反应进行简单记录。现场工作的安排方式是允许数据收集和初步分析同时进行[①]。待所有访谈结束后，研究者分别对这20份访谈文本进行独立的编码分析和讨论，形成访谈体系与编码雏形。为充实访谈系统和编码体系，研究者从余下的参与对象中继续选取了15名参与对象进行个体化访谈，深入指向核心素养培育的中小学教师发挥课程领导力的现实困境。研究者对访谈进行了独立编码，使已有类属得到充实。随后，研究者对剩余的9名参与对象进行了焦点小组访谈，以证实形成的访谈和编码体系。最后，研究者对各自的编码结果进行讨论，对访谈体系与编码系统形成共识。

（二）第二阶段

本阶段主要对第一阶段形成的访谈系统和编码体系进行证实和完善。由于疫情影响，本阶段采用电话访谈的方式。在对上一阶段的访谈进行总结的基础上，研究者修订了新的访谈提纲。2021年3月，研究者对招募到的45名参与对象进行了一对一的半结构化访谈。本轮访谈目的有两个：一是致力于充实已出现类属的属性与维度；二是致力于发掘新的元素[②]。访谈的具体问题如下：①您在教育教学中应该着重发展学生的哪些能力与品质？结合实例说明您是如何做的。②核心素养对教师的课程实践提出了哪些新要求？③您如何开发校本课程？④您对自身在课程与教学方面的不足采取了哪些行动？⑤学校的课程与教学有哪些需要改进的地方，是否跟有关领导沟通过？⑥您如何理解教师的课程领导力？

本轮访谈仍以本次研究的主题为中心，但在具体问题的表述上更加清晰具化，如在询问教师"如何理解中国学生发展核心素养"时，将其转化为"学生应该具备哪些关键能力或品格"。此外，本轮访谈还增添了教师在课程开发、课程实施等课程实践层面的问题，从侧面了解教师在日常教育活动中的课程领导力表现情况。本轮访谈也分为焦点团体访谈和个别访谈。本轮访谈结束后，4位研究者继续按照第一阶段的先独立编码进而协商研讨的方式进行。在此阶段，已有类属得到进一步充实，通过主轴编码的范式模型，类属间的关系得以明晰。基于此，研究者通过选择编码确立了核心类属，并形成了关于教师课程领导力生成机制的理论模型。

（三）第三阶段

本阶段主要证实或修正第二阶段形成的理论假设。2022年3月，研究者对招

---

① Corbin J, Strauss A. 2014. Basics of Qualitative Research: Techniques and Procedures for Developing Grounded Theory (3rd Edition). Los Angeles: Sage Publications, 64-69

② Glaser B G. 1978. Theoretical Sensitivity: Advances in the Methodology of Grounded Theory.. Mill Valley: Sociology Press, 36-54

募到的 20 名参与对象进行了一对一的半结构化深度访谈。经过本轮访谈，研究者发现没有出现新的类属或属性，并且第二轮中形成的教师领导力机制的理论模型在此阶段得到进一步证实。这意味着本次研究至此已经实现理论饱和，无须再搜集新的资料[1]。

四、数据分析

数据分析主要涉及数据分类和编码[2]。本次研究采用施特劳斯和科宾发明的程序化三级编码策略，借助 Nvivo12 软件对访谈资料进行逐层分析。在开放编码阶段，研究者对每一份访谈文本逐行逐句地进行精细编码，从中寻找意义单元并对其进行概念化与类属化分析[3]。在主轴编码阶段，研究者按照范式模型将开放编码所得类属重新进行关联与组合[4]。在选择编码阶段，研究者通过故事线撰写确定核心类属，并将之与其他类属系统关联，证实这些关系并充实类属[5]。

（一）开放编码：经验感知、具体实践、认同倾向及现实困境

开放编码的目的是开发大量代码来描述、命名或分类事件[6]。研究者在阅读所有访谈文本的基础上，对每份文本进行逐行编码，从原始资料中识别出概念类属。例如，受访者说"在你遇到问题时，一个很有经验的老师会给你提供很多的教育智慧，促进自己学习，这实际上就是在发挥课程领导力"。对这句话进行概念化操作，可以提炼出概念"团队氛围融洽"，之后对其进行类属化，即"教师共同体"，由此形成了一级编码。通过对所有访谈文本的精细编码，在开放编码阶段，我们将所有数据提炼出四大类属：经验感知、具体实践、认同倾向、现实困境。表 5-2 展现了每个类属的生成依据及其所对应的属性与维度。

---

[1] Strauss A, Corbin J. 1990. Basics of Qualitative Research: Grounded Theory Procedures and Techniques. Newbury Park: Sage Publications, 198-200

[2] Wang L, Gao P. 2010. Grounded theory and its application in management research. Forest Ecology and Management, 32, 10-18

[3] Strauss A, Corbin J. 1990. Basics of Qualitative Research: Grounded Theory Procedures and Techniques. Newbury Park: Sage Publications, 61

[4] Strauss A, Corbin J. 1990. Basics of Qualitative Research: Grounded Theory Procedures and Techniques. Newbury Park: Sage Publications, 96

[5] Strauss A, Corbin J. 1990. Basics of Qualitative Research: Grounded Theory Procedures and Techniques. Newbury Park: Sage Publications, 116

[6] Glaser B G, Strauss A L. 1967. The Discovery of Grounded Theory: Strategies for Qualitative Research. Chicago: Aldine Transaction, 35-39

表 5-2 教师课程领导力的生成机制编码表

原始资料（节选）	概念标签	类属	属性	维度
T2：这是我第一次听到"课程领导力"这个词。	认知模糊	经验感知	基本内涵	模糊—清楚
T3：我们不太清楚课程领导力是什么意思。	实施主体单一		实施主体	单一—多元
T66：我目前的能力水平还不足以去领导课程，达不到引领他人的程度。我觉得那些教了好多年的，经历比较深厚的教师才有这种课程领导的能力。	很难实践操作		生成条件	困难—顺利
T27：我们这些年轻的教师尚不具备这种能力。平时的时间几乎已经被日常教学占满了，我们很难有精力再去做这些与课程领导力相关的事情。	与其他教师共谋合力		关联主体	单一—多元
T1：在你遇到问题时，一个很有经验的教师会给你提供很多教育智慧。促进自己学习，这实际上就是在发挥课程领导力。	促进学生发展		学生发展	有意义—无意义
T10：教师通过课程领导力可以游刃有余地驾驭课堂，把每一节课都设计得高效且有质量，结合学生的兴趣灵活地把控课堂，让学生在课堂中也很享受，可以自然地接受课上的内容，而不是强迫他死记硬背。	教师奋斗终身的目标		教师职业地位	奋斗目标—毫无帮助
T72：我觉得课程领导力是教师终身要为之奋斗的一个目标。因为你在追求对他人的影响的过程中，其实是在不断提高自己的过程，所以我个人认为，这种领导力对于个人的发展和职业发展来说是非常重要的。	提升学校教育质量	具体实践	学校教育质量	促进—阻滞
T3：我认为在全校中，校长是课程领导的主编，我们所有教师在大方向的指引下共同奋进，使大的整体的方向不跑偏。	学习先进的教育思想		先进思想	了解—模糊
T43：多接触，多了解全国比较优秀的教师的一些理念、教学理念，还有一些课堂实录等。	了解学习教育政策文件		教育政策	了解—模糊
T25：关于政策的解读，我觉得一定要很明确。因为只有明了大方向，我们才能朝着这个方向去做。我相当于对政策落实进行解读。	拥有共同促进课程落实的愿景		共同构建愿景	单一—多元
T9：我们一个语文组都会在一起。比如上一节课，我就会提出各种疑惑，这个地方我处理不好，然后别的教师就会跟我交流，他自己是怎么想的。	有整体规划		整体规划	有—无
T33：我们一般都会在开学之前把教材进行通读，研究，我们也会对每一个单元进行批注、研究，然后对相关的知识和内容进行整合。	有统整资源的意识		资源意识	有—无
	采用集体备课的方式		集体备课	集体—个人
	尊重学生主体		学生主体	本位—偏失
	养成学生的批判思维		促进学生发展	支持—破坏

第五章 教师视角下的课程领导力图景：基于深度访谈的经验澄明

续表

原始资料（节选）	概念标签	类属	属性	维度
T9：带孩子们出去写春节的对联，参加一些社区里面的美术展览等。	有效应对突发状况	具体实践	应对突发状况	从容—无措
T21：像我们组自己的话，老师都是备好的，遇到集体备课或者外面参加比赛的情况，我们都是相互协作的。	以课程落实成效为导向		课程落实成效导向	关注—忽视
T2：大纲只是一个总的方向，每个老师的做法肯定都不一样，会根据学生的情况来具体地做。	对学情、自我与课程评价		监控多方	监控—放任
T15：学生自己就会提出疑问，包括一年级的小孩子都会说，他们觉得老师有一部分说得是对的，那样不行。他们自己会有很多的想法，他们会表达出来的一个过程，其实就是学生质疑的一个过程。	对课程结果进行归因分析		归因分析	清晰—模糊
T10：你对运用你的班上的孩子的时候，效果怎么样？这才是最有说服力的。	关注学生需求与国家课程		关切多方需求	关切—漠视
T10：比如自己哪个方面欠缺，平时就要根据教学反思来提升自己的能力，让自己更游刃有余地驾驭课堂。	整合多方资源		整合多方资源	整合—拆解
T55：要擅长去发现问题，善于思考与反思，结合我自己经验的话，我喜欢思考，并把这些写下来，同时善于研究，最后研究出来这一类问题，它归类，最后研究出来这一类问题。	开发过程未合乎规范	具体实践	程序正当	有序—无序
T3：这些课程包括民乐、足球、书法等，特长去选择他感兴趣的课程。				
T6：因为影响自己的影响比较大。我上学的时候不怎么喜欢听语文老师讲课，就去听课不喜欢。我在我们学校申请了一门示范课，就是课外阅读方面的。				
T64：像扬哥这种特别专业的校长，是有一个湖北大学的专家指导的，他给我们提供了很好的资源，人员上的一些帮助。				
T17：我们英语话剧的校本，人员上的一些帮助。				
T35：因为没有人指导你，你就只能自己去阅读一些专业书籍，就去从书籍里面学习，然后自己的时候在教学中地去反思，去改进。不过肯定也有不成功的时候，然后就回去反思，就是这样。				

续表

原始资料（节选）	概念标签	类属	属性	维度
T1：我认为这样的老师不管是在学习当中，或者是在整个区里面都能起到一种模范和引领作用，是一个很好的带头人。	愿意效仿与追随其他成员	认同倾向		群体认同—自我认同
T29：我们是通过共同研讨，比如共同探讨一堂课或者某一个类型的课怎么上，在这个过程中大家的能力都能得到发展，我认为主要是教师之间努力去探讨交流。				
T9：在校本课程开发中还是需要有专家进行引领的，但是我们恰恰那方面努力，不知道如何努力，就像学生一样很想努力，但是不知道方法，还是需要专家老师指导一下。	更愿意追随课程专家			职务认同—责任认同
T11：我的职业理想是，干好普普通通的事，尽量激通一些生活中细小的浪花！因为可能我们心里比较平静一点，倒没有太大的追求，把自己做的普通工作做好就可以了。	自我效能感较低 没有太大的追求	现实困境	自我效能感	高—低
			个人发展意愿	有—无
T62：现在就说阻力很的话，我觉得主要就是工作压力很大。很累，很辛苦，很多老师在身体方面也吃不消，所以工作压力这种阻力会让老师们对这个（课程领导力）有抵触，有的老师很愿意去学，是没有精力去学，因为平时工作压力很大。	工作量大		工作量	大—小
	工作时间长		工作时间	长—短
	工作压力大		工作压力	大—小
T13：大致的方向是设定好了的，我们只是一个执行者，都有一个目标，所有的课程标准推都有一个教学大纲，每一节课都要都重点难点，我们只是根据这节课讲待学生清楚，明白，有所收获。这就是阻力。思考如何把这节课大纲来的，我们是按照大纲来的，我们不可能不搞创新，不能把那个东西改变，我们只能按照这个方向走。	创新空间较小		管理权限	集中—分布
			课程安排	合理—不合理
T24：只要是有培训，就会提到"核心素养"这个词。	政策落实不足		政策要求	全面落实—局部推进
T31：我很注重激发孩子们的创造力和潜力，有时候一天下来会有四五节，我不能保证每节课都有这么高的情绪和体力去支撑我使用新的教学方式。	自主空间小		学校课程管理	匹配核心素养—不匹配核心素养
T54：并不是说考试本身有问题，而是试题的考查目的存在问题。假若是考查学生的知识能力，我们教师勉要不停地训练学生刷题，而如果是考查学生的核心素养，我们肯定会相应地改变教育方法。	考试主导		评价机制	知识本位—素养本位

（二）主轴编码：在核心素养与考试文化的双重要求中徘徊

在主轴编码阶段，研究者对开放编码所生成的各类属及其属性与维度进行关联式分析，并按照施特劳斯和科宾提供的"（A）因果条件—（B）现象—（C）情境条件—（D）干预条件—（E）行动/互动策略—（F）结果"这一编码范式模型，将类属重新进行组合①。建立完每一个概念类属的关联后，研究者分辨出主要类属和次要类属。通过范式模型，关于教师落实核心素养现实境况的故事脉络变得清晰（图5-3），具体如下。

```
因果条件    现象       情境条件    干预条件    行动/互动策略   结果
经验感知 → 具体实践 → 认同倾向 → 现实困境 →   具体实践   → 生成机制
```

图 5-3　主轴编码示意图

（A）因果条件：教师自身课程领导力对学生发展、教师职业地位与学校教育质量的提升起重要导向作用（经验感知）。

（B）现象：教师在应试压力下尝试通过提高自身的能力以促成学生核心素养的培育（具体实践）。

（C）情境条件：教师对自身的身份认同与职务认同（认同倾向）。

（D）干预条件：教师个人情感、教师工作负担、学校管理体系（现实困境）。

（E）行动/互动策略：教师在不影响成绩的前提下，尝试课程革新与自我转型，力所能及地培育学生核心素养（具体实践）。

（F）结果：教师课程领导力得以生成或受阻（生成机制）。

由范式模型可知，"教师课程领导力的生成机制"成为研究的主类属，开放编码中的经验感知、具体实践、认同倾向、现实困境等均成为进一步理解与诠释这一主类属的次类属。

（三）选择编码：教师课程领导力的生成机制及其现实阻碍

选择编码是选择核心类属，将核心类属与其他类属系统地关联起来，证实

---

① Strauss A，Corbin J. 1990. Basics of Qualitative Research：Grounded Theory Procedures and Techniques. Newbury Park：Sage Publications，96

这些关系以及充实类属的过程①。在主轴编码的基础上，本次研究以"教师课程领导力的生成机制及其现实阻碍"作为核心类属。通过访谈，我们得知当前教师在落实核心素养过程中，一方面认同核心素养的理念诉求；另一方面因考试压力，在落实核心素养导向的教育中不断摸索，在得当与不当中徘徊，形成了无奈或从容的心理状态，具体表现为以下四种状态：二者兼顾，应试为重；二者兼顾，素养为重；片面倚重，重应试轻素养；片面倚重，重素养轻应试（图 5-4）。

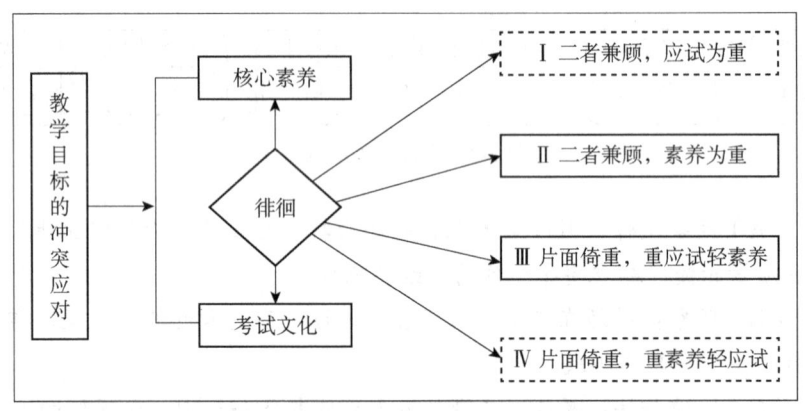

图 5-4　一线教师落实核心素养的现实境遇

在落实核心素养的过程中，中小学教师课程领导力的生成从经验感知到具体实践再到认同倾向层层推进（图 5-5）。首先，在经验感知层面，教师个体对教师课程领导力产生事实认知、操作体悟与价值理解。其次，在具体实践层面，教师群体在课程思想、课程设计、课程实施、课程评价与课程开发等课程活动中形成合力，构建课程领导共同体，激发自身的潜能。最后，在认同倾向层面，通过职务认同与自我认同，不断激发教师课程领导力的活力。与此同时，教师课程领导力在生成的过程中也面临着一定的现实阻碍，主要表现在教师职业情感障碍、工作负荷、自主创新空间小和政策制度四个方面。

---

① Strauss A，Corbin J. 1990. Basics of Qualitative Research：Grounded Theory Procedures and Techniques. Newbury Park：Sage Publications，116

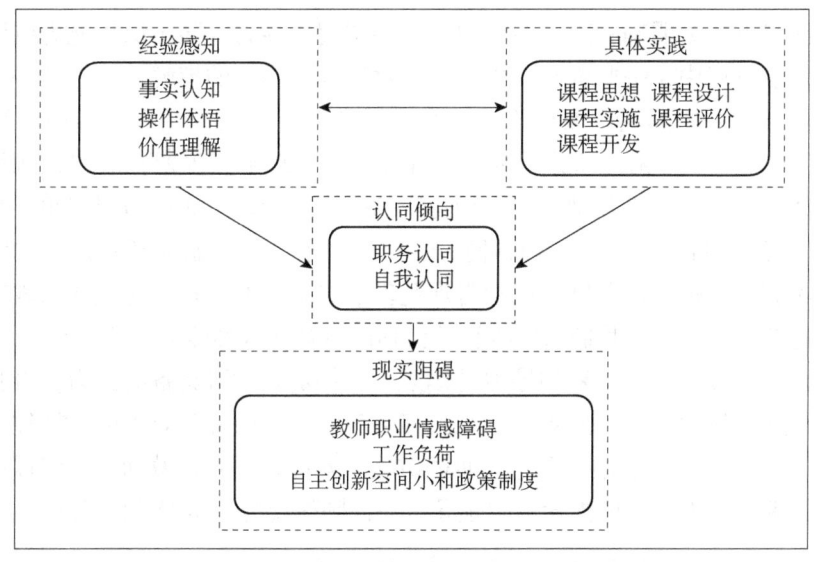

图 5-5　教师在培育学生核心素养中的课程领导力作用机制及其阻碍

第二节　教师课程领导力的经验感知

教师对课程领导力的认知从深层次上影响着教师课程领导力的具体实践与认同倾向。教师在充分知晓课程领导力的基本内涵和价值理念等内容的前提下，才能有效进行课程领导实践，形成课程领导认同力。在与教师访谈中，研究者发现教师对课程领导力存在如下观念。

一、教师对课程领导力的事实认知

教师在领导课程时，首先要对核心素养、课程领导力等具有清晰的事实性认识，如"什么样的教师可以被视为课程领导者""教师课程领导力的作用对象是谁"。一旦教师缺乏对课程领导力的清晰认知，终究会使其课程领导效果大打折扣。访谈中，教师对课程领导力的整体认知呈现出三种倾向：①未曾了解何为课程领导力。访谈中，当询问教师对课程领导力有什么看法或见解时，部分教师表示没有听过或不了解课程领导力。有教师提出："这是我第一次听到'课程领导力'这个词。"（T2）还有教师直言："我们不太清楚课程领导力是什么意思。"（T3）由此表明，部分教师在访谈前从未接触过"课程领导力"这一概念，对这一概念尚未有较为明确的理解与认识。②将课程领导力等同于课程能力或课程开发。在访谈过程中，一些教师提出了自己对课程领导力的理解，认为"一个教师的课程领导力主要体现在课程的开发上面"（T37），或是"在研发课程方面有新的进展"（T47）。可见，部分教师对课程领导力的理解只停留在表层，侧重于实践层面的研发课程，将其理解为某种特定的能力或活动。③认为课程领导是课程专家的事务，与自己无关。有教师指出："我目前的能力暂时还不足以去领导课程，达不到引领他人的程度。我觉得那些教了好多年的、资历比较深的教师才有这种课程领导的能力，我们这些年轻的教师尚不具备这种能力。"（T66）

这表明部分教师将课程领导力看作某一类特定人群所具备的能力，将其排除在自身专业发展之外。由此观之，绝大多数教师对于课程领导力的认知往往是就词论义，甚至从未听过这一概念。通过访谈内容可以看到，教师大多将课程领导力化约为课程能力，其中内含的"领导"一词则被视为特定群体的象征。

二、教师对课程领导力的操作体悟

教师在进行课程领导时不仅需要知晓什么是课程领导力，还需要对其在具体课程领导情境中的操作形成明确认知，如对"在课程领导中如何对待与学生、家长、同事和管理者等相关主体的关系""课程领导力如何形成与增进"等问题的认识。在访谈过程中，教师对课程领导力的产生与发挥形成了两种观点。

一是教师"心有余而力不足"，虽然了解领导课程的重要性，但在具体实践中还存在诸多困难。大多数教师提到没有时间和精力去领导课程。例如，访谈中有教师谈到：

> 平时的时间几乎已经被日常教学占满了，我们很难有精力再去做这些与课程领导力相关的事情。（T27）

还有教师直言：

> 我们工作的首要任务是把教学任务完成，余下的时间才有可能去做其他事务，但关键是我们的日常教学就让我们身心俱疲了。（T36）

此外，在当前的应试教育模式下，教师领导课程的权限受到限制，很难在具体实践中实现自己的新理念、新想法的创立与落实。可见，教师对于领导课程充满着无奈与失落。

二是部分教师认为通过自身或群体的力量能够有效引领课程。多数教师表示可以通过自身专业能力方面的精进来逐步走向课程领导。例如，在课程开发方面，有教师谈到：

> 教师每个年级教授的课程大体上是一致的，教师需要在这些重复的课程中思考如何有所创新和突破，可以是新资源的开发抑或新方法的运用等，在不偏离教材和大纲的前提下，尽量生成和激发出新的课程。（T25）

同时，也有教师认为课程领导力的发挥需要教师间的交流与合作：

> 在你遇到问题时，一个很有经验的老师会给你提供很多的教育智慧，促进自己学习，这实际上就是在发挥课程领导力。（T1）

可见，教师对课程领导力的生成与发挥存在不同的体认，这进而会影响教师的具体课程实施和教学实践。

三、教师对课程领导力的价值理解

教师对课程领导力价值的理解与判断影响着教师对课程领导的认同和实践，涉及教师对于课程领导力对学生发展、学校课程品质的价值意义的判断。访谈中，教师普遍对课程领导力的价值持认可与肯定的态度。

首先，对于学生发展而言，有教师谈到：

> 教师通过课程领导可以游刃有余地驾驭课堂，把每节课都设计得高效且有质量，结合学生的兴趣灵活地把控课堂，这让学生在课堂中也很享受，可以自然地接受课上的内容，而不是强迫他死记硬背。（T10）

可见，教师对课程领导力价值持认可态度，认为课程领导力对于促进学生发展具有极大的意义和作用。

其次，对于教师自身来说，有教师提到：

> 我认为教师在课程领导的过程中，可以通过相关课程事务，如课题的研究来提升老师自身的专业能力，同时也可以影响带动其他人一起。（T45）

也有教师直言：

> 我觉得课程领导力是老师终身要为之奋斗的一个目标。因为你追求自己对他人的影响的过程中，其实是不断提高自己的过程。所以我个人认为，这

种领导力对于个人的发展和职业的发展来说是非常重要的。(T72)

这表明教师将课程领导力置于自我职业发展生涯中的重要内容和关键一环，甚至将其视为奋斗终身的目标。

最后，对于学校整体发展而言，有教师表示：

我认为在全校中，校长是课程领导的掌舵人，他要掌握一个大的方向，使大的整体的方向不偏，我们所有教师在大方向的指引下共同奋进。(T3)

由此可见，教师课程领导力的发展与学校的发展是相辅相成的，在校长的引领下，学校确定了基本的发展方向，普通教师可以获得发展课程领导的"航向"，并在共同发展的同时共谋学校的发展。

第三节　教师课程领导力的具体实践

教师课程领导实践力是教师课程领导力的关键，是教师为培育学生的核心素养，在承担课程领导角色或参与课程领导活动的过程中所表现出的具体行为。通过实证研究可以发现，教师在以下方面表现出一定的课程领导实践力。

一、以国家政策为指引更新课程观念

教师在参与课程领导实践时，首先需要具备一定的课程思想以便于引领实践，如"掌握先进的教育与课程理念""理解当前的教育政策""与多方主体共同合作"。访谈中，教师对课程思想领导力的认知呈现三种倾向。

一是学习专家名师及当下比较流行的教育思想与教学理念。访谈中，一些老师表示在实践中会"多去观摩名师的课"（$n=17$[①]），他们通常"多接触、多了解全国比较优秀的教师的一些理念、教学理念，还有一些课堂实录等"(T43)。也有的教师表示：

必须要对当下热度比较高，或者是引起教育专家（关注）的这种热点性东西更敏锐，然后你才能够及时汲取相关的知识。同时你在学习到这些知识

[①] 此类括注指本次访谈中持有此种观点的人数。

之后，要将其进行自我转化和自我修正。（T27）

由此表明，部分教师将先进教育理念等同于认可度较高的教师在课堂等载体中体现出的教育教学思想，或是专家学者正在关注的、研究度较高的理念。与此同时，教师也认识到仅仅了解相关的课程思想是不足以支撑课程教学的，必须将先进的课程理念和思想融入自己现有的知识库中，并在自己课程与教学的思考与实践中及时地对教育课程思想进行更新与修正，这样才能真正发挥思想与理念的引领作用。

二是及时了解并学习相关教育政策文件。许多教师表示：

> 关于政策的解读，我觉得一定要很明确。因为只有明确了大方向，我们才能朝着这一个方向去做。我就把握这个方向，相当于对政策进行解读。（T25）

可见，教师在教育教学中往往会以政策作为实践的基本导向，具言之，通过对政策精神的解读来补充、发展自己的教育与课程思想，并将其落实到具体的课程教学中。

三是拥有与家长和其他教师共同促进课程落实的愿景。部分教师认为，家长是促进学生发展的一大助力：

> 把家长一块儿带动起来，如果家长配合的话，能发挥很大的作用，但是如果只让教师一个人做的话，他的能力是有限的。（T22）

但有教师指出，现实情况中，"一些家长怪我们，说这样花时间培育核心素养会影响到孩子的成绩"（T13），这往往使得教师与家长难以真正形成合作共同体，更遑论拥有共同的课程愿景并去实现它。

四是通过与其他教师进行交流，共同落实课程愿景。有的教师指出：

> 我们一个语文组都会在一起。比如我上一节课，我就会提出各种疑惑，这个地方我处理不好，然后别的老师就会跟我交流，他自己是怎么上的。（T9）

在共筑课程愿景方面，学生群体受到了一定程度的忽略，很少有教师明确认识到学生在此方面的作用。同样地，教师也较少与学校管理者就其对课程愿景的思考和看法进行交流与沟通、使学校的全体成员致力于共同课程愿景的实现。由此可见，教师的课程思想领导力实践以解读教育政策为重要引领，此外还涉及掌握先进教育理念方面。

二、借专业共同体设计课程实施方案

课程设计实践是教师有目的地对课程活动进行规划的活动过程，包含整体规划、资源意识与集体备课三方面。在整体规划方面，访谈中，教师认为"吃透教材，把教案设计好，课件高质量"（T10）是日常课程教学中的基本工作，也是落实高校课程教学的重要前提。因此，部分教师表示自己会提前对教材等进行研究，以形成对课程教学的整体规划：

我们一般都会在开学之前对教材进行通读，然后对相关的知识点和内容进行批注、研究，我们也会对每一个单元进行研究，看能否进行整合。然后想用一些新的教学法对新的教材进行一定的处理。课后的练习会根据需要进行相应的设计。（T27）

然而，在优秀的教育思想与政策落实方面，教师在课程设计上仍存在一定的不足。例如，有的教师由于不清楚核心素养的具体落实方式，往往选择在课程设计中丢弃这一指导思想。有教师坦言：

我没有一根线，没有一个指导性的东西，我觉得很模糊，（对于）核心素养怎么教、要教到什么地步我是不清楚的。（T18）

如何选用资源以保障课程落实成效也是课程设计必须注意的要点。在访谈中，有的老师表示自己会利用学校资源激发学生运用美术知识的兴趣和冲动：

以美术课的"垃圾分类"主题为主，引导学生画一些相关的画，比如画一个标志或者写一个标语，通过小组合作完成，然后可以贴到学校的一些相关的地方。就让他们去参与一下。（T46）

也有的教师会"带孩子们出去写春节的对联，参加一些社区里面的美术展览等"（T19），利用社区资源帮助自己更好地实施课程设计。再者，有的教师会整合网络资源，以谋求育人效果的最优化：

比如网上的这些教育云，每一年比赛的视频，包括一些优质课的教案设计，这些是需要我们去了解、去整合的。（T19）

此外，集体备课是教师在进行课程设计时经常采用的方式。通过专业共同体内部的交流与分享，教师能够借助集体智慧的结晶，实现课程设计的品质提升。有教师表示：

像我们组的话，老师都挺好的，遇到集体备课或者到外面参加比赛的情况，我们都是相互协作的。（T21）

具体而言，教师在共同研讨期间往往就某一主题进行课程预设，专业共同体中的成员会通过相互交流和学习有所收获。有教师提到：

我们数学科组每个星期都会在固定的时间里去探讨同一类型的重难点，或者说探讨遇到的问题怎么去解决。我们共同探讨一堂课或者某一个类型的课程怎么上，在这个过程中大家的能力都能得到发展。（T29）

由此可见，在课程设计过程中，教师往往借助专业共同体就课程规划或问题进行研讨，以保障课程设计的品质。

三、秉生本立场动态调控课程实践

教师在将课程设计付诸行动的过程中，应关照学生主体、支持学生发展，并能够依据课程实施中具体的突发状况进行动态调整。在访谈中，有的教师表示：

大纲只是一个总的方向，每个老师的做法肯定都不一样，会根据学生的情况来具体地做。（T2）

我把握了核心要素，再结合本班的情况，就可以有机地进行课程调整，有时候我会根据时间段把后面的内容调到前面来，有时候我会根据我们班的实际情况往里面再补充一些内容。（T23）

这还是要结合班情，实施分类教学。"优班"的学生底子好，本身就具备较强的探究能力，我就尽量多给他们一些自主探究的空间。普通班的学生就不太适合这种方式，主要以传授法为主。对于一个班的学生来说，也需要进行分类教学。（T72）

可见，教师在课程实施中会尊重学生的主体地位，及时关注每位学生的实际情况。教师不仅在教育教学中会有意识地关注全体学生，认真回应学生的需求，也会在此过程中努力促进学生的成长和发展。例如，有的教师在课程中，在有意识地培养学生创新能力的同时，还会注意学生批判思维的养成：

> 学生自己就会提出疑问：这个东西这样不行的话，那样行不行？包括一年级的小孩子都会说，他们觉得老师有一部分说的是对的。他们自己会有很多的想法，他们会表达出来。让学生表达出来的这个过程，其实就是学生质疑的一个过程。（T15）

此外，教师在课程实施过程中还需要具备开放的思维，能够妥善应对及处理课程预设之外的突发状况，依据现实所需及时调整课程实施方向：

> 你对课堂的把控能力，对不同学生的状况都能够灵活地进行处理。（T10）

由此可见，教师在教学中往往会秉持以生为本的理念，接纳学生的个性差异，激励学生逐步发展，并能及时调整和补救学生的"意外"和"偏航"。

四、持课程评价结果进行自我反思

课程评价是教师实施课程领导实践力的一项重要举措，主要包括以课程落实成效为导向，对教师实践中的学情、自我与课程进行评价，并能依据评价结果及时调整课程实践。在访谈中，有教师指出：

> 当你运用到你的班上的孩子的时候，效果怎么样？这才是最有说服力的。（T7）

因此，课程结果的评价是教师在课程实践中需要重视的方面。在课程结束后，教师往往借助自我反思，对学生在课程中的表现情况、自我的表现进行总结，进而提出提升课程能力的改革方案，以达到课程最优的呈现效果。有的老师会反思：

> 比如自己哪个方面欠缺，平时就要根据教学反思来提升自己的能力，让自己更游刃有余地驾驭课堂。（T10）

还有部分老师借助自己的独特方式进行结果评价和归因分析：

> 要擅长去发现问题，善于思考与反思，并把这些写下来，同时善于研究。结合我自己经验的话，我喜欢思考，然后通过一系列案例来把它归类，最后研究出来这一类问题。（T55）

在自我反思的过程中，教师会及时地对课程进行调整与改善，便于未来更好地呈现课程。尽管如此，在具体的课程实践中，教师较少会透露出评估课程的表述与思想。由此可见，在课程评价实践方面，目前教师的行为是有待提高的。

五、寻求专家支持提升校本课程质量

课程开发作为教师课程领导实践力的重要组成部分，是充分展现教师课程领导力的一项活动。在课程开发过程中，教师需要充分关切各方需求，整合多方资源，同时还要保证开发过程合乎规范。在实践中，教师往往会开设多样课程，以满足学生个性化的发展需求。例如，有教师表示：

> 这些课程包括民乐、足球、书法等，能够从多方面培养学生的素养，学生可以根据他自己的爱好、特长去选择他感兴趣的课程。（T3）

同时，校本课程也要关注学生的身心发展特点，因此有的教师认为：

> 校本课程，就是把这个书给学生，学生能自主去进行学习，所以它的语言要变得贴近儿童。（T26）

部分教师认为校本课程还需要关切国家课程：

> 因为我教语文，通过自己在语文方面的学习，我觉得课外阅读对我自己的影响比较大。我上学的时候不怎么喜欢听语文老师讲课，所以我自己教课的时候，就特别注重学生的课外阅读。我在我们学校申请了一门示范课程，就是课外阅读方面的。（T6）

然而，在具体实践中，教师开发的校本课程出现了对地方课程的关照度稍显不足的情况。再者，在开发过程中，学校往往会充分发挥教师各自的专长和优势，以构建行之有效的校本课程。例如，有教师提到：

> 我们都是老师自主积极申报的，就是我们老师结合自己的特点，然后去申报这门课程。（T24）

除此之外，开发和利用对专业度要求较高的课程，有必要借助校外资源进行完善，如"像扬琴这种特别专业的课程，需要外聘教师"（T64），只有专家的力量才能完成此门课程的有效开发和实施。在此意义上，专家的指导在课程开发的过程中发挥着至关重要的作用。例如，有教师坦言：

> 我们英语话剧的校本，是由一个湖北大学的专家指导的，他给我们提供了很好的资源、人员上的一些帮助。（T17）

可见，教师都认可专家引领在课程开发研讨过程中的助力作用。有教师直言，在没有专家指导的情况下，他们在课程开发方面往往会缺乏正当程序的操作意识与流程方式：

> 因为没有人指导你，你就自己去阅读一些专业书籍，就去从书籍里面学习，然后向身边的人请教，自己在教学中也会去反思。不过肯定也有不成功的时候，然后就回去反思，去改进，就是这样。（T35）

在此情况下，教师可以保证专业知识与能力的准确性，却不能把关课程质量以及除了质量之外的诸多方面。由此可知，专家指导是保证课程开发程序正当的条件之一。具言之，在校本课程开发研讨的过程中，专家的指引不论是在保证程序正当方面，抑或是在建构完整的校本课程的专业资源方面，均发挥着重要作用。

第四节　教师课程领导力的认同倾向

教师课程领导认同力是教师作为课程领导者的一种身份认同和职责驱动。它是教师自身课程领导力的内化，也是衡量教师课程领导力水平的重要标志。在与教师的深度访谈中，我们发现教师对课程领导力存在以下两种认同倾向。

一、教师课程领导力的主体之维：群体归属抑或自我认同？

教师课程领导认同力的主体归属具体可分为自我认同和群体认同，通过访谈我们发现，一线教师对课程领导力的认同大多表现为群体认同。群体认同即教师在群体之中，通过团队成员的引领与指导，激发个体的集体归属感，并在效仿与追随其他成员的过程中共同解决问题，进而形成对互相合作的社群的理解、尊重和认可。具体而言，教师课程领导力的群体认同呈现出以下三种表现。

一是群体间形成相互学习的团队氛围。有教师指出：

教师的课程领导力在团队氛围下的辐射面会广一点。两位老师私下交流，可能只是一些非常细微的或者生活化的交谈。但如果在团队中，当我们分享一些比较有用的做法和看法的时候，可能辐射面会广一些。而且大家是在一种非常正式的活动氛围的感染下，可能会抱有一种学习的心态。（T39）

二是团队成员在引领与追随优秀团队成员的过程中获得共同发展。在教师群体中，一些教师"能够带动同组或是同年级的老师一起接受新的观念、新的看法，新的教学理念"（T13），"能够给别人做出表率，能够成为模范让其他教师学习"（T46）。在教师群体的日常教学中，作为模范的教师影响与引领着同侪教师的课程发展方向。

三是群体间互帮互助，促成合力。有教师提到：

我们数学科组每个星期都会在固定的时间里去探讨同一类型的重难点，或者说探讨遇到的问题怎么去解决。我们共同探讨一堂课或者某一个类型的课程怎么上，在这个过程中大家的能力都能得到发展。（T29）

教师可以在群体合作中改进和调整自身存在的问题，不断锻炼与提升自我，与群体共同成长。同时，也有教师指出：

课程领导力高的教师能够和年级组的老师形成合力，不仅帮助自己的班级，也能够带动其他班级，针对各个班级的具体情况采取相应的措施。（T22）

可见，教师对课程领导力的认同呈现出群体认同倾向，并通过教师群体间的合力共同改善课程实践。

二、教师课程领导力的内容之维：权力崇拜抑或责任共享？

教师课程领导力在内容本质上有着职务认同和责任认同两种倾向。访谈发现，教师课程领导力表现出明显的职务认同，即教师更愿意追随与效仿在课程事务方面具有专业权威的相关课程专家。当一线教师在教育教学实践中遇到棘手问题时，他们大都希望在校内骨干教师或校外课程专家的引导与帮助下解决问题。一些教师表示那些骨干教师具有一定的课程领导力。正如有教师提到：

我们学校数学科组有一个王牌老师，我们每个老师都很佩服他。他对人也蛮热心，我们每次找他帮忙、让他听课指导一下，他是真的发自内心地帮助我们，指出我们在课堂上需要改进的地方，并给我们提供合理化的建议。（T19）

在这类课程专业权威教师的领导下，其他教师也会在其影响下逐步走向课程领导，向同一个方向推进自身的发展。此外，也有教师认为一些教育实践中的难点问题仅依靠教师团队的内部研讨是不够的：

当有一些问题我们自己不清楚时，我们只能几个老师一起讨论，这时候很希望有校外的专家能给予一些诸如知识性方面的帮助，来告诉我们应该怎么做（T21）。

教师表示在课程专家的引导下，自己参与课程领导的动力可以得到激发。正如有教师谈到：

在校本课程开发中还是需要有专家进行引领的，我们想朝那方面努力，但我们的能力还比较欠缺，不知道如何努力。就像学生一样，很想努力，但是不知道方法，还是需要专家老师指导一下。（T9）

由此可见，一线教师更愿意追随具有一定课程专业权威的教师或专家，将其视为领导者，并在其领导下使自身逐渐步入课程领导的队伍之中。

第五节 教师课程领导力发挥与发展的现实阻碍

在访谈中，教师指出当前存在阻碍其发挥课程领导力的现实因素，主要包括教师个体课程领导动力与意愿不足、超负荷运作下教师课程领导压力剧增、现行学校管理体系中教师课程领导空间受限和考试文化下教师课程领导无所适从四个方面。

一、教师个体课程领导动力与意愿不足

教师在教育实践中往往表现出课程领导的动力与意愿不足的状态，具体表现在两个方面。一是教师自我效能感较低，不认为自己有能力在日常的课程教学实

践中影响或引领他人。在访谈中,有些教师表示"我的能力暂时还有点不够"(T18),"自己还达不到这种高度"(T29),"我还是一个年轻老师"(T14)。二是个人发展意愿不足。一些教师认为自己仅需要承担实施者角色,不需要担任课程领导的职责。有教师认为,"我们只是下面的一个普通的小分支、一个实施者。不同领域都有专门负责的老师,我们只是下面的一个实施者,只负责教授这门课"(T29)。也有教师在谈及自己的职业理想时直言,"自己没有太大的追求,只求把自己能做的普通工作做好就可以了"(T67)。显然,部分教师只主动承担教师的本职工作,还不具备在课程教学中促进自身专业发展的意愿。还有的教师坦言"可能马上就要退休了,并没有这个想法"(T47),"到了这个年纪产生了职业倦怠,职称和待遇又得不到解决,对教学渐渐失去了兴趣,热情不高,并且觉得很累"(T36)。可见,有的老教师认为自己的职业生涯已经临近终点,缺少对职业的热忱,产生了职业倦怠。但同时,也有相当一部分教师认为教师的主动参与在课程领导中具有重要的意义,是培养教师课程领导力的首要条件:"我觉得本人要有强大的意愿,就是意愿,是第一位的,就像是动力一样。"(T14)由此可见,教师认可个体课程领导动力的重要价值,但在实践中却无法激发出自身对课程领导的意愿,导致出现"知行相逆"的局面。综上,教师课程领导力动力和意愿不足会导致教师丧失提升自我专业水平的兴趣与活力,更遑论作为课程领导者来引领与影响其他教师和学生。

二、超负荷运作下教师课程领导压力剧增

形成课程领导力的关键在于教师课程领导实践是否得到有效发挥,而在访谈过程中我们发现,绝大多数教师在实际工作中处于超负荷的状态,导致教师无法充分开展课程领导活动,具体体现在两个方面。

首先,在工作总量上,繁重的教育教学任务让教师没有多余的时间和精力去参与课程领导实践。一名教师反映道:

> 我们学校的工作负担真的很重,教育教学活动太多了。我们学校有一个很有名的"12月节"活动,每个月都要举办活动,例如,9月份是关心集体月,那么就有黑板报、演讲等一系列的活动,再比如12月份我们四年级有心理剧,这个需要评比,你要自编自导自演,还要组织孩子排练。而12月份我们又到了复习阶段,学习任务特别重。(T6)

这真实地体现出当前一线教师实际工作现状:基本教学任务已占用教师大量

工作时间，甚至挤占了教师的休息时间，导致教师没有充沛的精力和时间来发展自身的课程领导力。

其次，在工作结构方面，教师的工作边界不断延伸和扩展，工作结构失去平衡。有教师表示：

> 往年我还有心思沉下心来反思自己的不足，但现在事情实在太多了，没有这个心思了。现在填表、写报告、迎检等，占据了老师大部分的时间与精力。（T22）

这类非教学性事务进一步加重了教师的工作负担，为教师实施课程领导实践力带来了现实阻力，一位教师提到：

> 现在就说阻力的话，我觉得主要就是工作压力很大。我们其实真的很累、很辛苦，很多老师在身体方面也吃不消，所以工作压力这种阻力会让老师们对这个（课程领导力）有抵触，有的老师不是不愿意去学，而是没有精力去学，因为平时工作压力很大。（T62）

由此可见，教师在日常工作中处于超负荷的状态，这种现实工作的压力导致教师进行课程领导的压力剧增，无法全身心地投入到课程领导的实践当中。教师在权衡多方利益后，趋于无奈，只能沿用传统课程模式来领导课程。综上而言，过重的工作负担已成为教师进行课程领导的现实阻力和障碍，使得教师的课程领导力无法深入推进。

三、现行学校管理体系中教师课程领导空间受限

当下学校管理体系中存在的部分问题对教师领导课程形成了一定的阻碍，限制了教师课程领导力有效发挥的空间。一方面，学校管理权限过于集中。教师课程领导在学校是否成为可能，依赖于学校领导是否愿意分配自身权利，把部分权利赋予教师。然而，在现实当中，多数中小学给予教师的权利十分有限，在没有得到学校明确指示的前提下，教师是不敢"轻举妄动"的。多位教师反复强调：

> 教师课程领导力的生成与培养需要得到学校的支持，教师才可以产生这样的能量。（T30）
>
> 还需要得到学校的授权才可以持续增长这方面的能力。（T31）

但实际上，"教师的职权是有限的，教师若想在课程与教学方面有所作为，

就是要看学校领导愿不愿意给我们放职权。我们可能想去参与课程领导，或者愿意去和专家教授在内的其他人一起去做这个事情，但是我们没有这个权限"（T3）。这使得教师无法充分发挥自身的自主性与能动性。另外，不合理的课程安排也会影响教师课程领导力的发挥。部分学校的课程安排并未全面而充分地考虑育人成效，只是在机械地完成、应付教学任务。例如，有个别教师反映学校科学课每周只有一个课时，在教师完成必要的讲授之后，留给学生自己动手的时间十分有限，不利于培养学生的自主探究能力（n=6）。此外，也存在因课程安排过于紧凑导致教师出现教学疲劳的情况，这不利于教师课程领导力的有效发挥。一位美术教师指出：

> 我很注重激发孩子们的创造力和潜力，但是因为美术课一周课时挺多的，有时候一天下来会有四五节，我不能保证我每节课都有这么高的情绪和体力去支撑我使用新的教学方式。所以有时候这个班的状态比较好，我就会选择性地使用这些方法，如果这个班的状态不太好，我可能就会使用更常规一点的教学方法了。（T15）

由此可见，教师在现行的学校管理体系中只是在被动地完成上级领导安排的任务，其领导课程的权限受到挤压。这限制了教师课程领导的空间与范围，阻碍了教师具体而生动地领导课程。

四、考试文化下教师课程领导无所适从

访谈中，"考试"是一个被反复提及的词汇。考试不仅驱使教师将提升考试能力作为课程教学的核心任务，而且对经验感知、具体实践、认同倾向等其他因素造成了深层制约。考试文化下教师课程领导的无所适从是教师认识、生成和落实课程领导力的困境之一。

当前的考试评价以纸笔测验为主体，以分数为结果呈现形式，这种方式无法全面地推进课程领导的落实情况。在国家政策引领下，面对以核心素养为取向的考试转型，教师需要花费时间和精力去适应这一变化。例如，教师在明确的实践方向下，对核心素养的认知产生变化，导致其在向核心素养的教育改革与自我转型过程中出现瓶颈，进而影响教师在具体实践中的课程领导（n=17）。例如，有教师直言：

> 以前的教学模式对我来说是信手拈来，现在如果做调整，就需要走出舒

适区。（T34）

加之当前大班额的教学生态，教师在课程领导中难以兼顾学生的差异化与个性化发展（$n=9$）。

> 我们现在的教学班太大了，人数接近60。人数太多，课堂效果肯定是打折的。（T22）

> 新的课程标准提出了学科核心素养，这对我们老师落实核心素养来说在方向上更为明确了。（T57）

学科核心素养的提出为教师提供了明确的实践导向，由于各学科具有不同的特点，这就加大了课程领导的实践难度（$n=6$）。同时，教师在其他方面的时间投入影响了课程领导的均衡落实。例如，"裸分"科目享有较高的学科地位，课时安排占比较大，教师投入的时间更多。有教师提到：

> 历史课本身课时安排得就不多，在有限的时间里既要让学生掌握历史知识，又要兼顾核心素养的培养，还是有些困难的。（T13）

此外，核心素养的养成需要各个学段的不间断参与，这就要求教师掌握基础教育所有学段的课程标准、教材与试卷，这将大大增加教师领导课程的时间成本。总之，"以考定教"是基础教育阶段落实核心素养和课程领导力的深层逻辑。在新的考试导向下，教师对待核心素养和考试文化的态度开始从"徘徊"逐渐走向"同行"，考试文化变革下的无所适从终将消解。

通过对109位中小学教师的深度访谈，本次研究对教师进行课程领导的实然境遇给予了遵从实际的考察，对当下从应然层面探索课程领导力应如何落地的理论研究起到了一定的补充作用。本章还在个体场域、学校场域的基础上扩展了社会场域因素，发现学校管理体制、工作负担、分数导向的考试与评价机制既是基于核心素养进行课程领导的动力，同时又是阻碍力，而最深层的原因则在于隐藏在背后的传统考试文化牵制着课程领导力的形成和践行。

第六章
核心素养视域下教师课程领导力发展的总体反思

本书采用的是量化与质性相结合的混合研究范式。第四章与第五章分别呈现了量化与质性视角下中小学教师的课程领导力现状。但混合研究方法要求我们采用整体视角，对已有研究发现进行系统审视和深入剖析。因此，本章将结合前两章的研究结果，做进一步的总结和提炼，并结合实际，对当前核心素养视域下中小学教师课程领导力的特征与困境进行总体反思：一方面，基于教师课程领导力发展水平不一的现实情况，从地区、学段、学校水平、个体差异等方面解读教师在课程领导力水平上的群体差异，对产生这些差异的可能原因进行剖析，同时探究教师个体场域因素、学校场域因素和社会场域因素对教师课程领导力的重要影响；另一方面，分析核心素养视域下教师课程领导力发展所面临的结构失衡、总体水平偏低、领导意愿与自我认同匮乏、专业支持有效性不足等问题，以期为寻求教师课程领导力发展对策提供方向指引。

第一节　核心素养视域下教师课程领导力
发展现状概述

研究发现，核心素养视域下中小学教师课程领导力在认知力、实践力与认同力三个维度上的发展水平不一，且表现出显著的地区、学段、学校与群体差异。在影响因素方面，教师自身是影响其课程领导力发展的核心因素，这在全国层面与不同群体的比较中具有一致性与稳定性，社会场域因素同样在全国与地方等不同层面对教师课程领导力的发展产生显著影响，学校场域因素对教师课程领导力发展的影响则存在群体异质性，以下将逐一展开论述。

一、教师课程领导力三维度发展水平不一

结合问卷数据和访谈结果可知，目前教师课程领导力的总体水平偏低，具体表现为教师课程领导力得分为3.76，访谈中亦表现出课程领导力总体发展不佳的事实。这一研究发现与高一升和朱宗顺对幼儿园教师进行的领导力问卷调查结果形成呼应：幼儿园教师的各维度得分属于中等水平，其领导力总体上处于中等水平。[1] 这也印证了本书研究结果是对教师课程领导力真实状态的客观描述。

本书还发现教师课程领导力三维度水平参差不一，教师课程领导认知力表现最佳，课程领导实践力次之，课程领导认同力最差。这符合本书对教师课程领导力的理论探讨——教师课程领导力三维度是逐步习得的结果，各维度的发展通常会表现出不平衡、不一致的特征。

本书认为，教师尚未形成清晰准确的课程领导认知力。虽然在问卷调查中，教师的课程领导认知力得分（3.83）显著高于其他维度，但在深度访谈中，教师对课程领导力的经验感知呈现出概念陌生、理解窄化与具体操作认识模糊的问题，如有的老师直言"不太清楚课程领导力是什么意思"（T3）。对于这一量化结果与质性结果相背离的状况，可以从两个方面加以解释。一种解释是教师对课程领导认知力的认识与教师自身感知有关。在访谈中，教师认可借助群体力量可以有效引领课程，同时认可课程领导力之于不同主体的价值，这种朦胧的感知意味

---

[1] 高一升，朱宗顺. 2016. 浙江省幼儿园学科带头人领导现状与思考——基于教师领导力模型标准（TLMS）的抽样调查. 教师教育研究，28（4）：49-56

着教师自身在教育实践中已然形成了对课程领导力的一定认知。只不过这种模糊、尚不系统的感知没有发展形成深刻的理解。因此，在访谈中，教师对课程领导力观念理解不佳。此外，量化与质性研究结果背离的另一种解释在于访谈与问卷的表述形式不同，从而影响了教师对课程领导认知力的深入理解。在问卷中，问题陈述简短，同时避免询问回答者不知道的问题，如被调查者不了解"社会保障制度"这个词语，所以不能向其提问"您对我国的社会保障制度是否满意"的问题[①]。本书的问卷语言同样秉承了此原则，加之教师课程领导认知力的测评需具化为不同指标，以便从不同方面了解其具体表现，因而问卷的题目语言设计精练，且采用了教师较为熟悉的内容和表述方式，如"您了解中国学生发展核心素养"。而在访谈中，研究者直接询问教师对"课程领导力"的认识进而了解教师的课程领导认知力，很多教师表示对这一专业名词有些陌生。即便如此，教师仍可以就自己的课程领导实践发表其对教师课程领导认知力的看法，说明教师对课程领导力已形成一定的认知，但这种认知并不清晰准确。因而，量化分析与质性分析所呈现的结果并不冲突，教师面对问卷中语言直接、名词熟悉的题目，得分结果自然会比在访谈中的结果更佳，而访谈更为真实地呈现了教师对课程领导力最为贴切其本心的看法，方便研究者更为深入且深刻地了解教师对课程领导力的具体认识。总之，结合问卷调查与访谈资料可知，教师目前已对课程领导力形成了一定认识，但缺乏清晰的课程领导认知力。

在课程领导实践力维度，调查结果表明，教师具有较高的课程领导实践力，此维度得分（3.76）仅低于课程领导认知力维度，处于三个子维度的中间位置。访谈结果亦表明，教师在谈及课程领导力时，更多地关注课程领导实践力："教学能力、执行能力，然后创新能力等，自己能够完整地去设计一套课程，并把它实施下来，这个是很重要的。"（T4）一位班主任同样看重课程领导实践力，尤其是课程开发："我个人感觉就是在研发课程这一块儿有新的进展。"（T10）还有教师表示通过研讨进行课程设计："我们共同探讨一堂课或者某一个类型的课怎么上，在这个过程中大家的能力都能得到发展。"（T29）

可见，在日常课程教学活动中，教师往往重视课程领导实践力并对其深有感悟。教师在以国家政策为指引的课程思想、进行整体规划的课程设计、以学生为本的课程实施、进行自我反思的课程评价及课程开发方面都不同程度地进行了课程实践。其中，课程开发与课程思想在课程领导实践力方面表现不佳，不仅问卷得分在五维度中靠后，而且教师在访谈中也视此为课程实践中的难点。同时，课

---

① 风笑天.2014.社会调查中的问卷设计（第三版）.北京：中国人民大学出版社，90

程思想、课程设计、课程实施、课程评价和课程开发五维度的表现程度有所差异，这与高敬等的研究结果有异曲同工之处。高敬等通过对上海市幼儿园教师课程领导力进行调查后得出结论：课程专业技术领导力、课程文化领导力等在各个维度得到了不同程度的体现①。

教师不具备内在的课程领导认同力，课程领导认同力水平较低且在三维度中最为薄弱。不仅该维度得分（3.71）显著低于其他维度，而且访谈发现教师的课程领导认同力表现亦不佳。有的教师认为只有具备一定资格的教师才具有课程领导力："可能只有骨干教师级别的老师才具有一定的课程领导力。"（T31）

一位数学教师提出了自己的观点，认为"每个老师的分工不同，有的老师适合搞这个（研究），他会写会说，我们就是教书的"（T44）。这表明部分教师课程领导认同力水平较低。这一发现与其他研究形成了相互验证的关系，例如，宋艳梅认为，西部地区教师课程领导的困境之一就是教师"习惯服从上级领导，缺乏参与课程领导的意识"②。很多教师一听有关课程领导力的研究，就会不自觉地为其打上课程领导应该是学校领导和上级领导部门的事情的烙印，觉得自己只是课程执行者③。这些都是教师课程领导认同力贫乏的研究佐证。

二、教师课程领导力存在较大群体差异

（一）教师课程领导力地区分殊明显

从省际层面来看，各省级行政区的教师课程领导力发展水平不一，存在一定差异。结合量化研究结果可知，上海的教师课程领导力水平在全样本中最为突出，具体表现为教师课程领导力得分为4.08，排于全样本首位，教师得分优秀率为29.6%，同样位于全国首位；不合格率为3.0%，位于全国最低。这与"上海市提升中小学（幼儿园）课程领导力行动研究项目"密不可分，作为首次提出提升"课程领导力"的城市，上海历经三轮的《上海市提升中小学（幼儿园）课程领导力三年行动计划（2010—2012）》，产出了系列成果，有效提升了教师课程领导的意识和能力④。重庆、山东这两个省级行政区的教师课程领导力得分分别位居全国第二位、第三位，且教师优秀率分别为20.1%、17.6%，同样位于前三位，合格率也低于全样本水平。紧随之后的是湖北、江苏、山西、内蒙古、浙江、北

---

① 高敬，周洪飞，陈雪. 2014. 上海市幼儿园课程领导力的现状与思考. 上海教育科研，（11）：47-50
② 宋艳梅. 2010. 西部农村地区教师课程领导力提升的困境与出路. 河南社会科学，18（3）：143-145
③ 蒋丹. 2016. 小学教师课程领导力提升困境与对策研究. 武汉：湖北大学，37
④ 金京泽. 2020. 学校课程领导力提升的"上海经验". 全球教育展望，49（9）：92-102

京和广东。这些行政区的教师课程领导力得分均在全样本水平之上，且优秀率（除北京）基本高于全样本水平。这可能与这些省份的教育水平直接相关，据《中国教育发展报告2012》的统计结果，其"义务教育巩固率超越全国平均水平"[1]。而河北、四川、贵州、宁夏、湖南、新疆、青海、广西、安徽和河南的教师课程领导力水平较低，其课程领导力得分、优秀率均低于全样本水平，且不合格率（除河北、宁夏外）普遍高于全样本水平。这些省级行政单位多位于我国西部地区和中部地区，资源、教育水平等相对较低，如西藏、宁夏、青海、海南、甘肃、新疆和贵州的高级职称专任教师的数量不足全国平均水平的一半[2]。综合而言，本书关于省际差异的结论与已有相关研究的结论具有相似性。在以师资水平、教育经费水平作为教育投入指标，进而比较各地区的教育投入水平的研究中，通过对《中国统计年鉴》等政府公布的数据进行分析，可以得到如下结论：上海、北京、浙江等经济发达地区的教育发展水平最高，最低的是贵州、云南、西藏等经济欠发达地区[3]。

中小学教师课程领导力存在显著的城乡差异，由高到低的顺序为：中心城区>远郊城区>镇>乡村。对此，可能的解释是，乡村学校的教育资源相对匮乏，乡村教师发展空间不断受到挤压。一方面，乡村教师长期置身于单一的乡土环境中，相较于城市教师而言，其缺少在职培训与进修的机会，课程知识体系得不到及时更新，导致其对新课程教材的适应性较差；另一方面，乡村教师的学历层次相对较低，缺乏广阔的视野与扎实的教育理论基础。因此，乡村教师课程领导力较弱，欠缺领导同侪教师的能力。相较而言，城市学校软硬设施条件更好，学校经费充足，使教师能够掌握丰富的教育资源，并获得较多参与继续教育的机会，在此基础上能够有效推动教师将所学习的先进的课程思想和课程理念应用于课程实践中，进而表现出较高水平的课程领导力。有学者指出，中小学教师胜任特质水平存在明显的城乡差异，其由高到低的顺序为：城区>县城>乡镇[4]。也有学者认为农村课程改革存在课程资源匮乏、教师缺少专业支持等诸多问题，农村地区对新课程教学方式的认可度远低于城市地区[5]；城市教师对课程改革目标的实施

---

[1] 方晓东，等. 2014. 中国教育发展报告2012. 北京：教育科学出版社，162

[2] 赵琳，刘惠琴，袁本涛. 2009. 我国研究生教育省际发展状况及其特征研究. 学位与研究生教育，(5)：26-31

[3] 张力. 2012. 专家学者论教育. 北京：人民教育出版社，221

[4] 李三福，吴姝璇，邝娅. 2015. 农村中小学教师胜任特质的现状及其发展困境. 求索，(1)：188-191

[5] 马云鹏. 2009. 基础教育课程改革：实施进程、特征分析与推进策略. 课程·教材·教法，(4)：3-9

程度最高，县城教师次之，农村教师最低①。

中小学教师课程领导力不存在显著的民族差异，即学校是否位于民族地区对教师课程领导力的影响不大。2015 年，《国务院关于加快发展民族教育的决定》明确指出，要落实好教师配备政策，严格教师准入，招聘合格教师，并加强教师培训向民族地区农村教师和内地民族班教师倾斜②。可见，我国已经采取措施发展民族地区教育以及提高民族地区的教师队伍水平，所以民族地区的教师课程领导力水平也在逐步提升。当前也有实证研究表明，不同民族高中教师对校本课程意识的差异不显著③。

（二）教师课程领导力学段区分显著

从量化研究中可知，中小学教师课程领导力存在明显的学段差异，小学教师课程领导力水平最高，初中教师次之，高中教师最弱。出现这一情况的可能解释是，一方面，有实证研究表明，在高中只有 6% 的学校的课程规划还"不完整"④，故此学校给予高中教师在课程开发、课程设计等课程实践方面的创新机会较少。另一方面，当前仍以应试教育为导向，高中教师面临巨大的高考压力，普遍仍从考试胜任力的角度去培养学生，而相对忽视了学生发展核心素养的培育。因而，高中教师也较难提升指向学生核心素养的教师课程领导力。相较于高中，小学教师的压力较小，且他们能获得更多创新教育实践的机会与平台，拥有更充分的时间与空间培育学生核心素养，因此得以不断更新自身课程理念并不断提高课程领导力。

这与以往的有关研究结果具有一致性。已有研究指出，教师在对课程改革的认同、课程教材的适应等方面都呈现较为明显的学段差异⑤。在课程功能、课程结构、教学方式、课程评价、课程管理五个改革目标上，初中教师对实施程度的认同度均显著低于小学教师⑥。此外，初中教师对课程与教材的适应性和对新课程理念的认可度远低于小学教师，评价变化的程度也相对较小；而与初中教师相

---

① 史丽晶，马云鹏. 2016. 基于基础教育课程改革目标的课程实施程度调查. 课程·教材·教法，36（5）：14-22

② 国务院. 2021-04-18. 国务院关于加快发展民族教育的决定. http://www.gov.cn/zhengce/content/2015-08/17/content_10097.htm

③ 陈婷，孙彬博，郑学燕. 2016. 民族地区高中教师校本课程意识实证研究——以甘肃省临夏回族自治州为例. 民族教育研究，27（3）：64-71

④ 陈素平. 2014. 学校课程规划的分析与思考——以温州为例. 上海教育科研，（5）：74-77

⑤ 马云鹏. 2009. 基础教育课程改革：实施进程、特征分析与推进策略. 课程·教材·教法，（4）：3-9

⑥ 史丽晶，马云鹏. 2016. 基于基础教育课程改革目标的课程实施程度调查. 课程·教材·教法，36（5）：14-22

比，小学教师对课程结构的认同度、教学方式转变上的实施程度以及课程管理的具体实施程度相对较高[1]。也有学者通过实证调研发现，教师对"开发民族文化课程资源能力"的看法存在显著的学段差异，有55.8%的中学教师对当地教师开发民族文化课程资源的能力持不确定的态度，这一比例远高于小学教师[2]。此外，不同学段校长课程领导胜任力之间也存在显著差异，由于小学校长拥有更大的开展课程改革的空间，其课程领导胜任力明显优于九年一贯制学校校长和初中校长[3]。

（三）教师课程领导力学校水平互异

从量化研究中可知，中小学教师课程领导力存在显著的校际差异，这主要体现在学校性质与学校排名两个方面。

其一，公办学校的教师课程领导力整体水平以及课程领导认知力、实践力和认同力水平都显著低于民办学校。长期以来，我国以一元化的办学体制为主导，公办学校的办学自主权相对有限，其自主发展的活力与动力还有待提升[4]。部分优质的民办学校的教师薪酬待遇等同或者略高于公办学校，对教师能力的要求也相对更高，更为看重未来教师的个性化教育教学能力、创新能力等；而且民办学校的教师多为引进的优秀教师，其教学经验丰富，对业务能力的提高具有较强的自觉性[5]。此外，民办学校招聘通常采取的是合同制，教师为了在该校获得更好的发展及保证自己被长期留聘，必须时刻提高自身的课程能力与专业水平，保持较高的内在动机与外在动机。因此，民办学校的教师课程领导力相对较高。这与相关研究结果是一致的，有学者认为当前我国公办学校仍以政府主导，导致校长难以深度参与学校的规划与设计，进而加剧了校长空间领导的缺位[6]。也有实证研究发现，不同学校性质，即公办学校与民办学校之间的校长课程领导力存在细微差异[7]。马海燕和冯娉婷则对浙江省初中学校进行聚类分析，发现初中学校呈现均衡发展、高分重负、整体薄弱和欠缺活力四种类型，欠缺活力型学校的主要

---

[1] 马云鹏，金轩竹，张振. 2019. 我国课程实施研究20年回顾与展望. 教育研究与实验，（5）：38-44

[2] 刘茜，刘梅. 2011. 民族文化课程资源的开发：问题与对策——以四川羌族为例. 教育与教学研究，25（2）：1-6

[3] 吕立杰，丁奕然，杨曼. 2019. 基于情境判断测验的校长课程领导胜任力调查. 课程·教材·教法，39（9）：48-55

[4] 李颖. 2017. 普通高中多样化发展的现实基础和路径选择——基于对辽宁省115所普通高中的调查. 中国教育学刊，（5）：62-66

[5] 张忠山，吴志宏. 2000. 小学校长领导行为研究. 心理发展与教育，（2）：57-60

[6] 邵兴江. 2016. 校长空间领导力：亟待提升的重要领导力. 中小学管理，（3）：4-6

[7] 雷万鹏，马丽. 2019. 赋权与增能：中小学校长课程领导力提升路径. 教育研究与实验，（3）：68-72

特征是教师专业发展最差，专业活力不够；欠缺活力型公办初中占了三成，比例远高于民办初中[①]。

其二，排名最好的学校，其教师课程领导力最佳；排名最差的学校，其教师课程领导力最弱。中小学不仅具有促进学生核心素养发展的责任，同时还具有促进教师专业发展的功能[②]。办学质量较好的学校会积极承担提高教师专业水平的责任，在尊重教师发展的差异性的同时，为其提供相应的学习资源，以提升教师的课程领导观念，进而激发教师参与课程领导实践的意愿并形成课程领导认同，从而提升其课程领导力。而排名较后的学校教育资源相对匮乏，办学条件和质量也相对较差，在此情况下，学校对于教师的课程领导力没有高要求，从而导致教师缺少提升专业水平的动力、空间和资源，制约了其课程领导力的发展。

（四）教师课程领导力个体差异较大

本次研究结果表明中小学教师课程领导力存在显著的群体差异，体现在性别、教龄、入职学历、学历提升、职称、单科多科背景、职务背景等多个方面。

第一，中小学教师课程领导力存在显著的性别差异，女教师的课程领导力水平高于男教师。根据教育部发布的 2020 年《各级各类学校女教师、女教职工数》，我国普通小学女专任教师占 69.09%，初中为 59.43%，高中为 57.39%[③]，可见中小学教师队伍以女性为主。此外，女教师所具备的坚韧、勇敢、细腻等优秀品质使其能灵活有效地挖掘课程思想，完善课程设计、课程实施和课程评价，做好课程开发，进而使自身的课程领导力得到提升。相关实证研究也得出相同的结论，在控制其他因素的基础上，中小学校长的课程领导力存在显著的性别差异[④]，女校长的课程领导力水平明显高于男校长，前者具备丰富的领导课程实践经验[⑤]。

第二，中小学教师课程领导力存在显著的教龄差异，0~5 年教龄组教师的课程领导力水平高于 21 年及以上教龄组的教师，即青年教师课程领导力的表现更为出色。入职 0~5 年的教师处于事业的上升期，为了寻求更好的发展，教师往

[①] 马海燕，冯娉婷. 2021. 精准施策是初中提质强校的关键——基于大数据的初中学校聚类分析及改进建议. 上海教育科研，(5)：11-17

[②] 康丽颖. 2006. 学校的责任与教师专业发展. 教育研究，(12)：34-39

[③] 教育部. 2021-04-18. 各级各类学校女教师、女教职工数. http://www.moe.gov.cn/jyb_sjzl/moe_560/2020/quanguo/202108/t20210831_556359.html

[④] 雷万鹏，马丽. 2019. 赋权与增能：中小学校长课程领导力提升路径. 教育研究与实验，(3)：68-72

[⑤] 吕立杰，丁奕然，杨曼. 2019. 基于情境判断测验的校长课程领导胜任力调查. 课程·教材·教法，39 (9)：48-55

往会以饱满的热情开展教育创新和变革活动，在教学、课程实施等方面进行完善精进，由此表现出较高的教师课程领导力。教龄在21年及以上的教师则处于职业生涯后期，容易产生职业倦怠感，导致其从事教育教学的热情消退，成就动机和领导水平减弱[1]，进而表现出较低的教师课程领导力。然而，访谈中一些教师认为部分年长、资历老的教师更具课程领导力：

> 组长是我们学科内最有领导力的人，她比我们更加有经验，工作年限更加长，所以在各个方面的积累比我们都多。（T13）

有研究指出，区县教研员课程领导存在显著的教龄差异，但21年及以上教龄的区县教研员的课程领导力最佳，5年及以下教龄的则最弱[2]。也有调查研究证实，乡村小学教师教龄越长，其教学胜任力越佳[3]。

第三，中小学教师课程领导力存在显著的学历差异，具有博士研究生和硕士研究生学历的教师课程领导力水平更高。当前，学校教育对于教师的需求日趋多元化，既要求教师具备较强的教学技能，也要求教师具备一定的创新精神，以在教育教学活动中积极探索研发新的教学方法并解决复杂教学问题。具备研究生学历的教师往往比同侪更具创新性，其掌握了更为系统的教育理论知识，拥有更为强烈的课程领导意愿，能从容地应对课程开发、课程实施等课程实践，因而其教师课程领导力表现最佳。有的实证研究则得出不同的研究结论，如校长课程领导胜任力不存在显著的学历差异[4]，学历对教研员胜任力的影响不大[5]。

第四，中小学教师课程领导力存在显著的职称差异，正高级教师的课程领导力最佳，暂未评级教师的课程领导力次之。正高级教师往往具有崇高的职业理想、坚定的职业信念以及丰富的课程领导经验，系统地掌握所教学科的课程体系和专业知识，在教学中能形成独到的教学风格。同时，他们具有主持和指导课题研究的能力，在教育思想、课程改革、教学方法等方面取得了诸多创造性成果，并能够将之广泛运用于教学实践，产生较为良好的课堂反馈。因此，正高级教师的课程领导力的得分较高。也有一线教师印证了此结论，认为"可能只具有骨干

---

[1] 赵佳丽，罗生全.2020.中小学教研员胜任力调查研究.课程·教材·教法，40（6）：137-143
[2] 江宏，江楠，蔡其勇.2021.区县教研员的课程领导现状及改进策略.课程·教材·教法，41（1）：39-47
[3] 何齐宗，康琼.2021.乡村小学教师教学胜任力的现状、问题与对策——基于江西省的调查分析.中国教育学刊，（3）：82-86
[4] 吕立杰，丁奕然，杨曼.2019.基于情境判断测验的校长课程领导胜任力调查.课程·教材·教法，39（9）：48-55
[5] 赵佳丽，罗生全.2020.中小学教研员胜任力调查研究.课程·教材·教法，40（6）：137-143

教师水平级别的老师，才具有一定的课程领导力"（T24）。有的学者得出相似的研究结果，教研员总体胜任力存在显著的职称差异[1]，职称越高，区县教研员的课程领导力越强[2]。对于暂未评级的教师而言，他们大多数是初步踏上教育教学岗位，对教学工作充满了热情、活力和向上的动力，为了尽快熟悉任教课程，营造积极的课堂氛围，他们会将大量时间投入到对课程理念、目标的研读以及课程设计、开发和实施中。此时的教师更热衷于探索新的课堂教学方式，尚未受到某些"固化"的教学程序的影响而循规蹈矩。此外，这类教师多属于新较快，接受能力较强，不仅对于核心素养、课程领导力以及核心素养视域下的课程领导力等教育领域中的新概念、观念有所了解，而且能够自觉将核心素养等贯穿到课程领导实践中。

第五，中小学教师课程领导力存在显著的学历提升差异，未提升职后学历的教师的课程领导力水平高于提升过职后学历的教师。在职教师往往以获得更高的"学历证书"以满足职称评定等外部需求为首要求学动机，有教师将"是否容易毕业"视为选择学历提升的直接因素，由此选择教学管理松懈的"宽松型"学校就读，导致学历提升教育质量的不断下降，进而产生教师学历提升与专业能力提高的"两张皮"现象[3]。这一现象也在一定程度上影响了教师课程领导力的形成与发展，使得学历提升的教师在专业能力方面没有明显提高。

第六，中小学教师在课程领导认同力维度以及总体水平上存在显著的师范背景差异，且非师范背景出身的教师课程领导力水平更高。对此，可能有两方面的解释。一方面，师范教育课程模块失衡导致师范生侧重教育理论知识学习，而非师范生则拥有更强的课程领导学科基础。师范生所要学习的课程模块一般分为三类，即通识教育类、学科专业类和教师教育类，他们被要求将一半以上的专业学习时间倾注于通识教育和教师教育[4]，这使得他们难以深入学习学科知识，在一定程度上限制了他们未来课程领导力的发展。同时，教师在师范学校学习的课程与中小学的课程之间存在相当大的差距，从而导致理论与实践的割裂。相较之下，非师范类教师的学科基础更为扎实，他们至少可以将高等教育的四年时间投入到对特定学科的钻研上，而这十分有助于其成长为学科专家。另一方面，教育

---

[1] 赵佳丽，罗生全. 2020. 中小学教研员胜任力调查研究. 课程·教材·教法，40（6）：137-143

[2] 江宏，江楠，蔡其勇. 2021. 区县教研员的课程领导现状及改进策略. 课程·教材·教法，41（1）：39-47

[3] 魏志春，鲍春艳. 2009. 上海市中小学教师学历提升教育状况调查与分析. 教育发展研究，28（Z2）：66-69

[4] Qiao X，Lai M. 2019. Pre-service teachers' job-related perceptions of teaching in rural areas：A study of the free teacher education programme in Mainland China. Teachers and Teaching，25（2）：1-18

实践不足阻碍了师范生课程领导力的生成，而职后经验的获得使非师范类教师的课程领导力优势得以显现。教育部于 2016 年出台的《教育部关于加强师范生教育实践的意见》，提出要"切实落实师范生教育实践累计不少于 1 个学期制度"①。然而，在实施过程中，实习期通常被缩短为 1 个月，因此，师范类教师往往掌握了教育和教学的基本理论知识，但缺乏将其转化为教学实践的能力和经验，这使他们难以有效应对复杂多变的教学环境。在进入教育教学工作场域后，具有师范背景的教师可能会表现出一定的专业优势，但随着教学年限和经验的增长，非师范类教师通过职后培训充分锻炼了课程开发、设计和实施能力，使得两类教师之间的课程领导力差距逐渐缩小，甚至非师范教师的课程领导力水平提升超越了师范类教师。

第七，中小学教师课程领导力存在显著的任教学科差异，单一学科教师的课程领导力高于兼任多学科的教师。当前中小学校普遍存在教师兼任多学科教学任务的现象，部分教师的任教学科与其所学的专业不相符合，并且其作为非专业教师承担多学科教学的能力明显不足，当被要求开设多样化课程时，通常会心有余而力不足。因此，兼任多学科教学的教师往往表现出较差的课程领导力。

第八，中小学教师课程领导力存在显著的职务差异，有职务的教师在课程领导力总体水平上高于无职务的教师。有职务的教师往往拥有更多的课程权力，课程领导经验较为丰富，其课程领导状态已从被动转向主动，因此，其教师课程领导力相对较高。相反，没有职务的教师则缺乏课程领导参与意识，不愿意承担更多责任，被赋予课程领导的机会较少，缺乏课程领导经验，因而，其教师课程领导力较弱。在访谈中，有教师直言：

> 我认为不管是做什么事情，你只有认认真真地把自己本职工作做好了，才能得到他人的认可，包括校长，他们也是靠自己真打实干做出来的。我觉得教研组长的影响力很大，但是真正给老师们带来影响的其实是组长。（T31）

在与 D 校的合作中我们也发现，科研组长 B 老师比该校其他教师更具备课程领导力，她在承担学校科研任务的同时充分发挥自身的课程领导力，积极地引领团队中的其他教师，这表明有职务的教师确实具有更高的课程领导力水平。

---

① 教育部. 2021-04-19. 教育部关于加强师范生教育实践的意见. http://www.moe.gov.cn/srcsite/A10/s7011/201604/t20160407_237042.html

三、教师个体场域因素是其课程领导力发展的原动力

由第三章可知，反映教师个体场域因素的专业水平、领导意愿、领导品质（含信任品质与自我效能感）与领导技能（含自我规划及管理能力与人际交往能力）4个主变量、6个子变量均对教师课程领导力构成了正向解释关系，并且全国层面数据与省域、城乡等不同地区的数据均表明，教师个体场域因素中的领导意愿、信任品质与人际交往能力的标准化回归系数均超过了学校场域因素中的所有解释变量，自我效能感与自我规划及管理能力的解释力仅次于学校场域因素中的学校共同愿景，充分证明教师自身是影响其课程领导力发展水平的核心因素。

以上分析亦表明，在教师课程领导力发展上，内部因素比外部因素重要，不过，也有研究得出了相反的结论。一项针对广东省765位中小学骨干教师的调查研究，明确将影响教师领导力的因素分为外部因素和内部因素两大方面，并通过数据表明外部因素是制约我国中小学教师领导活动的主因。具体而言，与此问题相对应的多选题结果显示，反映外部因素的学校组织文化与校长工作作风各自的占比均达50%以上，学校内部人际关系占46%，而反映内部因素的个人自身能力和个人意愿分别仅占6%和3%[①]。对这种相反结论的一种可能性解释在于，两项研究选取的指标不同，且得出结论的分析方法不一致。本书在内部层面选取教师的专业水平、领导意愿、领导品质与领导技能4个核心解释变量，在外部层面选取学校文化、教师共同体、学校组织结构、校长因素、课程管理体制与教师工作负担6个核心解释变量，并基于多元线性回归分析的显著性水平与标准化系数比较各变量的解释力。胡继飞和古立新的研究在内部层面选取了个人自身能力和个人意愿2个变量，在外部层面选取了学校组织文化、校长工作作风与学校内部人际关系3个变量，并基于多选题的频率统计结果判定各变量的重要性。不同的指标与不同的分析取向必定导致研究结果的差异。

总体而言，教师课程领导力同时受到内外两方面因素的影响已成为本书与相关研究的共识，具言之，内外因素共同促进或阻碍教师课程领导力的发挥与发展[②]。本书以勒温场动力理论为基础，通过大样本回归分析发现，教师自身是最重要的影响因素。具体来看，教师的领导意愿是对其课程领导力最重要的解释变量，余下的变量中，影响力由高到低依次为领导品质中的信任品质、领导技能中

[①] 胡继飞，古立新. 2012. 我国教师领导力现状及其影响因素的调查研究——以广东省为例. 课程·教材·教法，32（5）：111-116

[②] 王绯烨，萨莉·扎帕达. 2017. 骨干教师领导力影响因素的实证研究. 湖南师范大学教育科学学报，（3）：83-88

的人际交往能力与自我规划及管理能力、领导品质中的自我效能感、专业水平。

就领导意愿来看，对全国 19 521 位教师的问卷调查表明，领导意愿不仅是教师个体场域六大子因素中对教师课程领导力影响最大的因素，其解释力亦超过了学校与社会场域中的所有子因素。专家咨询与访谈调查亦反映，领导意愿是影响教师课程领导力的重要因素。例如，专家咨询中，一位高中数学特级教师表明，教师是否达到一定的专业水平是一方面，而教师是否具备领导意愿是非常重要的另一方面。访谈中一位小学语文区级学科带头人表明，"课程领导需要看教师自己的领悟程度，他觉得有地方值得学，他就搞，他觉得这个是自找苦吃，很累，那也没办法。兴趣也很重要，愿意搞的人，不要你逼他也能搞得好，不愿意搞的人，你逼他也没用"（T19）。一位小学英语教师指出，"年轻教师还好，像老一辈的教师，马上就要退休了，并没有这个想法，所以这里涉及教师自己的主观能动性"（T23）。这一发现与其他研究结果相互佐证，例如，一项针对大学英语教师分布式领导的调查亦表明，领导意愿显著正向地影响着教师的分布式领导力，其重要性在 4 个影响因素中位居第二，仅次于教师领导文化[①]。

就领导品质而言，本书发现，信任品质与自我效能感均是影响教师课程领导力的重要因素，且前者的解释力更大。这意味着，教师对自我与他人的信任程度与其课程领导力水平息息相关，而课程交往中对其他课程主体报以必要的信任对其课程领导力发展具有更加重要的意义。这一经验结论十分契合本书的理论旨趣。本书在界定教师课程领导力时，十分强调教师与其他课程相关主体的互动共生，认为教师的课程领导力实质上是教师引领下的课程主体间领导合力，这种向心力、凝聚力与整合力恰为教师课程领导力的核心本质。基于访谈资料的扎根理论研究也表明，教师在课程决策中充分重视同事的意见与建议，善于向优秀的同事学习，相信自己能有效地完成各项工作，这种对内与对外的自信与他信取向对于教师的课程领导力发展具有重要意义。一位小学语文教师谈道：

> 我觉得教师课程领导力有两点：第一是自省能力。一个教师对自己所上的课程要有反思，知道自己处于什么样的水平，应该朝哪些方面去进步。第二就是学习能力，因为反思到了自己的不足之后，就要进行相应的学习，或者是学习同事，优秀的同事授课能力好，或者是通过网络资源或校外培训去学习。（T11）

一位小学美术老师反映：

---

① 赵迎. 2015. 大学英语教师分布式领导研究. 济南：山东师范大学，89.

　　　　如何把课程设计得更加合理，更加符合中小学生每个年级段的孩子的特点，让它更有趣、更生动，这个是课程设计工作遇到的最大的困难。因为是自己设计，所以有很多细节要把它更细化一些。遇到困难的时候，跟同事们商量，问一下周边的同行，看他们在教学中是如何去解决这些问题的。根据他们的经验，自己把课程设计得更完美一些。（T79）

一位小学英语教师认为：

　　　　教师自己对专业发展的信心，希望去努力和做开发，这个是最重要的。因为可能教师有这个能力，但并不愿意投入到这里面。（T81）

其他相关研究则主要从受信任的角度解释教师的课程领导力。例如，一项针对骨干教师领导力的调查研究表明，校长与同事的信任是决定骨干教师影响力的关键因素[①]。本书从主动信任的角度解释了教师的课程领导力，对已有分析框架起到了一定的补充作用。

在领导技能方面，量化分析揭示，教师的自我规划及管理能力与人际交往能力均处于中上等水平，均值超过了 3.80，并且教师的人际交往能力的解释力在所有解释变量中位居前三，自我规划及管理能力处于前六，说明这两个因素均为影响教师课程领导力水平的重要因素。人际交往能力与信任品质一样指向了他人，说明实现课程领导的关键在于与其他课程主体，尤其是同事结成课程发展共同体。此外，教师的自我领导也十分重要。以上结论在质性研究中也得到了印证。一位小学语文教师在谈及课程领导力的内核时首先想到的便是沟通交流能力：

　　　　我觉得一个是沟通交流的能力，因为毕竟是团队，要去跟不同的人打交道，表述清楚你要做的事情，这个很关键。第二个是对于课程发展方向的把握能力，你要知道它到了什么程度了，你自己要有一个计划和规划，要有明确的规划能力。还有一个，如果出现了比较特殊的情况，应该要有一种应急应变的能力，这一点我觉得很重要。（T74）

一位小学数学老师认为持续的自我发展非常重要：

　　　　人还是要不断地努力进步，虽然说到现在为止成绩也有一些，但是也不能停止脚步，因为你一旦停止了就相当于退后了，孩子上课的时候肯定也不

[①] 王绯烨，萨莉·扎帕达. 2017. 骨干教师领导力影响因素的实证研究. 湖南师范大学教育科学学报，(3)：83-88

愿意，只要是有新东西出来，我还是尽量地去学，不要落后，努力进步。（T59）

这一结论也得到了其他研究的支撑。科林（Colin）等将人际交往技能作为课程领导力的两大基本要素之一，具体包括与同事间交往以及对外交往的能力[1]。也有学者提出教师分布式领导力包含组织文化、组织结构、领导意愿、领导技能和领导实践5个关键要素，领导技能则是要素之一，具体可分为专业权威、合作与变革能力，描述统计与回归分析的结果表明，教师领导技能水平偏低，但领导技能的解释力水平却较高[2]。

在专业水平方面，量化研究与质性研究的结果呈现出了一定的分歧。回归分析表明，专业水平对教师课程领导力具有显著正向影响，但在6个教师主体因素中解释力最低。质性研究结果则表明，专业水平是关乎教师课程领导力的重要因素。当被问及"您认为什么样的老师才能引领或引导其他老师进行课程教学时"，几乎所有的回答都指向了教育教学能力突出的专家型教师。例如，一位小学美术教师斩钉截铁地说：

  肯定是专家型的老师，像现在指导我们的那位专家那样。他是我们另外一个区的教研员，上课很厉害，指导其他老师上课也很厉害。在教学研究、论文、课题这几块都很厉害。（T28）

另一位小学美术教师也表明：

  能够在课程和教学中去引领或影响其他教师的教师是有能力的教师，思维比较先进，能够跟得上社会的节奏，教育观念比较新，能够带动同组或是同年级的老师一起接受新的观念、新的看法、新的教学理念。很少有这样的教师，比如有的老师几十年如一日地去做一件事情，把自己的想法实施出来，这个就让我很佩服。有时候我们可能在这方面，也就是完全专注地去做一件事情方面欠缺一些。（T13）

一位小学英语教师认为：

  课程领导型教师本身应该会具有很强的能力，思路要非常清晰，已经有

---

[1] Colin M, Day C, Hannay L, et al. 1989. Reconceptualizing School-Based Curriculum Development. Bristol: Falmer Press, 194
[2] 赵迎. 2015. 大学英语教师分布式领导研究. 济南：山东师范大学, 79-81, 90, 120

比较成熟的一套课程方法或做法。（T7）

一位小学数学教师也谈道：

具备课程领导力的教师首先必须有驾驭整个教材的能力，包括一年级到六年级整个小学阶段的所有教材，然后就像我们说的，有"当师傅"的那种能力，能去指导其他教师。（T34）

这里受访教师所指的专业水平主要涉及两个方向：课程能力与课程引领能力。前者是指教师自己有先进的课程思想与卓越的课程实践，后者指教师能够带领课程共同体成员接触新的课程理念，并帮助其他教师提升课程设计、实施与研究能力。由此可知，质性研究更有助于挖掘细节。相关研究也得出了类似结论。一项实证研究表明，教师的专业水平与领导水平越高，其领导力的发挥也就越有效，反之亦然。同时，教师的专业水平与领导水平越高，也越容易赢得校长和同事的信任，更有利于营造一种积极的文化氛围[①]。

四、学校场域因素是教师课程领导力发展的诱导力

虽然教师个体场域因素是第一性的，但在立足于教师自身的基础上，学校场域因素是推动教师课程领导力发展所不可或缺的诱导力。这一观点从在个体场域因素基础上加入学校场域因素后提高了回归模型的拟合优度可获得印证。

根据第三章的量化研究结果，反映学校场域因素的学校文化（含学校共同愿景、学校文化氛围）、教师共同体、学校组织结构、校长因素（含校长对教师的支持、校长与教师的沟通、校长对教师的赋权、校长对教师的奖励）诸变量对教师课程领导力存在显著解释效应，质性研究也得出了类似结论。一位小学心理健康教育教师提出校长的前瞻性对于教师的课程领导具有导向作用：

我们这半年来在10月份进行了一次亲子活动，把家长也邀请了过来，这一步我们甚至是走在了武汉市的前列。因为武汉市到11月份的市级心理活动期间才会办一个亲子周活动，但是我们学校的校长和其他的领导比较有前瞻性，所以我们10月份就已经开展这方面的活动了。（T61）

一位小学英语教师谈及了共同体氛围的重要性：

---

① 王绯烨，萨莉·扎帕达. 2017. 骨干教师领导力影响因素的实证研究. 湖南师范大学教育科学学报，（3）：83-88

第六章
核心素养视域下教师课程领导力发展的总体反思

  教师的课程领导力在团队氛围下的辐射面会广一点。两位老师私下交流，可能只是一些非常细微的或者生活化的交谈。但如果在团队中，当我们分享一些比较有用做法和看法的时候，可能辐射面会广一些。而且大家又是在一种非常正式的活动氛围的感染下，可能会抱有一种学习的心态。（T39）

另一位小学英语教师则提到了校方的支持、认可与奖励对教师课程领导力发展的意义：

  最后就是校方给予的支持，我希望教师的这些努力是能够得到相应的回报的，这样才是对他的付出的认可。（T51）

  量化与质性研究均表明，学校在教师课程领导力发展中起着不容忽视的作用。例如，有研究指出，目前不仅学术界认为学校领导支持是影响教师专业发展的重要外在因素，英国、澳大利亚等发达国家在最新的教师专业发展政策中亦提出了明确要求，即责成学校领导提供支持，确保学校、学科、学段和个人发展计划具有连贯性并相辅相成[1]。也有研究指出，教师领导意味着学校领导权力的重新分配，学校是否存在支持和鼓励教师领导的条件和机会，影响着教师领导的实践，尤其是校长在识别、支持和培养教师领导者方面的作用更为显著。为此，学校需要创设有利于教师领导的学校文化，尊重教师参与学校变革的权利和机会，允许教师以正式或非正式的方式实施领导；建立共同愿景，鼓励成员间建立友善信任的合作关系；制定支持和激励教师领导者的制度，保持开放的沟通渠道，努力建立与校外合作组织的良好互动关系[2]。

  不过，本书亦发现，学校场域诸因素影响教师课程领导力的具体情况随着适用群体的变化有所不同，亦即学校场域因素对教师课程领导力发展的影响存在群体异质性。就全样本数据来看，影响教师课程领导力的7个学校场域因素按重要性由高到低排列依次为学校共同愿景、校长对教师的赋权、校长与教师的沟通、教师共同体、学校组织结构、学校文化氛围、校长对教师的奖励，原假设中的校长对教师的支持因素未构成教师课程领导力的显著解释变量。就群体间对比情况来看，以城乡比较为例，学校共同愿景、教师共同体和校长赋权3个变量构成解释城镇教师与乡村教师课程领导力水平的共同因素，其余因素的影响情况则差异鲜明。对于城镇教师而言，除了学校文化氛围和校长对教师的支持这两个变量

---

[1] 吴军其，王薇. 2021. 中小学教师专业发展标准的比较分析——基于6份典型教师专业发展标准的质性研究. 现代教育管理，（5）：77-85

[2] 范士红，熊梅. 2021. 美国教师领导教育的实践路径、特征及启示. 现代教育管理，（3）：95-100

外，学校共同愿景、教师共同体、学校组织结构、校长与教师的沟通、校长赋权和校长奖励6个变量均对教师的课程领导力产生显著影响。其中，学校组织结构与教师课程领导力存在的是负向关联，即如果学校的组织结构不合理，则会降低教师的课程领导力。对于乡村教师而言，仅学校共同愿景、教师共同体和校长赋权3个因素与其课程领导力显著关联。这里不仅展现出了城乡差异，也反映了各地区相较于全国总体情况的特殊性。在民族地区与非民族地区、公办学校与民办学校、男教师与女教师以及小初高不同学段的组间比较中，这种特殊性同样存在。这表明，在学校层面探索与制定提升教师课程领导力的校本方案时，务必充分考虑特定地区、特定学段与特定学校的具体情况，并注意性别差异。

相较而言，已有研究大多揭示了学校场域因素对于教师课程领导力发展的重要意义及其关键变量，但并未进一步探寻学校影响教师课程领导力因素的群体异质性，这必然会制约相关研究提供的对策建议的实效性。本书关于学校层面影响因素群体异质性的发现不仅对相关学术研究起到了一定的补充推动作用，而且对研制有效提升教师课程领导力的校本方案提供了方向指引。

五、社会场域因素对教师课程领导力具有重要影响

质性研究揭示了教师的权力空间和工作负担与教师课程领导力存在重要关联。一位小学语文教师兼学校德育主任表示，教师现在处于"满负荷"工作状态，这阻碍了教师课程领导力的发挥与发展：

> 现在说阻力的话，我觉得主要就是工作压力很大。我们其实真的很累、很辛苦，很多老师在身体方面也吃不消，所以工作压力这种阻力会让老师们对这个（课程领导力）有抵触，有的老师不是不愿意去学，而是没有精力去学，因为平时工作压力很大。要处理学生的一些问题，还有家长的沟通，还有学校质量的压力，以及学生行为习惯这些方面，老师们真的就是满负荷量地在工作，然后再去搞这些培训学习。（T62）

一位初中美术教师也谈到了非教学性事务挤占教师工作与发展空间的现象：

> 老师们每年要填几大摞资料，还要进行各种网上填报，并且还得教学生搞填报。例如，学校进行安全教育、消防教育等。这些活动本身是好的、必要的，但问题是学校举办了这些活动之后，教师需要准备一大摞资料迎接检查。现状就是，其他部门把任务压给教育局，教育局又把任务压给学校，学

校一旦要开展各种教育活动，教师就需要提前拿出活动方案，活动时还要负责现场组织协调，活动完要组织学生办手抄报，有时还要写一些竞赛文章或者画一些主题绘画，这些都是为了迎接检查，检查时必须拿资料出来，否则考核时就要扣学校的分。(T77)

显然，"开发教师领导力，让教师去担当领导职责并承担一些责任，首先要保证教师有一定的时间和精力，但中小学教师繁杂的工作却让时间和精力的盈余变得不可能"[1]。

在教师权力空间方面，一位高中数学教师谈道：

教师如何改革教学也和校长如何评价教师、教育局局长如何考核校长有关。(T12)

一位小学语文教师谈道：

其实我也很想发展学生的核心素养，但考试体现不出学生的阅读量，现在试卷拔高度搞成这么难，我作为一线教师，还要考虑到学校的评比，学校也要评比评优评先，我们的责任也很大，学校也不敢让教师随便做。(T38)

还有教师坦言：

大致的方向是设定好了的，我们只是一个执行者，只是一个实施者。所有的课程标准都有一个教学大纲、都有一个目标，每一节课都要有重难点，我们只是根据重难点，思考如何把这节课讲得让学生清楚、明白、有所收获。这就是阻力，我们是按照大纲来的，我们不可能去搞创新，不可能去把那个东西改变，我们只能按照这个方向走。(T13)

还有一位小学英语教师感慨道：

关于教师领导课程，教师的职权是有限的，教师若想在课程与教学方面有所作为，就是要看学校领导愿不愿意给我们放职权。我们可能想去参与课程领导，或者愿意去和专家教授在内的其他人一起去做这个事情，但是我们没有这个权限。(T3)

已有研究主要从学校组织结构与校长赋权的角度探索教师课程领导的权力空

---

[1] 李飞. 2010. 开发教师领导力的实践探索. 基础教育, 7(7): 47-51

间。我国教师教育研究知名专家朱旭东教授强调教师拥有专业话语权这一"软权力"的重要性,并指出校长需要帮助教师发挥出这种"软权力":"校长作为'硬权力'的拥有者,如果不发挥教师的'软权力'的作用,不能够创造教师可以行使专业话语权的氛围,那么学校的组织文化就不利于学校发展。在学校组织中教师需要具有'软权力'性质的领导力,它是一种专业领导力,这是一种教师之间相互平等的专业影响力。"[1]也有研究指出,"重构学校组织结构与组织文化,需要改变孤立、私人性质的教师世界,建立专业学习共同体,帮助教师作为领导者发展其领导力。这就要求校长愿意分享和释放权力,尊重和信任教师,有效赋权增能"[2]。格兰特等也提出校长要有放弃权力的能力,以便释放教师潜在的、创造性的能力[3]。也有质性研究发现,国家、省市区及学校层面的制度设计与教师课程领导力存在密切关系[4]。本书通过质性研究,通过运用扎根理论证实了教师课程领导力赖以发挥与发展的制度空间涉及学校与社会两个层面,发现地方课程管理体制与校长赋权对教师的课程领导力有所影响。其中,地方课程管理体制的开放性和弹性影响着校长赋权的程度,在此意义上,校长是否赋权给教师受制于地方课程管理体制,这种交互效应不仅证明了本书从"教师-学校-社会"三重相互嵌套与影响的场域出发探索教师课程领导力影响因素的必要性与契合性,而且说明提升教师课程领导力是一项系统工程,需要教师自身、学校与社会协同发力。这对于聚焦学校场域因素的相关研究起到了一定的补充与拓展作用。

第二节 核心素养视域下教师课程领导力发展的困境审思

通过对以上现状的分析,笔者发现中小学教师课程领导力存在总体水平偏

---

[1] 朱旭东. 2020. 让教师成为专业领导者:学校"硬权力"与"软权力"的融合. 中小学管理,(9):5-8

[2] 孙杰,程晋宽. 2020. 共享、协作与重构:国外教师领导力研究新动向. 外国教育研究,47(1):103-115

[3] Grant C, Gardner K, Kajee F, et al. 2010. Teacher leadership: A survey analysis of Kwa Zulu-Natal teachers' perceptions. South African Journal of Education, 30(3): 401-419

[4] 黄云峰. 2015. 专业视域下教师课程领导实践力路径探寻——一位中学语文教师的自传叙事研究. 重庆:西南大学,173-177

低、发展后劲不足、积极性不强等问题，这与教师课程领导力发展结构性失衡、教师领导意愿与自我认同匮乏、教师专业支持有效性不足、教师课程自主权受限以及工作负担过重等有着密切关联，以下将对这些困境及其成因进行具体阐释。

一、结构性失衡导致教师课程领导力总体水平偏低

据教师课程领导力调查数据，目前全国教师课程领导力水平总体不高，且存在一定程度的缺失。究其原因，主要是教师课程领导力各维度发展失衡。

教师课程领导认知力、实践力和认同力三者相互关联、密不可分。若教师缺乏清晰准确的课程领导认知力，其课程领导实践力和认同力的发展必然会受到一定程度的限制，而教师课程实践力的匮乏也将阻碍教师课程领导认知力和认同力的发展。当然，教师课程领导认同力的内在缺失在一定程度上亦会影响教师课程领导认知力和实践力的发展。借助回归分析，本书同样发现教师课程领导认知力、实践力和认同力三维度之间的显著关联，有力地说明了课程领导力三维度彼此制约，其中一者水平不良会影响其他维度的发展与表现。正如前文所述，教师课程领导力具有统整性，即教师课程领导力内部的各维度之间相互影响：课程领导认知力是实践力和认同力的重要前提，课程领导实践力是认知力和认同力的外在表现，课程领导认同力是认知力和实践力的内在升华。简言之，教师课程领导认知力与实践力和认同力彼此深刻影响。

借鉴教师课程领导力三维度的表现，本次研究发现形成教师课程领导力各维度的现状的具体成因各不相同。

（一）概念理解与操作体悟成为教师课程领导认知力成熟的制约要素

目前，教师尚未形成清晰准确的课程领导认知力，而教师对课程领导力的概念理解与操作体悟是制约教师课程领导认知力发展的关键因素。量化研究结果显示，教师课程领导方法性认知力得分（3.77）显著低于价值性认知力和事实性认知力得分。在访谈中，教师对课程领导力存在概念陌生和理解窄化的现状。一方面，教师对"教师课程领导力"一词感到陌生。很多教师直言"第一次听到这个词"（T2），"好像没有听说过这个词"（T4）。对教师课程领导力也表示不理解，如"不太清楚课程领导力是什么意思"（T3）。在访谈中，一位语文教师认为自己"对课程的理解还不太够"（T15）。可见目前教师对课程领导力还未形成清晰的理解与观念。另一方面，教师对课程领导力的理解出现概念窄化的现象。有的教师将教师课程领导力等同于课程实践能力，认为课程领导力"实际上比拼的就是教

师的教学能力"（T6）。一位语文老师将课程领导力等同于教师在课程实施过程中把控课堂的能力，认为教师课程领导力就是"教育机智，教师要能够根据他班上的情况，做出灵活调整"（T11）。这可能与教师关注课程实践的观念密切相关。

此外，教师并不清楚如何进行课程领导，这制约着教师课程领导认知力的发展。一位班主任以具体事例说明自己在协调学校、家长、学生之间遇到的困难：

> 比如12月份我们四年级就有心理剧，这个需要评比，你要自编自导自演，还要组织孩子排练。而12月份我们又到了复习阶段，学习任务特别重。本来家长可以成为很好的助力，但现在学校管理得很严，家长不允许到学校来。放学了孩子全部要离开，又不能占用孩子的体育课，那用什么时间来排练呢？这就很矛盾。我们有很多这样的事情都是挤时间做，往往刚吃完饭就把学生召集起来开始排练或者做其他的事情，老师和学生负担都非常重。（T6）

这表明教师在进行课程领导时往往认为自己较难解决课程领导中遇到的困难，这也印证了方法性认知力得分（3.77）显著低于其他维度得分的量化结果。

总体而言，教师对课程领导力的认知不甚明晰。这与高敬等对上海市幼儿园教师进行的课程领导力的调研结果形成对照。在其研究结果中，有96%的教师对课程领导力的认识较为清晰[1]。出现这种相反结论的主要原因可能在于调查对象的不同。高敬的研究对象是上海教师，因该市开展过相关课程领导力提升项目研究，上海教师在课程领导力表现方面称优符合现实；而本书的调查对象不仅包括上海教师，而是囊括了全国20余省份的教师，不仅关注上海教师的课程领导力现状，更关注研究全国教师课程领导力的总体水平。各地教师课程领导认知力水平的参差在一定程度上会导致总体水平不佳，故而，研究对象群体的不同必然会导致研究结果的差异。

（二）课程思想与课程开发成为教师课程领导实践力最薄弱环节

教师在课程领导实践力维度的总体表现欠佳，这是由课程思想与课程开发两维度的水平最为薄弱所导致的。虽然在访谈中，教师在课程领导实践力层面的表现突出，但是在量化数据分析的结果中，此维度的得分（M=3.76）却显著低于课程领导认知力（M=3.83），原因是教师在课程领导实践力中的课程思想与课程开发方面有所欠缺。

---

[1] 高敬，周洪飞，陈雪. 2014. 上海市幼儿园课程领导力的现状与思考. 上海教育科研，(11)：47-50

第六章 核心素养视域下教师课程领导力发展的总体反思

课程思想（$M=3.78$）在教师课程领导实践力各维度中较为薄弱。具体而言，教师能够了解、解读国家课程政策并以其为引领，促进自己课程思想的及时更新，但在课程思想的先进性方面却有所忽视。其中，文化现代指标的得分（$M=3.68$）在课程思想三个指标中最低，这与访谈中教师表露出的观点有相近之处。教师往往将先进的课程思想等同于专家名师及热点思想，例如，一位小学语文教师认为：

> 对当下热度比较高，或者是引起教育专家（关注）的这种热点性的东西要更敏锐，然后你才能够及时吸取相关的知识。（T27）

另外，有教师认为，具有课程领导力的教师是"有能力的、思维比较先进，能够跟得上社会的节奏，然后教育观念比较新的那些教师。但有时候我们可能在这方面就欠缺一些"（T13）。一方面，这些课程思想虽然较为普及或备受关注，但其未必指向课程思想的先进性；另一方面，教师虽然意识到"文化现代"的重要性，但认为自己还未掌握先进的教育与课程思想。相关研究也得出了类似结论，一项对教师课程观念进行调查的研究发现，大部分教师对课程相关理念认识不足[1]。这种课程思想先进性与现代化的匮乏成为导致教师课程思想微弱的因素。

再者，教师往往对课程开发力不从心，在访谈中，他们承认"在这方面的能力比较欠缺，不知道如何努力"（T9），这也印证了量化结果——课程开发指标的得分（3.24）显著低于其他指标。这与很多研究结果不谋而合。一方面，教师缺乏课程参与和课程开发的意识，认为"课程是上面决定的，自己只有执行的权力，从来没有想过自己要参与课程的开发"[2]。另一方面，部分教师虽能参与到学校课程开发之中，具有一定的课程开发意识，但常常在具体操作时缺乏正规性，这就直接导致课程开发成为教师课程领导实践力中最薄弱的部分。这也与本书的量化结果相互佐证。"程序正当"得分（3.15）在课程开发三指标中最低，在课程领导实践力的具体指标中的得分也是最低的。访谈中，有的教师指出：

> 因为没有人指导你，你就自己去阅读一些专业书籍，就去从书籍里面学习，然后向身边的人请教，自己在教学中也会去反思，肯定有不成功的时候。（T35）

---

[1] 袁凤琴，余晓莹. 2008. 课程改革与教师教育观念的转变——贵州省乡村初中英语教师教育观念调查分析. 贵州师范大学学报（社会科学版），(3)：125-127

[2] 宋艳梅. 2010. 西部农村地区教师课程领导力提升的困境与出路. 河南社会科学，18（3）：143-145

面对没有专家指导的困境，教师不甚熟练的课程开发技术使其陷入课程开发的困境。正如范蔚和郭寿良在中小学教师课程开发现状调查中发现的，"教师开发校本课程时往往会遇到专家指导不够等困难"[①]。开发中的程序正当性与规范性不佳成为制约教师课程开发薄弱的关键因素。

（三）自我认同成为制约教师课程领导认同力程度的关键变量

教师课程领导认同力水平较低，得分（3.71）显著低于其他维度，自我认同成为制约教师课程领导认同力程度的关键变量，在访谈中，教师自我认同较低，一位数学教师表示"我觉得我的能力暂时还有点不够"（T10），也有的教师持同样的看法，认为自己"能力比较欠缺"（T9）。这些现状都表现出教师缺乏自我认同，因而导致课程领导认同力维度表现不佳。教师课程领导力的目标建立在教学共同体成员广泛认同的观念上[②]，即在群体认同的基础上，教师才能发展至对职业和责任认同，进而达及自我认同的内化阶段。因此，自我认同是课程领导认同力的最高境界，是对前三者的升华与内化。同时，教师自我认同水平深刻影响着教师课程领导认同力的发展。在调查研究的结果中，教师自我认同水平较低，成为制约教师课程领导认同力程度的关键因素。访谈中，有老师直言：

> 我们首先以完成教学任务为主，在有余力的情况下会去努力创新、开发，心有余而力不足。（T12）

复杂的教学安排制度制约教师课程领导实践，教师以教学任务为主，常常心有余而力不足。这与对教师自我认同的影响因素进行研究的结论吻合，复杂制度的制约使得教师陷入缺乏意义感的精神状态，产生难以认同自我的职业状态[③]。同时，有的教师指出：

> 我们平时上课改作业，时间几乎已经全部被教学占满了，我们就可能很难有精力再去做这些事情。（T10）

这一现状与其他研究结果相互支撑。面对不断改革带来的复杂与烦琐的事务性工作，教师难以有时间进行课程领导实践，遂产生"教师对自我存在的否定和

---

① 范蔚, 郭寿良. 2008. 川、渝、云、贵中小学校本课程开发现状的调查报告. 西南大学学报（社会科学版），（1）：54-59
② 王淑芬. 2020. 教师课程领导力研究框架探析. 社会科学战线，（11）：274-280
③ 刘刚, 刘娜. 2020. 教师自我认同的双向影响因素及优化策略研究. 当代教育科学，（4）：42-47

专业生活意义的消解"[1]，也难以产生自我认同感。此外，问卷调查数据显示，在认同内容本质上，教师更倾向于责任认同而非职务认同，因为"课程领导是一个团体，而非个别的领导者（如校长），且组织中的每一个成员都有成为领导者的潜能和权利"[2]。教师课程领导力的主体不仅是具备正式领导职务的个体，也应该是非正式的教师。但教师在访谈中更倾向于职务认同，这可能与部分教师的传统观念有关，"认为只有担任行政领导职务的人才具有课程领导力"[3]。

二、领导意愿与自我认同匮乏内在桎梏领导力有机生长

如前所述，教师自身是影响教师课程领导力的关键与基础性因素，而以领导意愿因素的解释力为最强，这意味着，教师的课程领导意愿越强，其课程领导力水平越高。然而，全样本数据分析表明，教师的课程领导意愿总体偏弱，在教师个体场域因素的6个预测变量中得分最低（均值为3.51）。从这一角度出发，教师课程领导力总体水平偏低可能与教师的领导意愿不强有密切关联。

自我认同代表了教师课程领导认同力的最高境界，一方面，它与教师的课程领导意愿存在相互影响；另一方面，它与教师的课程领导实践力、课程领导认知力亦存在内在关联。就自我认同与教师课程领导意愿的关系来看，二者的皮尔逊相关系数达0.797，几乎达到高度相关关系。就自我认同与教师课程领导实践力、教师课程领导认知力的关系来看，前者与后两者呈中高度相关，其中，自我认同与教师课程领导实践力的皮尔逊相关系数为0.654，自我认同与教师课程领导认知力的皮尔逊相关系数为0.675。回归分析结果表明，自我认同变量在0.1%的显著性水平上正向影响教师课程领导实践力，解释力达14.7%。同时，其在0.1%的显著性水平上正向影响教师课程领导认知力，解释力达19.5%。可见，自我认同不仅正向调节着教师的课程领导意愿，也可被视为影响教师课程领导实践力与观念水平的重要内在因素。

然而，根据描述统计结果，在教师课程领导认同力的4个维度中，教师自我认同的均值最低（3.66），访谈中教师也表现出缺乏自我认同的普遍现状。专家咨询中的一位数学特级教师表示，他周遭有很多教学水平很高的教师，但绝大多数不具备课程领导意愿，把自己的课上好、把自己学生的成绩提起来是他们最为看

---

[1] 鲍传友.2010.教育变革中的教师专业认同：危机与出路.中国教育学刊，（2）：77-79，83

[2] Lambert L. 1998. Building leadership capacity in schools. Alexandria: Association for Supervision & Curriculum Development，89

[3] 刘文霞.2018.基于领导力理论的高职教师课程领导力困境与提升——以服务类专业为例.职教论坛，（5）：59-63

重的事情，这些教师自然难以成为课程领导者。访谈中也有教师屡屡将自我排除在领导范畴之外，认为课程引领是领导的事。例如，一位小学英语教师表示：

> 引领一般是中层领导做的事情，我们学校每一个教研组都有一个分管领导。（T17）

以上分析表明，教师课程领导力总体水平偏低与教师缺乏课程领导力自我认同密切相关。

这种缺乏自我认同与领导意愿的困境在相关研究中也得到揭示。例如，一项关于特级教师的自我民族志研究表明，目前多数教师的课程领导意识薄弱，将自身定位为课程执行者，教育行政部门也认同与强化了教师的课程执行力，甚少言及课程领导力[1]。哈里斯和缪伊斯通过实证研究发现，教师不愿意担任领导角色在某种程度上阻碍了教师成为学校领导者，因为有些教师认为领导角色理应由学校管理团队承担，自己仅仅是课堂实践者，而不是学校领导的一部分[2]。

综合以上分析可推知，薄弱的课程领导意愿与匮乏的课程领导自我认同内在地桎梏着教师课程领导力的有机生长，提升教师课程领导力的专项行动必须以增进教师课程领导意愿与自我认同为重要抓手。

三、专业支持有效性不足掣肘教师课程领导力发展后劲

通过实证研究发现，教师尚未获得充分的专业支持，这是压制教师课程领导力发展的主要困难，具体体现为三个方面：一是教师缺乏有效的共同体支持，制约了备课质量与效率；二是校长对教师课程领导的助力作用未得到有效发挥；三是不良的学校组织结构制约教师课程领导力的有效发展。

（一）教师缺乏有效的共同体支持，制约了备课质量与效率

在访谈中，有教师直言可以通过集体备课或研讨活动培养教师课程领导力："我认为教师课程领导力主要是在教师共同探讨交流相关教育教学问题过程中获得的"（T29）。也有相关文献表明，教师可以通过集体备课等途径吸纳新观念、新知识和新方法，弥补自身知识结构中存在的不足，实现对既有知识的改进和更

---

[1] 黄云峰. 2015. 专业视域下教师课程领导实践力路径探寻——一位中学语文教师的自传叙事研究. 重庆：西南大学，170

[2] Harris A，Muijs D. 2004. Improving Schools Through Teacher Leadership. Maidenhead：Open University Press，106

新，进而提升教师的课程与教学能力①。通过集体备课等专业的讨论和对话，教师开始在课程领导下进行课程慎思：为自己的课程实践寻找依据，针对实践中所觉察到的不足之处，策划符合情境的改善行动②。可见，集体备课对教师课程领导力的提升具有重要作用。此外，教师共同体的支持有助于教师分享课程经验，促进彼此课程观念的更新，引导教师学习彼此的长处，并及时给予反馈，辅助教师解决课堂教学的疑难问题③。为此，学校应当充分发挥教师共同体的作用，提高集体备课质量，进而促进教师课程领导力的发展。

（二）校长对教师课程领导的助力作用未得到有效发挥

回归分析结果显示，校长对教师的赋权、对教师的奖励以及与教师沟通，都对教师课程领导力的提升产生了显著的正向影响。可见校长在教师课程领导力的发展方面具有重要作用，这一结论被质性研究所证实。有教师直言：

> 校长应该是课程的一个掌舵人，教师则是负责使力划桨的人。校长要掌握好方向，其余的人（即使）中途走偏了，但在大方向的指引下，最终会到达目的地。（T3）

这印证了校长在学校课程发展中扮演着至关重要的角色，亦是促进教师课程领导力的发展的重要助力。结合质性研究与量化研究的成果可发现，校长作为教师课程领导重要助力的作用尚未得到有效发挥，这在一定程度上制约着教师课程领导力的发展。这与一些实证研究结果相一致，有学者通过调查发现校长的赋权程度决定了骨干教师领导力，B校校长采取权威式领导，使得骨干教师成为校长命令的被动执行者，严重削弱了骨干教师领导力④。也有的研究结果跟本书研究结果不相符，指出为了维持教师课程领导的职责，奖励和认可他们的努力可能是非常重要的，尤其是在最初的热情消退后⑤。校长是促进学校发展变革的第一责任人，是学校里最重要的课程领导者，其课程领导力直接决定了学校课程改革的

---

① 王宏，史宁中. 2015. 基于教师专业发展视角的数学教学内容知识研究. 东北师大学报（哲学社会科学版），(6)：244-248

② 梁蓉. 2011. 领导型教师共同体：学校课程领导新发展. 教学与管理，(3)：28-30

③ 郑东辉. 2007. 教师课程领导的角色与任务探析. 课程·教材·教法，(4)：11-15

④ 王绯烨，萨莉·扎帕达. 2017. 骨干教师领导力影响因素的实证研究. 湖南师范大学教育科学学报，(3)：83-88

⑤ Muijs D，Harris A. 2006. Teacher led school improvement：Teacher leadership in the UK. Teaching and Teacher Education，22（8）：961-972

实施，同时也决定了教师共同体的专业发展[1]。尽管传统的校长角色遭到质疑，校长不再是学校唯一的领导者，课程领导也不是某个个体所独享的，但是教师课程领导力的生成仍离不开校长的引领，校长的支持是推动教师课程领导力发展的主要动力。这意味着校长若能从长远谋划学校发展，给教师以忠告，提供必需的支持，鼓励成长和创新，并及时提供督导与评价，必然会促进教师的专业发展，进而重视与提高教师课程领导力。

（三）不良的学校组织结构制约教师课程领导力的有效发展

回归分析结果显示，学校组织结构的标准化回归系数 β 为-0.027，这意味着学校组织结构对教师课程领导力具有阻碍作用。在质性研究中，我们也发现多数中小学校给予教师的权利十分有限，在未得到学校领导明确指示的前提下，教师依然不敢"轻举妄动"。一方面，有教师指出，"教师的职权其实是有限的，我们可能愿意去做这个事情，但是我们却没有这个权限"（T45）。另一方面，有教师呼吁希望"学校能够多给教师一些充分尝试和开展活动的时间和空间"（T9）。这表明不同的学校组织结构对教师课程领导力的形成与发展有着不同的影响，积极的、参与式的领导对教师课程领导力有着正向影响，而组织管理严密僵化的、官僚式的传统组织结构则会阻碍其发展，并容易导致教师之间关系的疏远，而不是促进他们之间的互助性工作[2]。学校若实行民主型领导，弱化权力与指挥，那就有利于促进草根式的教师课程领导力生成。相反，如果学校领导与教师之间的关系是僵化地发布命令与被动地实施任务，而不是合作、友好的分工，那就不能发挥优秀教师的自主性与能动性。换言之，教师是一个拥有巨大领导潜力的群体，是新时代促进学校变革的重要力量，教师课程领导要在任何学校成为可能，很大程度上依赖于学校领导是否削弱了自身权利，把部分权利赋予教师。已有研究也同样揭示了在传统科层管理体制下，中小学校的组织层级界限分明，教师的课程权力被削弱[3]，致使处于劣势地位的普通教师无法"发声"，难以发挥自身优势以领导同侪教师共同进步，进而导致教师课程领导力被压制。同时，当下学校组织结构存在的部分问题对教师专业学习共同体的构建也形成了一定的限制与阻碍，制约了教师专业水平的发展与提升。基于此，学校组织结构应该是民主平等的，教师能够积极投身于学校的活动中，从而获得创造性发展。只有这样的组织结构才能使教师轻松地参与到课程领导中，其课程领导力也便于发挥。

---

[1] 王淑芬. 2018. 校本课程建设的困境和路径. 课程·教材·教法, 38（6）：105-110
[2] Pellicer L O, Anderson L W. 1995. A Handbook for Teachers. Thousand Oaks: Sage Publications, 16
[3] 王淑芬. 2018. 校本课程建设的困境和路径. 课程·教材·教法, 38（6）：105-110

四、课程自主权受限外在制约教师课程领导力有效发挥

本书通过质性研究发现,教师课程自主权是影响教师课程领导力生成与发展的重要因素。但本书同时发现,教师虽参与到课程的各个环节之中,但对课程的任何部分都没有最终的决定权。教师对于课程的决策与掌控受到其他多重因素的限制,进而阻碍着教师课程领导力的有效发挥。

(一)教师课程自主权受"唯分数"的教师考评机制所捆绑

由质性分析结果可知,教师课程领导力水平深受教师课程自主权的影响。具言之,如果地方行政部门赋予教师的课程自主权越大,那么教师的课程领导力水平获得发展的可能性就越大。由此可见,教师是教育教学的主体,提高他们的自主权,可以激发其工作动机,增强其工作的意义感和价值感,使其愿意承担更重要的工作职责[1],应对更多的挑战,进而成为课程领导的先行者。

由访谈结果可知,教师课程领导力的有效发挥需要地方与学校赋予教师更大的课程权力与空间,然而实际上,当前教师职权依旧受限,教师课程自主权受当前的以"分数""成绩"为主的考评机制所裹挟,虽然国家与地方层面已出台了一系列规定,强调不以分数作为评价学生的唯一标准,不以升学率为评价学校和教师工作的标准,但当前对于学校与教师的考评仍以传统的"分数论""升学率"为主。访谈中有教师直言:

> 并不是说考试本身有问题,而是试题的考查目的存在问题。假若是考查学生的知识能力,我们一线教师就要不停地训练学生刷题,而如果是考查学生的核心素养,我们肯定会相应地改变教育方法。现在毕竟是以考试为导向,不是说考试本身不对,而是出题人的方向不对,他们给我们传达的东西不对,这就使得我们在平时的教学中没有特别关注核心素养这方面,我们也是非常地被动。(T54)

还有教师明确表达了自己的无奈:

> 没有老师不想对孩子好,但现在问题是,对于老师的评价最重要的一点是学生的成绩。(T21)

可见,教师在课程与教学上的主动性与实施空间已被当前的应试教育所挤

---

[1] 胡伶. 2010. 地方教育行政部门的职能转变——基于公共治理视角的分析. 教育发展研究, 30(12):14-20

压，教师面对来自学生的升学期望、学校的考评压力，不得不主动放弃自我在课程与教学上的创新性与建设性。上述分析在相关研究中也有所显示，有研究以我国西部某地区的乡村中小学教师为研究对象，考察其教师专业发展能动性与教学自主权之间的关系，结果显示教师拥有更多课程与教学上的自主权会对其专业发展能动性产生重要的影响。此外，也有学者通过研究发现，在规训与重压之下，教师只会失去捍卫自身专业自主权的意识与能力，进而循规蹈矩。只有外部管理者给予教师主导教学活动的机会，教师才会在实践中形成自主意识，增进自主能力[1]。综上而言，当前教师的课程自主权仍受制于外在教师评价机制，这需要教育行政部门进一步改变教师评价现状，关注教师在课程与教学上的发声发言，给予教师更大的自主构建课程的空间，以增强教师的效能感和对自我身份的满足感，由此才能使其更好地胜任课程领导者这一角色。不过还需看到，现行的考试与评价机制只是对教师的外在约束，真正在内里起牵制作用的是在我国盛行千年的考试文化。考试文化作为一种以儒家文化为基底[2]，以考试为导向的根深蒂固的社会文化力量[3]，为师生创建了一种强化应试观念和实践模式的环境[4]。笔者发现，几乎所有教师都将落实核心素养的希望寄托在考试改革上，且多数教师质疑的仅是考试的方向与内容，对考试本身持认可态度，这在一定程度上印证了考试文化对教师思想的深层形塑。

（二）学校课程场域中实行科层管理

本书的量化结果表明，校长对于教师进行课程赋权将对教师课程领导力产生显著的正向影响。这意味着，如果校长能够给予教师充分的信任、支持与鼓励，赋予其课程领导的自主权以及参与课程决策的机会，则更有利于教师扩大课程话语权，反思与创新课程，但如若校长施行纵向管理方式，以行政命令推进教师课程领导，则可能会对乡村教师参与课程领导产生阻碍作用。有研究支撑了这一观点，"当教师的自主权和赋权被边缘化时，未来的教师仅仅依赖命令的要求，无

---

[1] Xu H. 2015. The development of teacher autonomy in collaborative lesson preparation: A multiple-case study of EFL teachers in China. System, (52): 139-148

[2] Choi H, Choi A. 2016. Regulating private tutoring consumption in Korea: Lessons from another failure. International Journal of Educational Development, 49: 144-156

[3] Yang J, Tan C. 2019. Advancing student-centric education in Korea: Issues and challenges. The Asia-Pacific Education Researcher, 28: 483-493

[4] Deng Z, Gopinathan S. 2016. PISA and high-performing education systems: Explaining Singapore's education success. Comparative Education, 52 (4): 449-472

法实现课程决策中的'专业判断'"[1]。就现实来看，当前大多数中小学的管理结构以复杂的层级化、职能化的组织结构为主[2]。具体而言，学校对于相关课程工作的开展也是呈"金字塔"式的科层垂直结构，将整个学校组织层层分隔，学校领导、管理人员及教师群体分属不同的层级组织，并赋予不同组织相应的行政级别与权力，由此确立学校课程工作中的上下级服从关系，而教师也主要通过接受学校领导的行政指令与监督完成相关的课程工作。在这样的学校课程运作体系下，教育教学的发展因受"官"本位思想的影响而产生偏离，学校内部行政权力过大，在一定程度上削弱了教师的课程自主权，进而也阻碍了教师参与课程领导。本书通过质性访谈资料也揭示出教师希望学校能在更大程度上赋予他们对课程建设的权利与空间。例如，有教师表示：

> 学校应多给我们一些去充分尝试和进行开展活动的时间和空间。（T9）

多数教师一致认为：

> 关于教师领导课程，教师的职权是有限的，教师若想在课程与教学方面有所作为，就是要看学校领导愿不愿意给我们放职权。我们可能想去参与课程领导，或者愿意去和专家教授在内的其他人一起去做这个事情，但是我们没有这个权限。这是影响我们去行动的一个关键因素。（T3）

已有的相关研究也揭示出教师的课程赋权会受到校长课程领导意识的影响，如校长往往会认为课程开发应该是上级行政机构的任务，并非学术行为和社会行为[3]，这将导致教师的课程开发权与决策权隐没于学校行政权力之中，使教师丧失参与课程领导的机会。由此可见，在现行的学校课程场域中，从事课程教学和研究工作的教师销声匿迹，学校行政机构及管理人员掌握着课程决策、课程设计、课程评价的直接行使权利，教师反倒成为行政命令的被动执行者，只能在受限的范围内开展课程活动，从而导致教师的课程话语权不断被侵蚀，自主表达课程思想的意识渐渐失却，自身对教师这一职业的认同感与满足感逐渐降低，进而难以参与到课程领导的活动之中。

---

[1] Wai-Yan Wan S, Leung S. 2022. Integrating phenomenography with discourse analysis to study Hong Kong prospective teachers' conceptions of curriculum leadership. Cambridge Journal of Education, 52（1）：91-116

[2] 芦静. 2020. 小学教师赋权增能的路径探析. 教学与管理, （32）：6-8

[3] 周凰, 古雅辉, 刘昕. 2018. 学校课程领导视域下体育教师课程赋权研究. 北京体育大学学报, 41（10）：88-95, 109

（三）教师自身依附专家的课程话语

教师是课程场域的直接实践者，通过长期的教育实践，将自己积淀的教育教学经验以及与其他课程主体的对话建构成更贴合实际、有意义的新的课程。然而，从现实的课程实践来看，教师个人的课程话语权与行动空间非常狭小，大多数教师只是充当着他人的"课程传声筒"，尤其依赖于相关课程专家学者的权势话语，缺少自己对课程的理解与感悟，甚至在课程活动中主动放弃了自己的言说与行动，具体体现为一线教师在教育教学实践中遇到棘手问题时往往未经探索就寄希望于专家可以提出具体的实操性措施，以便"一劳永逸"。在访谈中，不少教师直呼：

> 我们想要得到专家具体的指导，需要具体做法，并提供一些优秀课例或教案给我们，也就是辅助性的指导。（T17）
>
> 具体指导我们这篇课文应该怎么讲才能反映核心素养。（T26）

可见，部分一线教师过度依赖专家学者，放弃了自己的课程话语权，在课程资源选择、整合及利用中自身缺乏主动性与创造性[1]。专家不是预言家，现实中的课程与教学活动远比教科书复杂，有很多意想不到的因素对教育实践产生着影响，而这往往无法预测，也无法给出标准的课程实践策略。能切实帮助一线教师应对日常课程实践中的挑战往往是教师自己在实施课程前后所进行的反思，而不应过度依赖专家的指导[2]。过度依赖专家的理论讲授会导致教师对自身课程实践的个性化关注不足，使个人的课程话语被专家学者的权势话语所遮蔽。诚然，一线教师需要专家学者的指导，促进教育理论研究成果转化为具体的教育实践。但教师在与专家学者合作的过程中也要保持自身的课程专业自主性与认同感，相信通过自身的专业能力也可以创生课程、领导课程并与其他课程主体进行平等对话，在此过程中批判地反省自己的行动信念和实践策略，认定自己在课程实践中的主体价值，自主自觉地处理各种课程事务，在没有外界的干扰和刺激下，也能够"有意"地进行课程领导。

五、工作负担过重限制教师课程领导力的运用与发展

访谈结果显示，教师教学工作量和非教学事务的多少直接影响着教师课程领导力的发展，进而得出教师工作负担过重是影响其课程领导力生成的重要因素之

---

[1] 孙露，王亚南，林克松. 2015. 高职新入职专业教师培训现状、需求及建议. 职教论坛，（14）：8-13
[2] 徐锦芬，李斑斑. 2012. 中国高校英语教师教学反思现状调查与研究. 外语界，（4）：6-15

一、细究其背后机理，主要体现为以下两个方面。

（一）日常教学工作任务繁重

若教师的日常教学工作量控制在合理的范围内，教师的课程领导力将会得到更好的发展与运用。但反观现实，当前，虽然全国各省份基本都出台了教师减负清单，旨在减轻基层教师的工作负担，提高教师教学质量，增强教师的职业幸福感与自我认同感，使教师迈向课程领导者，但是，教师依然承担着较大的工作压力，繁重的教师教学工作致使教师无法投入足够的精力来学习与发展自身的课程领导力，使自身逐渐走向职业倦怠，不愿参与课程领导，甚至会因工作负担过重而导致在职教师隐性流失。据一位受访教师反映：

> 现在说阻力的话，我觉得主要就是工作压力很大。我们其实真的很累、很辛苦，很多老师在身体方面也吃不消，所以工作压力这种阻力会让老师们对这个（课程领导力）有抵触，有的老师不是不愿意去学，而是没有精力去学。（T62）

除此之外，考试压力也在无形中增加了教师的工作负担。面对来自学校的考评、家长的问责和学生的期望，教师往往力不从心，处于茫然无措的工作状态之中，只能将其视为一个个任务指标机械地完成。例如，在访谈中有教师直言：

> 关于核心素养，我觉得我们能做的可能就只是在课堂上，而且我不能瞎做，因为我还要完成教学目标，要告诉学生这篇文章是怎么安排结构的，是要表达什么样的情感。（T12）

还有教师表示：

> 前一段时间六年级的学生参加了调考，我们教师自己认为调考试卷难度很大，这也给我们六年级的老师带来了很大的打击，认为我们教师自己以及学生做得还不够，学生的基础知识还不够扎实，还需要再去刷题。考试成绩关系到学校的评优评先，我作为一线教师的责任和压力也很大。（T47）

相关研究也显示教师当前的工作负担过重，有84.4%的教师每天进行教学反思的时间不足1小时，76.4%的教师每天读书时间不足1小时[1]。可见繁杂的工作负担分散了教师有限的精力，使其回避可能增添自身工作负担的课程与教学事

---

[1] 李新翠. 2016. 中小学教师工作量的超负荷与有效调适. 中国教育学刊，(2)：56-60.

务，使教育教学失去了生机与活力。综上，一线教师普遍存在较大的教学工作负担与压力，任务繁重，致使许多教师陷入过度劳累与内疚自责之中，无暇进行课程与教学创新，教育教学效果大打折扣，即使他们有课程领导意识，也无法深入学习，最终只能消极应付，而这自会影响教师课程领导力的水平和实践成效。

（二）非教学性事务扩大工作边界

除了日常的教学工作，非教学事务也增加了教师的工作量，扩大了教师的工作边界。我们通过访谈发现，被非教学性事务占据更多时间与精力的教师，其课程领导力水平受到了严重削弱。可见，教师在非教学性事务的压制下已身心俱疲，更多地是把课程工作看作同样事情的单调重复，照本宣科地执行课程教学，而不愿主动从课程中挖掘有益的经验进行创造性开发。这严重制约着教师课程领导力的生成与发展。2021年的全国教育工作会议明确提出健全教师减负长效机制，清理与教育教学无关的活动，让教师静心专心教学[1]。然而在实际的教育工作中，"管办评"一体化现象依然存在于中小学的工作之中，使教师陷入"忙碌""茫然""盲目"的状态之中[2]。中小学教师在有限的时间内除了要完成日常教学工作，还要承担其他繁杂的非教学性事务，如参与评比、准备考核材料、迎接检查等，使教师的日常工作偏离重心，导致教师没有足够的精力和时间进行高质量的教学工作，也无暇顾及自身专业能力与水平的提高与发展。同时，在访谈中也有许多教师反映其工作繁忙，无心从事课程领导。例如，一位教师谈道：

> 往年我还有心思沉下心来反思自己的不足，但现在事情实在太多了，没有这个心思了。现在填表、写报告、迎检等占据了老师大部分的时间与精力。（T22）

还有教师表示：

> 老师们每年要填几大摞资料，还要进行各种网上填报，并且还得教学生搞填报。例如，学校进行安全教育、消防教育等。这些活动本身是好的、必要的，但问题是学校举办了这些活动之后，教师需要准备一大摞资料迎接检查。现状就是，其他部门把任务压给教育局，教育局又把任务压给学校，学

---

[1] 陈宝生. 2022-01-08. 乘势而上 狠抓落实 加快建设高质量教育体系——在2021年全国教育工作会议上的讲话. http://www.moe.gov.cn/jyb_xwfb/moe_176/202102/t20210203_512420.html

[2] 李跃雪，赵慧君. 2020. 中小学教师工作负担异化的生成逻辑与治理思路. 教师教育研究，32（3）：67-72

校一旦要开展各种教育活动，教师就需要提前拿出活动方案，活动时还要负责现场组织协调，活动完要组织学生办手抄报，有时还要写一些竞赛文章或者画一些主题绘画，这些都是为了迎接检查，检查时必须拿资料出来，否则考核时就要扣学校的分。所以我们常常是一个活动需要准备好几份资料，但其实这些来检查的人也没仔细看。目前真的是检查太多，的确需要为教师减负了。(T77)

此外，也有不少相关研究显示非教学性事务加剧了教师的工作负担。一项对全国18省35县的实证调查发现，当前教师工作结构不合理，教师有高达33.49%的工作时间是用于处理各项非教育教学工作的。概言之，教师当前承担着严重的工作负担，尤其在非教学性事务方面，教师工作负担倍增，使教师担负了很多"分外之事"，教师这一职业的工作边界越发模糊，使"教师不是教师"的情况越加严重[1]，进而消退了教师创新课程与教学的职业热情与自我效能感，直接降低了教师参与课程领导的积极性与主观能动性。

---

[1] 何敏. 2006. 从教师职业异化看教育改革的支持系统. 当代教育科学，(20)：9-10，23

第七章
核心素养视域下教师课程领导力提升的对策探寻

伴随我国课程改革的不断深化,教师由课程的管理者向课程的领导者转变已是必然。发展中小学教师的课程领导力是有效落实核心素养重要的理论和实践命题。然而,通过对全国20省19 521位中小学教师的问卷调查与109位中小学校教师的扎根理论研究,本书发现,中小学教师课程领导力亟待提升。为更好地促进教师专业发展、推动核心素养的有效落实、助益课程改革的顺利进行,提升一线中小学教师课程领导力是当务之急。教师个体场域、学校场域及社会场域三个方面均是影响教师课程领导力发展的重要因素,本章将在前期调研的基础上,结合已有文献,从立足教师自身、立足学校发展情况、立足社会场域三个方面出发,尝试从理论与实践相结合的角度来进一步探讨K-VPI教师课程领导力的提升策略,以期为提高教师能力素质、促进课程改革提供有益参考,从而为相关政策的制定与行动的开展提供参考。

第一节 立足自身，夯实教师进行课程领导的意愿及能力

教师是教师课程领导力生成的内在动因，因此，教师自我的提升与发展是教师课程领导力生成的主要策略与路径。教师以追求自身发展为指引，进行自觉的、能动的、积极的课程领导探究，不断提升自我进行课程领导的动力与能力，使自己进入课程领导者的角色。

一、系统学习相关理论，自觉内化课程领导意愿及认同

结合前文发现，当前中小学教师在课程中始终扮演着"忠实执行者"的角色，他们在课程场域依旧未能结合自身优势激发课程的生机与活力，可见目前中小学教师缺乏必要的课程领导意愿与领导身份认同，不愿将自己视为课程领导者。教师的课程领导意愿作为教师实施课程的隐性依据，是一种内在的驱动力，持续而广泛地影响着教师的课程领导活动和实践行为[1]。而课程领导身份认同则关乎着教师对自我课程身份的认知以及课程价值的实现，影响着教师是否积极参与到课程领导活动之中。因此，必须有效培植教师课程领导意愿与身份认同，帮助教师充分认识到他们的领导力及其可能产生的影响，了解自己在教育改革中扮演的角色，从内在解决教师无法或不愿参与课程领导这一观念层面的问题。而教师课程领导意愿与领导身份认同的塑造与提升并不是一蹴而就的，需要教师主动追寻，循序渐进地强化自我领导课程的信念与动能，并使其不断地转化为具体的课程领导行为。对此，需要以培植课程领导意愿为出发点，增进教师对课程领导的认知，使之明确课程领导是对其价值引导、团队合作、课程规划、文化建设等综合能力的考验，故而，在课程领导中，教师要实现由传统的课程实施者向课程开发人员的角色转变，在学生学习的课程决策中承担更多责任，从而进一步帮助其消除抵触情绪。

（一）从整体出发全面了解课程领导的相关知识与理论

这需要教师有一种全局观念，系统学习和加强课程理论修养与领导理论知识

---

[1] 刘菲菲，章勇. 2018. 中小学校长课程领导力探索与践行. 长沙：湖南师范大学出版社，79-81

储备，既要关注"课程"，又要注重"领导"。对于教师课程领导意愿与身份认同的激发可以从两个层面展开。首先，在理论层面，需具备有关"课程"与"领导"的基础知识，课程方面包含基本的课程决策、设计、开发等课程理论知识；学生学习行为、身心发展规律等相关理论以及教学模式、教学方法等教学知识。通过基本的理论学习使教师凝练清晰的课程意愿，形成正确的课程观、学生观和教学观等观念。而在"领导"方面，教师要熟悉各种领导理论、取向、形态等，明确课程领导者的身份与职责等，对"领导"形成基本的理解和认识，进而不断加强自我的课程身份认同。其次，在实践层面，教师要主动在课程实践中进行领导，并加强身份认同，不断反思和追问实际课程领导行为背后的意义与问题，在批判反省中澄清和重构自己的课程领导意愿与身份认同。通过理论学习和具体实践的交叉进行，使教师从多方面理解和感悟课程领导行为，把握其整体性，进而激发教师的领导意愿与身份认同。

（二）循序渐进地体悟课程领导的相关理念与认识

教师课程领导意愿与身份认同的激发要层层深入，逐步推进。在学习进程方面，课程领导认知力发展是一个动态发展演进的过程，教师要随时学习处于动态变化中的课程领导新理念，使自身对理念的领悟步步深入。在领导组织方面，通过"传帮带"使新老教师协调搭配，既可以发挥老教师的领导效力，深化其课程领导意识，同时又能激发和增强新手教师对课程领导的认识，不断壮大课程领导团队。在教研培训方面，要有意识、有计划地纳入教师群体中的新鲜血液，滚雪球般地使全校教师不断接触课程领导的相关理念，通过思想上的交流和碰撞，激活和唤醒教师的课程领导意愿，"使教师的课程领导身份认同更加显现与自觉"[①]。

（三）综合渗透自觉内化课程领导意愿与身份认同

教师课程领导相关理论知识的学习是激发教师课程领导意愿、强化其身份认同的基础，但真正要将课程领导意愿与领导身份认同内化于心，更富实效的是在教师日常教育教学实践活动中综合渗透课程领导理念，使教师通过体悟式学习自发生成课程领导意愿。例如，在教师研讨活动中，有意识地安排关于"教师课程领导"的专题讨论，并鼓励教师群体发挥自身优势积极参与课程领导；在教师日常的课程实践反思过程中，教师要与课程领导理念相比照，深层次挖掘和探究隐藏在教育现象和问题背后的思想与价值观；在对课程效果进行监控分析时，利用

---

① 谷陟云. 2016. 论教师的课程资源意识及其唤醒. 教育理论与实践，36（2）：39-41

相关课程领导理念对实施成效进行科学归因，指导改进策略。诸如此类将课程领导理念融入教师的日常性工作，在不知不觉中增强教师的课程领导意愿，形塑教师的课程领导身份认同，使其更具有渗透力和持久性。

总之，教师课程领导意愿的唤醒与身份认同的塑造不是一朝一夕的事，需要教师在课程领导环境中自为生成，在课程场域中对自身的课程实践行为进行深入检视、省思，进而自发自觉地参与到课程领导之中，使教师真正理解并接受课程领导，并不断提升课程领导的功效。

二、推动教师课程领导日常化，不断涵养教师信任品质

如前文所述，教师个人的信任品质关系到教师领导课程的成效，教师对个体的自信以及对他人的信任可以激发其领导潜能，进而转化为自身积极参与课程领导的强大动能。尤其是在当前，教师的课程与教学实践受到诸多外界因素的限制，致使部分教师对自我的价值期望较低，不自觉地降低自信，信任品质有待培育和加强。而具有信任品质的教师"绝不盲目听从外界权威、屈从于现实中的负面势力"[1]，相反，他们会最大限度地基于个人的主体意识和自身优势开展教育教学实践，争做课程与教学活动中的先行者。对此，教师可以从以下几个方面培育自我的信任品质。

（一）敢于实践，增强领导自信

教师个体自信感的提升不仅需要教师主观意识上的寻求，更需要教师在实践之中不断重塑和构建自信感。而成功的实践经验是"培育自信最有效的、最有影响力的信息源"[2]。因此，教师要敢于参与课程领导实践，不断积累成功的课程领导经验，其成功的自我体验越多，其对课程领导的自信感则会越显著。具体而言，教师可以积极参与校本课程领导。校本课程的开发与实施要求教师从"课程的忠实执行者"转变为"课程引领者"，即教师在校本课程建设中"不仅要做执行者，还要设计课程目标，确立课程内容，有效实施课程，完善课程评价"[3]。这就要求教师具备课程开发意识，形成课程规划能力，应用课程决策能力，同时通过合作协商解决和处理"专业的、人际的和政策的等实际问题"[4]。这些具体的行为或能力对教师提出了更高的要求与挑战，也帮助教师在校本课程领导中重

---

[1] 胡贵勇，刘艳，李明刚. 2015. 教师的教学自信及其形成. 山东社会科学，(S1)：114-115
[2] 胡贵勇，刘艳，李明刚. 2015. 教师的教学自信及其形成. 山东社会科学，(S1)：114-115
[3] 姜亚芳. 2010. 在校本课程开发中促教师发展. 中国教育学刊，2010（5）：89
[4] 金建生. 2016. 教师领导研究：基于教师发展的视角. 北京：中国社会科学出版社，226-227

新认识自己，识别自身的优势与不足，对于自身进行专业引领与超越，进而获得强大的自信感。此外，教师还可以尝试进行项目或课题领导。项目或课题领导超越学校内部，可能是一组学校或某个区域的特色项目，需要教师在一定的时间和预算内达到预期目的。在项目或课题领导中，教师要发挥更高阶的课程领导能力，根据项目的进度分阶段地有序推进，包括"项目的成员组队、项目前期设计、探索、项目设计、申报、实施、评价等活动"①，需要教师在各个阶段遵循科学规范并合理地处理好相关事务。无论是项目团队的协调调度，还是课题成果的凝练总结，都离不开教师更强烈的个体自信，需要教师对自己能够胜任项目领导充满信念感与信心。教师在课程领导实践中难免会遇到各种各样的困难与挫折，这可以引发教师课程领导的信念与志向，使其在自我挑战中不断增强课程领导的信心。

（二）增进对其他课程主体的信任

目前教师担任着重要的教育使命与职责，仅凭教师个人的努力很难完成这一艰巨任务，教师需要借助其他主体的力量，在教育教学实践中获得支持和帮助。这就要求教师个体增进对其他课程主体的信任。有学者表示："没有信任，一个老师可能更倾向于自我保护而不是为了更好地教学而创设和其他教师之间的关系。"②教师信任情感的萌发需要在群体合作之中产生，即教师主动寻求与其他课程主体的交流与合作。例如，在与课程专家展开的深度合作中，教师应与专家建立一种相互信任、开放交流的合作关系，而非盲目信任课程专家所说的一切话语；在与其他教师的合作中，教师个体不应依附于行政权威而完全信任具备行政职务教师的话语，教师应超越行政化的权威体系，以专业发展为指引，以专业权威为基础，与其他教师建立学习共同体，彼此之间开展合作，形成健康的信任关系。概言之，合作与信任是相互的过程，教师对他人的信任情感需要在合作之中不断形塑。

三、借助多种途径加强交流互动，发展教师人际交往能力

由前文可知，教师的人际交往能力影响着教师的领导技能，而教师课程领导力的有效发挥离不开与其他教育主体良性的互动与合作，这需要教师具备良好的人际交往能力，使各个主体都能积极参与课程领导。为此，教师可以借助多种方

---

① 金建生. 2016. 教师领导研究：基于教师发展的视角. 北京：中国社会科学出版社，227

② Tschannen-Moran M, Hoy W K. 2000. A multidisciplinary analysis of the nature, meaning, and measurement of trust. Review of Educational Research, 70（4）：547-593

式与他人进行交流互动，在双向交流中发展自身的人际交往能力。

（一）以相互尊重、相互理解为前提

"尊重是一种品格，是对他人人格和价值的充分肯定。"[1]尤其是在与学生的交流过程中，教师要对学生给予充分的尊重，用心倾听学生的心声，从中获取课程开发的灵感、设计理念，并在课程活动中了解学生的学习情况，以此来调整课程。此外，教师与家长的沟通是一种特殊的人与人之间的交流，双方都是从关心孩子的角度出发，教师要与家长相互理解、支持与尊重，同时在相互理解中帮助家长改善教育行为，改进教育方法，转变教育观念。

（二）搭建多方交流平台

教师可以借助多种形式的交流平台与他人积极交流互动，不断培养自己的沟通技巧和能力。例如，教师与教师之间的交往可以通过构筑课程领导共同体的方式进行，定期开展教师研讨，建立一种常规化的沟通方式，增进对其他教师的了解，密切教师之间的联系。通过教师与教师的合作，形成良好的学习氛围，促进教师队伍内部的交流共享。教师可以借助"家长学校"加强与家长的对话，要根据实际情况，恰当选择与家长沟通的方式，取得家长信任，得到家长的鼎力支持，并以主体的身份主动参与课程领导活动，达到整合教育力量的目的。教师还可以利用"U-G-S"[2]平台或"国培计划"项目促进自身与专家学者的交流，与专家的沟通要保持问题意识，提取关键信息用以提升自身的课程领导力。

（三）有效运用反馈信息

交流不是目的，其关键在于交流是否能对自我提升产生助力。这需要教师及时收集和整理交流过程中的有效资料。例如，在与学生互动中，教师要时刻观察学生的反应，包括言语或非言语行为，以便后续进行相应的改进；在与其他教师沟通时，教师要收集和记录交流中的重要信息或资源，在合作互动中不断反思自我、提升自我。人与人之间的交流实质上是传达信息的过程，教师要掌握与他人合作交流背后所传递的信息资源，对其进行整理汇总并将其运用于课程领导活动中。

课程领导建立在人与人之间交往的基础上。因此，教师在课程领导过程中要正确认识和评估自身的人际交往能力，并在此基础之上加以提升和完善，这样更

---

[1] 郭雯，刘翔平，穆宝华，等.2015.教师人际沟通技能培训效果的研究.教育科学研究，(9)：55-60
[2] 即 University（大学）、Government（政府）、School（学校）

有利于使各个主体都积极参与课程领导活动，保证课程领导的顺利进行。

四、强化教师自我认知与生涯规划，培养教师自我领导力

通过量化分析结果可知，教师个人的自我规划能力影响着其课程领导力的发展，若教师对自我发展缺少规划与管理，那么其将丧失自我更新的动力。教师需要通过自我领导与管理，将发展课程领导力的动机内在化，并清楚地了解内外不断变化的挑战，这样可以使自己及早掌握其所面对的挑战，进而规划自身所需强化的地方。为了让教师的自我领导与自我管理更可落实，具体可从以下几个方面入手。

（一）进行全方位的自我认识

教师自我领导的首要任务是对自我进行全方位的分析，不仅要对个体内在的课程领导特性进行反思，还要了解个体外在所处的环境条件。首先，内在方面，教师要反思作为领导者个人特质的强项、弱点、机遇和危机，集中分析自己的专业才能、个人对课程领导的认识及价值信念等。其次，外在方面，教师要审视自己与其他教师的关系，清楚学生发展需求及家长期望，合理处理"与同事之竞争与合作"等[1]。透过个体内外的认识，教师可以分析并建构自我剖析图，定义自己较强与较弱的领导特质，在后续的个人发展计划中优先对弱势予以发展和强化，持续进行自我更新。

（二）制订个人发展计划

教师根据第一阶段全方位的认识，明确了自己的课程领导方向及行动计划，对将自己塑造成怎样的领导者有一个精准的战略定位，使自身在当前有限的环境下得到最大程度的发展。同时，教师个人发展的终极指向是促进学生的成长，因此，其发展计划的拟订还要关注学生的发展需要。教师作为学生学习的引导者和自主发展的支持者来进行个人成长设计，明确自身在具体的教育实践任务中应如何做才能真正成为自主支持者，既保证对于学生的适度引导和帮助，又能在自主空间内得到相应的发展[2]。具体而言，教师制订个人发展计划要明确自己当前的课程领导发展阶段和工作进度，编拟学习单元，制订个人的课程方案规划，选择合适的教学内容、次序及方法。此外，与其他成员和谐关系的建立也影响着个人发展规划制定与实施，因此需考虑到"与同事、学生、家长及社区成员之间也建

---

[1] 郑燕祥. 2002. 学校效能与校本管理：一种发展的机制. 陈国萍译. 上海：上海教育出版社，91-92
[2] 慕宝龙. 2017. 论教师专业自主能力的内涵结构. 教师教育研究，29（3）：1-7

立良好联系及关系"[1]。此外，除了制订个人阶段性的计划之外，教师还应对每日的工作安排进行合理规划与管理，合理地进行时间管理，对日常事务进行分类，分出轻重缓急，进而提高工作效率。

（三）持续地学习与实践

个人发展计划的制订是为了后续有针对性地进行实践，在实践中可以通过自身发展实际与预期发展目标之间的对话，不断进行自我调控和激励，如对时间的合理分配、对发展计划的适度修改、自行调节实施进度等，保证自我发展与更新的持续进行。同时，在此阶段，教师要借助专业培训或与同事之间的交流合作，充分挖掘可以利用的学习资源，这有助于教师建立个人发展强有力的学习支持网络，在对学习资源的开发、组织的过程中确定什么知识对自身最有价值，并将其运用于个人发展之中。

（四）制度化、系统化反省

教师在实践中或实践后要时刻反思自我。在现实工作中，教师可能因忙碌或遗忘而未能保持省思。为避免这种缺失，教师要安排固定的时间进行自我反省，如每个星期固定一天的下午，让反省制度化，避免遗忘。同时，教师可以将一些榜样模范的优秀特质一一列出，制定检核表，在自我反省的时间与其进行比对，找出自身较弱或发展不佳的内在基础特质，再重新对发展计划给予完善。此外，教师还可以根据前期构建的自我剖析图进行纵向分析，时刻梳理个人的工作进度情况，评估自己的表现，利用自我评估资料进行下一阶段的"自我规划与管理"[2]。

教师的自我绩效管理强调通过自我设计来达到自我期待与自我暗示的效果，"通过自我期待与自我暗示的反复刺激"[3]来激发自我的课程领导潜能，发展教师课程领导的核心竞争力，并由此带来行为上的变化，使自己在课程领导的道路上不断前行。

五、增强实践与研究创新能力，提升教师课程专业水平

如前文所述，教师的课程专业水平决定着教师课程领导力的有效发挥。面对21世纪信息化社会对人才需求发生的重大变化，世界各国的中小学课堂正在经历

---

[1] 郑燕祥. 2002. 学校效能与校本管理：一种发展的机制. 陈国萍译. 上海：上海教育出版社，92
[2] 林明地. 2006. 学校领导：理念与校长专业生涯. 北京：九州出版社，25
[3] 高顺伟. 2009. 教师职业生涯的自我设计与自我管理. 教育理论与实践，29（5）：41-42

着一场"静悄悄的革命"①，尤其在当前信息技术背景下，教师要走出传统课程模式下的"舒适圈"，追求课程专业水平的提升，进而使自己更积极主动地参与到课程领导之中。具体来说，可以从以下几个方面提高教师的课程专业水平。

（一）提升课程实践能力

课程实践是教师课程专业水平的基石。首先，通过"单元化集体备课"超越和改进传统课程设计能力。传统的备课在内容上大多侧重对某一节教材文本的解读，在主体上也倾向于教师单独进行，这种方式使课程教材缺失整体性，同时也忽略了教师合作交流中的融合与创新。而"单元化集体备课"强调各年级、各学科教研组内要对整册课程教材进行系统梳理和分析。在此基础上，组内教师以单元为整体进行备课，根据单元课程目标进行整体设计、整体规划，教师不仅要把握某一单元在整册教材中的地位，还要根据学生实际情况制定某一单元的重点、难点，合理安排课程内容。此外，教师集体备课是一个极具开放性、共享性的对话机会，教师可以在与他人、与自身的对话中汲取教学经验与智慧。其次，运用"微型课堂"提升和锻炼教师的课程实施能力。"微型课堂"即通过一个个缩小了的课堂环境，对课堂实践进行分解简化，让教师深入细致地了解某一个课程实施环节，"增强课堂的实战能力"②，如对课堂教学的导入、实施过程的推进等有更全面、详尽的掌握。通过对每一环节的分析解剖，为每一位教师提高综合课程实施能力打下基础，夯实教师的课程实施技能。此外，也可以聚焦某一课程内容，让教师了解不同课程内容的全貌，并在深入分析的过程中掌握相应的课程实施策略。最后，采用"同课异构""课例比照""听评课"等模式，让教师仔细品味不同教师对教材的不同处理方式及呈现出的不同实施效果，教师在共同参与中进行交流与反思，对课堂中的优势和不足进行评判与分析，"对于优势部分及时肯定，逐步固化；对于不足，集中会诊，假如是组内共性问题，就作为下次教研组层面的研修主题，若是教师个体的问题，就由师傅或组内的协作伙伴跟踪听课加以解决"③。

（二）注重课程研究与创新

随着智能设备或载体对教师知识传播者角色的补充和部分替代，教师要从原

---

① 钟启泉.2009.课堂转型：静悄悄的革命.上海教育科研，（3）：4-6
② 何学锋，等.2013.研修与成长：提升教师课程领导力.北京：教育科学出版社，48
③ 何学锋，等.2013.研修与成长：提升教师课程领导力.北京：教育科学出版社，49

来的"教书匠"向"研究型教师"转型,"教师即研究者"[①]已成共识,而科研能力是研究型教师必须具备的一项基本能力。教师科研能力的发展可以在行动研究中得以实现。教学行动是教师教学工作中的日常行为,而行动研究要求教师带着研究意识去行动,边行动边研究,变行动为研究。首先,教师要增强问题意识,可以通过记录课程领导中的疑难问题,辨别问题真伪,并将其转化为课程研究问题。其次,教师要加强科研规划与组织能力,在开展行动研究中,制订计划或方案是至关重要的环节,既是采取进一步行动的前奏,也是在开展行动前对自身行为的系统审视,同时也彰显着教师的课程领导力。再次,教师需要掌握研究问题信息数据的收集与处理的技能,熟悉运用相关数据库,能对信息资源进行科学分类。最后,教师要具备撰写科研报告或论文的能力,提炼总结研究成果,将具体实践转化为物化成果。教师在参与行动研究的过程中,不断拓展课程资源,积累研究智慧,提高自身担任课程领导的能力。

教师课程专业水平的提升有助于让他们成为善于观察、乐于提问、勇于反思、敢于尝试的课程领导者,让教师拥有受到他人认可和信任的满足感,从而让他们更有勇气和信心面对未来的课程领导工作。

第二节　因校制宜,发挥学校对教师课程领导的支持作用

学校是教师开展课程教学与专业成长的主阵地,学校对教师课程领导力发展的重要性已被本书与相关研究所证实。总体而言,应从立足学校实际、形塑学校发展共同愿景、涵养信任文化、打造教师专业共同体、探索分布式管理机制以及转变校长角色等方面出发,发挥学校对教师课程领导力的重要促进作用。

一、立足学校实际,搭建教师课程领导校本支持体系

本书研究结果表明,学校影响教师课程领导力发展的具体机制在不同地区、不同性质学校与不同学段均存在显著差异。相关研究亦表明,学校是影响教师专业成长的重要变量,不同学段与不同地区的学校教师,其专业发展机制具有一定

---

① 林德全. 2020. 智慧教育背景下教师角色的重构. 中国教育学刊,(2):78-82

的特殊性。一项针对轮岗教师行动逻辑的质性研究表明，轮岗教师如何发挥专业领导力与流入校的教师、学生及学校的具体情况有着密切联系，三方作用下，轮岗教师倾向于采取"因势而动"[1]的行动策略。基于类似的考虑，部分研究也建议，在教师职前培养与职后发展上，宜采取因地因校制宜的思路[2]。这表明，从学校层面制订提升教师课程领导力的行动方案，并没有普遍适用的公式，必须以因校制宜为基本原则，结合区情、学情，制订符合本校实际的校本提升方案，并统筹关键因素，搭建有助于教师课程领导的校本支持体系。

二、以办学理念为基石，塑造学校发展共同愿景

在本书的分析框架中，学校场域因素共包含学校文化、教师共同体、学校组织结构、校长因素4个面向，以及共同愿景、文化氛围、教师共同体、学校组织结构、教师支持、教师沟通、教师赋权、教师奖励8个要点，回归分析结果表明，共同愿景是学校场域解释力最强的因素。相关研究也论证了学校共同愿景对于教师领导与教师发展的重要性。例如，有研究表明，"学校领导者应该激发与强化学校的共同愿景并且让其被广泛共享，高质量的共同愿景能够激励和引导学校中的教师追求清晰的、面向所有学生的共同目标，致力于协作行动以实现目的，而且为学生学习承担集体责任"[3]。因此，创设有利于教师课程领导力生长与发展的学校环境，关键在于凝聚各部门合力，形成学校与各层面的共同愿景。

管理学国际知名学者彼得·圣吉在著作《第五项修炼——学习型组织的艺术与实务》中指出，共同愿景就是大家共同愿望的景象，它创造出众人为一体的感觉，并遍布组织全面的活动，而使各种不同的活动融会起来。共同愿景回答"我们想要创造什么"的问题，其对于人的行动具有重要的导向作用[4]。在本次研究中，学校共同愿景是学校理念之间的一致性抑或"逻辑自洽性"[5]，具体指学校的办学理念、培养目标与课程目标之间的一致性。需要说明的是，从逻辑自洽与多元一体的角度出发，办学理念、培养目标与课程目标三个概念之间并非平行关系，而是存在一定的逻辑先后顺序。这需要联系三个概念的定义予以说明。办学

---

[1] 邹慧明. 2021. 因势而动：教师轮岗交流的行动逻辑. 南京师大学报（社会科学版），(3)：43-53

[2] 周晔，赵明仁. 2018. 农村小学全科型教师的素养结构及培养方略. 教师教育研究，30（4）：18-23；张细谦. 2010. 中小学体育教师继续教育的教学设计. 体育学刊，17（12）：57-61

[3] 杜洁，黎方军. 2009. 建设学习型学校的共同愿景与目标概念辨析. 中国青年研究，(3)：23-26

[4] （美）彼得·圣吉. 2003. 第五项修炼——学习型组织的艺术与实务. 郭进隆译. 上海：上海三联书店，238

[5] 张东娇，张凤华. 2015. "逻辑难自洽""概念不操作""说做两张皮"学校文化建设三大问题及其解决策略. 中小学管理，(1)：30-33

理念反映了一所学校的核心价值诉求，是学校文化的"灵魂"[1]，亦是学校内涵式发展的基石。培养目标是一所学校对"培养什么人"问题的根本思考，反映了学校对学生发展走向与未来精神风貌的具体想象。课程目标是学科教师落实课程标准、开展学科育人的根本遵循，导引着课程实践的方向。以上三个概念中，办学理念是一所学校的立身之本，具有逻辑上的优先性；培养目标是一所学校的行动之基，需要在办学理念的基础上系统回答"在这所学校培养什么人"的问题；课程目标则同为二者的下位概念，需以办学理念与培养目标为基础与方向，再结合课程需要与学科特性生成课程领域的发展目标。

因此，从为教师课程领导力的生长与发展提供良好学校环境的角度出发，需要动员学校全体成员共同参与办学理念与培养目标的凝练、发展与学习，将自己与整个学校的发展联系起来，基于学生核心素养提升和学校内涵式发展的需求，铸就学校发展的共同愿景，实现从"在学校教学"到"为了学校发展教学"。在此基础上，动员学科组教师共同研制符合办学理念与培养目标的课程目标，为实现推动课程实践变革和学生发展的使命而付诸一致行动。

三、涵养信任文化，营造教师课程领导力发展良好氛围

学校是教师工作实践的重要场所，教师的专业成长与发展离不开学校文化的影响。而建立学校信任文化是学校领导与管理赖以存在的前提，是教育教学活动顺利开展的基础，亦是教师课程领导力发展的重要保障。如果学校内部无法形成彼此信任的学校文化，就不能增强各主体对学校的认同感，甚至会挫伤教师的工作积极性，不利于激发教师持续前进的内在动力，最终导致学校变成"一盘散沙"。为此，有必要在校园内建立良性的学校信任关系，以促进教师课程领导力的发展。

学校信任文化的构建是一个庞大的体系，按照主体可划分为领导与教师之间、教师与教师之间、教师与学生之间、教师与家长之间的相互信任。第一，在领导与教师之间的相互信任方面，有研究指出校长对教师的信任程度影响着教师工作的主动性与创造性[2]。因此，校长应保证各项工作的有序开展和落实，营造良好的工作氛围；积极创造与教师对话、沟通、理解的机会，并带头做出示范；采取民主决策，坦诚地征求意见，充分尊重教师的权利，发动教师的智慧，让教

---

[1] 陈建华. 2020. 论中小学办学理念的提炼与表达. 上海师范大学学报（哲学社会科学版），49（4）：70-77

[2] Lewthwaite B. 2006. Constraints and contributors to becoming a science teacher-leader. Science Education，90（2）：331-347

师参与学校事务，以此达到相互信任、支持，进而促进教师课程领导力的发展。第二，在教师与教师之间的相互信任方面，学校作为"师生学习的共同体、生活的共同体、成长的共同体、道德的共同体"[1]，应为全体教师营造学习、合作、相互信任的共同体氛围，激活教师的参与意识和合作意识，共同完成学习目标；重视教师群体间的互动，分享课程经验，促进彼此课程观念的更新，引导教师学习彼此的长处，并及时给予反馈，辅助教师解决课堂教学的疑难问题等[2]，共同为落实学生发展核心素养献计献策，促进彼此相互合作、信任与支持，进而提升教师的专业水平与课程领导力。第三，在教师与学生之间的相互信任方面，师生之间缺乏有效的互动，师生关系囿于知识传授者与接受者之间的关系，一味强调师道尊严、用强力去压制学生等问题容易导致"互不信任"的师生关系。为增进师生间的信任，教师不仅要在课堂上注重与学生积极互动，发挥自身的课程领导力以带动学生融入课堂，在课后教师也要主动与学生沟通，善于与学生交往，关注学生的生活与精神状态，及时给予帮助；以更为宽容的态度接纳学生的独特个性行为表现，满足学生的合理需要；与学生平等相处，加强沟通。第四，在教师与家长之间的相互信任方面，能否创建彼此信任的家校关系，关键在教师，其充分体现着教师的领导能力。在家校合作中，教师应在实事求是的基础上，采取平等协商的沟通方式，与家长共同探讨解决问题的办法，向家长征求意见，虚心听取他们的建议，改进自己的工作。此外，教师应拓展家校沟通渠道，增加与家长沟通的频率，提高沟通效率，促进双方互相信任，"这种积极的态度和行为倾向会在双方互动中起到润滑剂的作用"[3]，使家长的诉求得到回应，教师的课程领导力也能在良好的家校合作活动中获得巨大的发展。

综上，若是学校领导、教师、学生、家长彼此之间都充满爱与信任，那就会形成一股巨大的力量，推动学校教育变革，进而促进教师专业发展与课程领导力提升。

四、打造教师专业共同体，集体增益教师课程领导力

教师专业共同体是近年来教师专业发展的核心依托。本次研究发现，教师专业共同体对于教师课程领导力的发展具有显著正向影响，访谈中，不仅新手教师谈及了教师集体与名师引领对其专业成长的重要性，颇具教育教学经验的老教师

---

[1] 鲍成中. 2011. 学校内隐文化建构：信任视角. 中国教育学刊，（10）：31-34
[2] 郑东辉. 2007. 教师课程领导的角色与任务探析. 课程·教材·教法，（4）：11-15
[3] 梁丽婵. 2019. 是什么影响了家师关系——基于家长、教师、家校互动多因素综合视角的实证研究. 中国教育学刊，（11）：50-55

也谈及了信息化时代年轻教师对其的必要支持。相关研究亦证明，教师专业共同体对于教师个体与集体的发展均有裨益。佐藤学认为，"学校成功的决定性要因在于教师专业成长的合作关系的有无；教师专业成长的决定性要因也在于校内教师合作关系的有无"[1]。有研究亦指出，教师学习共同体作为一种组织形式，在重构教师教学理念、丰富教师教学智慧及促进教师专业提升方面效果显著[2]。还有研究表明，在教师专业发展共同体的学习过程中，教师不仅会不断更新自身的课程理念与合作观念，还会从中提升自己发现问题、有效解决问题的能力；不断用知识和能力武装自己，以更好地建设课程共同体，进而促使教师个体和群体课程领导力的提升[3]。这说明，无论是获得个人课程领导力的发展，还是发挥课程领导力以推动学生和其他教师的发展，都需要一个多元参与的、坚实的专业共同体为支撑。多元参与的教师课程领导共同体，既可以通过校内各学科组、教研组教师的集体备课与合作研究，也可以通过富有经验的教师与新手教师之间开展结对带教、优质学校与薄弱学校的对口帮扶以及名师工作室的学习交流加以构建。这种多元的教师课程领导共同体一经生成并稳定地发展下去，就能够为深化学校教师的课程理解，促进教师的课程实施持续提供各种丰富的、优质的资源，推动教师之间的信息交流交换，从而助推教师加快成长为课程领导专家。

（一）依托集体备课与合作研究打造专业共同体

集体备课与合作研究既是个体教师课程领导实践力的重要彰显，也是教师专业共同体的核心抓手与重要依托。

首先，通过集体备课激发教师课程领导力。"集体备课强调教师之间基于合作探究而寻求教学真义，强调优秀教学资源与教学经验的共生共享，强调凝聚群体智慧生成和创造新的教学。从个体备课到集体备课的转型，实质上是实现教学从注重技术、技巧、方法的安排到注重科学、艺术和创造的融合，实现由'我的教学'向'我们的教学'的转变。"[4]学校应积极探索和完善备课组模式，将各学科乃至各年级教师都吸纳为备课组成员，制定相应的规章制度，确保每一位教师在备课组中都拥有平等发言的权利，为激发每一位教师课程领导的意愿与潜能提

---

[1] 〔日〕佐藤学. 2003. 课程与教师. 钟启泉译. 北京：教育科学出版社，248
[2] 王京华，李玲玲. 2013. 教师学习共同体——教师专业发展的有效路径. 河北师范大学学报（教育科学版），15（2）：39-42
[3] 张宪冰，刘仲丽，张蓓蓓. 2016. 桎梏、追问与消释：教师专业发展共同体文化探析. 教育理论与实践，36（28）：36-39
[4] 李瑾瑜，赵文钊. 2011. "集体备课"：内涵、问题与变革策略. 西北师大学报（社会科学版），48（6）：73-79

供制度保障。

其次，通过合作研究涵养教师课程领导力。2019年发布的《教育部关于加强和改进新时代基础教育教研工作的意见》指出，"教研工作是保障基础教育质量的重要支撑"[1]，并对新时代基础教育阶段的教研工作做出了全面部署。目前，教科研不仅是学校发展与教师成长的重要途径，也成为教师考核与晋升的重要参考指标。在此背景下，通过教研组的方式开展合作研究成为越来越多中小学教师的理性选择。为此，学校应积极探索教研机制，完善教研组建设，为教研组引荐专家资源，并为每位教师提供合作研究与自主成长机会。

（二）发挥师徒结对与名师工作室的引领辐射作用

除了集体性质的备课组与教研组建设，师徒结对与名师工作室对于新手教师课程领导力的成长也很关键，为此，学校也应重视发挥这两方面的专业支持力量。

首先，通过师徒结对培养教师课程领导力。为此，需为每一位新手教师精心挑选经验丰富、已具备一定课程领导力的教师担任"师傅"，"师傅型"教师的主要职责便是参与新手教师的听评课、磨课、教学反思、课题研究等专业实践，并以身作则，为新手教师提供现实榜样示范。其次，通过名师工作室推动教师课程领导力的快速成长。名师工作室是教师专业学习共同体的一种新模式，被认为超越了传统集体备课、师徒结对等教师成长模式，更能满足教师专业发展的多样化需求，促进优质教学资源共享[2]。名师工作室的带头人往往是专家型教师，他们拥有专业领导力，能够为工作室其他成员把握专业发展脉络，同时，每个成员都能以主体角色参与其中，自主发展意识被有效激发，自觉性、积极性与能动性得到显著增强[3]。为此，学校应大力发掘具有课程领导力的优秀教师，并推动其成长为专家型教师，再大力支持这类教师申报名师工作室，在此基础上，打造名师工作室教师团队，发挥名师引领辐射作用，为新手教师提供专业支持。例如，在新手教师加入名师工作室之初，应对特定教师的专业优势与不足进行综合分析，为其制订个性化发展规划，而后对团队教师进行跟踪指导，及时为其提供改进建议，同时，还应根据团队教师的发展水平布置发展性任务，如公开课、

---

[1] 教育部. 2021-06-05. 教育部关于加强和改进新时代基础教育教研工作的意见. http://www.moe.gov.cn/srcsite/A06/s3321/201911/t20191128_409950.html

[2] 宋秋前. 2016. 教师教育师资队伍共同体建设研究——基于"校地层式名师工作室"的实践与思考. 教育理论与实践, 36（32）: 34-37

[3] 张力跃. 2017. 从"一枝独秀"到"美美与共"——中职"名师工作室"个案研究. 教师教育研究, 29（3）: 69-74

发表论文、开展课题研究等，使得团队教师在参与过程中不断提升自身的课程领导力。

五、探索分布式管理机制，开展真实有效课程民主决策

近年来，学校领导模式由个人领导走向组织领导成为教育改革的普遍趋势。这种趋势反映了分布式领导的核心理念，即学校不仅只有校长一位领导者，教师可以根据自身的能力及情境动态承担领导角色。校长权力的分散将有助于激发利益相关者参与学校重大事务的决策[1]。"让教师成为专业领导者已成为一种时代需要，让教师在学校变革中拥有学术和专业的'软权力'应是校长领导新的价值取向。"[2]一项相关实证研究表明，分布式领导对教师变革承诺具有显著的正向预测作用，有效地实施分布式领导可以进一步提高教师变革承诺的表现水平，在更高层次上激发教师参与变革的主观愿望和提升教师参与变革的自我预期[3]。本次研究的质性访谈中，多数中小学教师期待放权，并表明自己无法在基于核心素养的课程实践上"大展身手"是因为自身权力有限。而本次研究的量化分析则揭示，学校的分布式管理与课程民主决策负向影响着教师的课程领导力。这表明，大多数学校尚未建立起一套真实有效的分布式管理或课程民主决策机制。因此，建立健全分布式管理机制，开展真实有效的课程民主决策，是提升教师课程领导力的重要方向。

首先，学校管理层应使全体教师意识到，校长负责制不等于校长全权制，所有教师都有参与学校课程领导与管理的权利和义务。其次，学校管理层应有效识别不同类型教师群体，优先将创新型教师（对学校发展有新的意见与建议）纳入领导团队，帮助这类教师尽快完成角色转型，使其成为学校改革与创新的同盟者，并创设条件充分发挥其对其他教师群体的带动力[4]。再次，学校管理层应探索适当的激励机制。本次研究及相关研究表明，教师普遍缺乏课程领导意愿，因此，有必要采取一些外部的激励措施，鼓励与引导教师参与课程领导。最后，学校管理层应通过专业培训与专家引领等方式努力提升领导团队中教师的领导力。

---

[1] 张晓峰. 2011. 分布式领导：缘起、概念与实施. 比较教育研究, 33（9）：44-49

[2] 朱旭东. 2020. 让教师成为专业领导者：学校"硬权力"与"软权力"的融合. 中小学管理，(9)：5-8

[3] 李玲, 王建平, 何怀金. 2016. 学校分布式领导与教师变革承诺的关系研究. 教育学报, 12（6）：40-52

[4] 王智超. 2013. 学校改进活动中校长与教师转型的实现——基于分布式领导思想的思考. 现代教育管理，(11)：45-49

分布式领导的"分布",并不仅仅在于把领导的权利和责任分摊给更多的人,而在于把领导的职能分布到持有不同专长的人群(影响源)之中,以便达到专长互补、协同增效的效果。[1]本次研究的扎根理论分析表明,对于核心素养与核心素养视域下的课程领导,教师均难以自主完成转型,需要外部力量的干预及支持。学校管理层应对这一现状有充分认识,并提供资源与条件(如教师课程领导力培训课程、教师课程领导力专业发展项目),持续发展教师的领导知识、领导技能与领导认同。

六、转变校长角色,鼓励、引导与支持教师的课程领导

研究发现,校长作为学校的"领航员",是促进教师课程领导力生成的关键要素,教师课程领导力的发展离不开校长的支持与鼓励[2]。校长的课程领导力在一定程度上影响着学校教师的课程意识、课程理念、课程实施的校本化等[3]。因而,校长需要提升专业能力,更新教育观念;转变自身的角色定位,从传统的行政管理者转向课程领导者,赋予教师课程力;为教师提供全方位支持,进而成为教师课程领导的重要促进者。

(一)提升校长专业能力与课程领导力

一方面,校长是学校发展的领头人,其专业能力的高低在一定程度上决定了学校课程发展的质量,也影响着教师课程领导力的产生与发展。在急剧变革的当今时代,校长要有前瞻性,用发展的眼光来看待教育问题,运用新理念解决学校教育中的疑难问题,由此才能促进学校内涵式发展,才能提高教师队伍水平。然而,当前一些校长的能力倾向是"影响教师课程领导力的现实人性"[4],例如,面对课程改革的未知领域时,往往难以应对挑战,未能有效承担学校课程领导责任,忽视了教师课程领导力的发展,从而导致学校发展受挫。因此,作为教师的"先锋模范",校长应加强业务学习,"善于'顺势、造势、导势'"[5],努力提升课程发展的专业水平,反思日常的管理实践。另一方面,校长应强化课程领导的知识与能力,在日常学校事务管理中充分展现自身的课程领导力,进而为激发教

---

[1] 冯大鸣. 2012. 分布式领导之中国意义. 教育发展研究,(12):37-41
[2] 刘径言. 2011. 教师课程领导学校场域与专业基质的个案研究. 长春:东北师范大学,59-63
[3] 王越明. 2010. 有效教学始于校长课程领导力的提升. 中国教育学刊,(3):32-34
[4] 黄云峰. 2015. 专业视域下教师课程领导实践力路径探寻——一位中学语文教师的自传叙事研究. 重庆:西南大学,228
[5] 余进利. 2004. 校长课程领导:角色、困境与展望. 课程·教材·教法,(6):7-12

师课程领导力做出表率。具体而言，校长要自觉对课程改革进行系统思考和整体把握，培育对课程探索与实践的主动意识，通过实施课程领导，统领学校各项课程活动，"最终影响课程改革与开发的过程和结果，实现课程改革与开发的目标"[1]。

（二）科学放权，营造课程领导共同体

校长在促进教师课程领导力发展的过程中扮演着重要角色，直接决定了教师课程领导的权限。然而，在当前的教育实践中，多数校长仍然遵循传统的角色定位，掌控着学校所有的决策权，留给教师施展拳脚的空间有限，使教师成为命令的执行者，不利于其释放自身的创造性与能动性；同时，校长与教师之间的隔阂越来越深，不利于学校的良性发展。"课程决策不是学校当局任命的少数关键人员的唯一责任，而是一个由学校所有教师平等分享的过程（或现象）。"[2]对此，必须为教师实施课程领导松绑，保证教师在课程设计、课程实施、课程评价过程中获得充足的活动空间和话语权，允许教师有权和自主地选择与开发课程。作为学校实施行政领导的主体，校长应该改变陈旧落伍的领导哲学，倡导分布式领导，敢于下放部分权力，为教师赋权与增能，扭转教师有责无权的现状；充分挖掘教师的领导潜力，发挥教师的主体作用，以更好地激发全体教师从事教育教学活动，从而使学校焕发生机与活力。这也意味着，校长应完成角色的转变，从"一言堂"转向授权领导，不再将自己视为学校唯一的课程领导者，而是努力营造课程领导共同体，走进教师群体之中，成为教师队伍中"平等的首席"，明确教师的领导职责；在学校中采取协商管理的方式，搭建民主参与的平台，让教师享有充分的发言权与决策权，使其深度参与学校日常事务的管理，进而使教师能在具体的教育教学实践中具体而生动地领导课程。值得注意的是，校长既要敢于放权，也要科学放权，发挥课程领导共同体对于教师课程领导力的积极作用。

（三）为教师提供全方位支持

校长既是一所学校的领导者，也是教师的"教师"，有义务在日常教学与管理中积极促进教师成为领导型教师。作为教师的"领路人"，校长需要鼓励教师通过自主学习逐步提高自身的专业素养，激发教师的内在动力；组织全体教师到优质校观摩，学习教育新理念、新模式、新方法，不断开阔视野；创造条件支持

---

[1] 钱丽欣. 2016. 校长课程领导力的提升路径. 人民教育,（24）：27-29

[2] Law E, Galton M, Wan S. 2007. Developing curriculum leadership in schools: Hong Kong perspectives. Asia-Pacific Journal of Teacher Education, 35 (2): 143-159

教师进行教育科学研究，使教师可以在宽松的氛围下不断探索与创新；采取激励措施带动教师强化课程领导意识，提高教师的教育教学热情；必要时能走进课堂诊断教育问题，为教师提供中肯的评价以及有针对性的建议。作为教师的"援助者"，校长应给予教师更多的关心与关爱，人性化的关怀是调动教师工作积极性的重要动力；为教师提供情感支持和鼓励，使教师感受到自身职业的价值与意义，激发教师的自我认同与自我领导意识；营造积极向上的团队氛围，提高团队向心力的同时，使教师群体成为课程发展共同体。

第三节　减负增效，优化教师参与课程领导的制度与环境

针对教师课程领导力总体水平欠佳的现状，提升教师课程领导力在基础教育课程改革的深化中显得尤为重要。教师课程领导力的提升不仅需要教师的自我动机催生和学校的环境创设，也需要立足社会场域，借助行政力量等多方社会力量为教师课程领导力的提升提供保障作用，主要包括以下方面。

一、探索四级课程管理体制，增进教师课程自主权限

本次研究发现，目前教师课程领导力与课程自主权受到课程管理体制的制约。现阶段，我国基础教育实行三级课程管理体制，即国家课程、地方课程和学校课程共同管理的制度。在理想状态下，三级课程管理制度能发挥课程的多样性与灵活性，给予学校和教师更多的课程领导权。但有学者认为，三级课程管理体制可能是"责任的下放，而非权力下放；中央集权管理体制余音未尽，教育行政部门对学校教育教学干涉过多"[1]。这意味着教育行政部门往往会较少将课程权力赋予学校，那么学校课程开发与自主管理就会受到制约，进而会导致学校教师缺乏课程意识。因此，我国的课程管理体制仍有进一步发展的空间。具言之，新课程管理体制的蓝图设想是试图"松控"或"释放"，而在现实情境中却仍在"紧控"与"规训"[2]。在课程实施层面上，学校和教师的课程领导权的有效行使

---

[1] 杨道宇，温恒福. 2009. 改革开放30年：中国课程领导研究的回顾和反思. 教育科学研究，（6）：27-31

[2] 张相学. 2005. 学校课程管理："应为"、"难为"与"作为". 当代教育科学，（16）：3-6

仍受到制约，教师对课程是被动接受的，导致教师的课程领导意识较为薄弱。其他学者的研究也表明我国目前实施的三级课程管理体制仍以国家和地方管理为主，学校层面的课程管理较为薄弱，使得教师课程领导力受到限制[1]。宋艳梅的实证研究同样发现，目前我国在课程领导体制建设方面明显滞后，不仅国家三级课程领导与管理体制并未真正建立，而且学校课程运行缺乏活力，教师课程领导意识较差[2]。课程管理体制作为影响教师课程领导力的客观环境，其会对教师课程领导力产生显著的正向影响。因此，为有效发挥与提升教师课程领导力，需要探索课程管理体制并增强教师课程领导自主权，为教师课程领导力的生长发展创设相对宽松的社会环境；否则，教师课程领导意识与责任模糊，课程领导权力受限，在权力夹缝中的教师仍难以践行课程领导。对此，可从以下举措进行努力。

（一）探索四级课程管理体制

我国早在 21 世纪初就确立并实行了国家、地方、学校的三级课程管理体制，将课程权力下放给地方和学校。尽管如此，对教师课程自主权限的增进却还未进行深入探讨，教师课程领导力的发挥仍停留在依靠学校赋权的层面。教师作为课程的领导者、教育变革的直接推动与行动者，应受到教育管理体制赋予的一定权利，让教师在权利行使的过程中增强自身包括领导能力在内的整体素养，而不是仅仅作为国家、地方和学校课程的执行者。

要想提升教师的课程领导力，创新与探索课程管理体制是必不可少的举措。后现代教育管理论主张以民主对话、合理授权等方式来解决教育管理问题，这就要求教育管理者从根本上转变观念，在民主的基础上对管理关系中的主体授权，形成平等协作的关系[3]。具体而言，可尝试探索国家、地方、学校、教师的四级课程管理体制。当前，西方各国的中小学课程决策机制改革的基本趋势之一是大体上"走向国家、地方、学校和课堂四级相结合的格局"[4]。尽管在具体课程管理中存在一定的现实阻碍，但我们可以吸收国外的有益经验，如同"三级课程"的诞生过程一样，在总结他国经验的基础上，结合我国的实际状况，建设符合我国国情的四级课程领导体制，将"三级课程体系扩充为四级课程体系——国家课程、地方课程、校本课程和教师个人课程"[5]。在实践中形成教师层面的课程，

---

[1] 黄云峰. 2015. 专业视域下教师课程领导实践力路径探寻——一位中学语文教师的自传叙事研究. 重庆：西南大学，173-177
[2] 宋艳梅. 2010. 西部农村地区教师课程领导力提升的困境与出路. 河南社会科学，18（3）：143-145
[3] 黄崴. 2000. 西方后现代理论与后现代教育管理思想. 比较教育研究，(S1)：35-42
[4] 丁念金. 2005. 西方中小学课程决策机制的转变及启示. 外国中小学教育，(6)：6-11
[5] 于海波. 2011. 教师课程实施能力研究. 当代教育科学，(12)：13-16

凸显教师课程领导主体地位，为教师课程领导赋权，进而提升教师课程领导的水平。

（二）增强教师与校长的课程自主权

本次研究发现，地方课程管理体制除了会对教师课程领导力产生显著正向影响外，也会影响校长是否赋权教师。换言之，既需要增强教师的课程自主权，也需要教育行政部门对学校或校长适当放权，以此促进赋权教师层面课程自主权的推进。

第一，充分赋予教师课程自主权。在现行的三级课程管理体制中，通过部分课程权力的再分配，期望权力关系有所改变，使得教师参与课程领导具有可能性，但在高度集中的课程管理体制下，学校必须按照上级主管部门行事，校长难以有效实施自主的课程领导[1]。因此，为提升教师课程领导力，教育行政部门需调整心态，"打破'不敢放'与'不肯放'的现实困境"[2]，对学校课程改革乃至课程领导的成效抱有信心，给予学校适度的成长空间，让学校真正分享课程管理的权力，以此完善学校的课程管理体制，激发学校在课程管理与领导中的积极性与主动性。在国家强调学校自主办学的今天，地方教育行政部门需要将课程管理权合理赋予学校，以此促进学校成为具有活力的办学主体。只有将学校发展自主权下放给学校，学校依法自主办学、自主发展，才会促进学校对教师的合理赋权，让教师在课程建设拥有一定的领导自主权，为教师充分发挥课程领导力创设空间，让教师在课程改革中萌发课程领导意识，促进教师课程领导力的发展与提升。

第二，保障教师课程领导权的获得与行使。课程管理体制的尝试新建抑或原有体制的充分运行，其最终指向是促进教师课程领导权的获得并保障其权利的合理行使。在我国基础课程改革中，教师被赋予了一定的课程决策、课程开发等权利，意在促进教师真正成为课程实施的主体，进而保障课程质量。但政策的规定并不一定真正落到实处[3]，受限于国家课程标准和地方行政部门的课程管理，教师往往难以充分激发自身的能动性并进行课程领导。首当其冲的是教师课程教学自主权的保障，除了要遵循国家和地方对课程的管理外，一些学校还以固定的教学模式等对教师的教学流程、教学环节设计等提出要求。教师开展课程教学的自

---

[1] 周晓静，郭宁生.2014.教师领导力.北京：北京师范大学出版社，46
[2] 范国睿.2017.基于教育管办评分离的中小学依法自主办学的体制机制改革探索.教育研究，38（4）：27-36
[3] 周晓静，郭宁生.2014.教师领导力.北京：北京师范大学出版社，49

主空间受到压缩,从而阻碍了教师课程领导力的发挥。因此,无论是教育行政部门还是学校,都应尽可能地为教师营造宽松的教学环境,从而保障教师在课程实践中对包括课程开发、课程计划和课程实施等在内的基本权利的获得。此外,教师权利的合理使用也需要得到切实保障。教育行政部门应对教师的课程领导秉持肯定态度,给教师适当的成长空间,通过加强课程建设、适度规定课程规范等,为教师的课程领导提供依据或典范,保障教师重拾信心与获得认同从而进行课程领导。

二、优化教育评价标准机制,引导教师进行课程领导

本次研究发现,现行的评价机制,无论是对教师的考评抑或是教育行政部门对校长和小学的考核,仍与学生考试成绩紧密相关。已有研究同样得出结论:大部分基础教育学校仍通过学生分数来评价教师[1]。虽然借助成绩对教师的教学成果进行评价有一定的客观性,但是以学生成绩作为评价教师的全部或者唯一标准,会造成教师极端关注学生对知识的掌握情况,忽视其核心素养的培育及发展;同时,以考试分数作为单一评价方式,教师也会在"唯分数"的评价标准中增添负担,失去积极心理,从而影响其专业发展,制约教师课程领导力的发挥。正如已有研究所强调的,简单化的"升学评价"导致学校教育过分强调评价的甄别与选拔功能,忽视其改进与激励功能,限制了校长课程领导力的发挥,更遑论教师的课程领导空间[2]。由此看来,教师评价机制应突破"唯知识"的评价方向与"唯分数"的评价方式的禁锢,真正关注教师个人的价值,走向提升教师课程领导力的发展之路。

(一)清晰明确发展性评价目的

在以往很长时期,我国中小学教师评价的目的不在于发展教师,而在于鉴定教师,并根据鉴定作出奖惩或升降的决策,所以主要关注的是"评价的甄别性功能与奖惩性功能,很少考虑通过评价促进教师和学校的发展"[3]。这种注重评价的甄别或奖惩的目的使得教师关注眼下的利益而忽视未来发展,阻碍了教师的专业发展和学校的活力发展。

发展性评价体系的建立,应以促进教师发展,即以促进教师课程领导力的发展为目标,关注教师的未来发展,而非以奖惩教师为指向。区别于奖惩式教师评

---

[1] 高光. 2015. 教师专业发展:外部驱动与自主发展之间的关系. 上海:上海师范大学,150
[2] 周晓静,郭宁生. 2014. 教师领导力. 北京:北京师范大学出版社,62
[3] 陈振华. 2012. 教师评价若干变革评析. 教师教育研究,24(5):62-66

价，发展性评价更关注激发教师的内在动机，使教师对自身课程领导力的发展过程进行评价和及时调控。在此过程中，不仅教师获得了课程领导力的优化，学生的核心素养也获得了全面提升。同时，由于教师的发展性评价是非强迫式的评价方式，在实行过程中需避免流于表层，从而导致不能真正促进教师发展的积极性。因而，在对教师课程领导力进行评价方面，应以教师课程领导力的发展为评价目的，切实关注教师与学生的双方成长。

（二）落实保障多元化评价主体

2001年颁布的《基础教育课程改革纲要（试行）》强调，教师对自己教学行为的分析与反思，建立以教师自评为主，校长、教师、学生、家长共同参与的评价制度，使教师从多种渠道获得信息，不断提高教学水平，这意味着以教师自我评价为主、多方主体参与的教师评价机制的形成。然而，令人遗憾的是，改变教师评价的主体问题进展缓慢，"评价主体的多元化格局似乎不容易真正形成"[①]。对教师的评价，仍是建立在学生成绩上的领导者与上级主管部门对教师进行评价。在这种教师主体性缺乏的评价体系中，教师逐渐失去对自我进行评价的能力，只会从标准化的学生成绩中找寻自己的能力与价值，如此便会导致教师失去专业发展的动力，同时遗忘课程领导的重要性。

因此，为保障教师在评价乃至课程评价中的主体性，需创造开放多元的评价氛围，促进领导、同事、学生等群体的多方参与，在此基础上形成对教师真实而有效的评价。如此，教师便可从不同方面了解自己的优劣，形成全面的自我认识。通过借鉴他人对自我的评价，教师可以进行自我反思，从而提高专业发展水平、提升教师课程领导力。同时，教师也可以进行自我评价，在自我批评与反思中获得成长。因而在改进教师评价主体方面，应逐步落实教师自我评价和多方主体评价的格局，以此促进教师积极自主地投身于教师课程领导实践中。

（三）深入构建多样化评价方式

分数作为评价教师教学水平的唯一标准，使教师成为工具性的存在，陷入进退两难的境地，逐步丧失对课程探索的动力。这种单一的评价方式和方法不可避免地存在评价片面等问题。教师课程领导力是一个复合性概念，其评价必须基于多样化的评价方式进行，并对其进行有机融合，促使教师课程领导力评价结果变得更加全面与客观。有鉴于此，对教师课程领导力的评价需打破单一的以分数论

---

① 陈振华. 2012. 教师评价若干变革评析. 教师教育研究，24（5）：62-66

高低的方式，深入探讨多样化的评价方式。

盲目追求单一量化的评价方式，不仅使得教师举步维艰，也使得管理者的精力分散、压力倍增。质性评价关注教师课程领导实践中内在的、过程性的成长与发展，凝练教师最本质的发展趋势，是充分体现人性化优点的方式。因此，可以将质性与量化评价方式结合起来，弥补量化评价中的机械化和质性评价中的过分主观的不足，真正对教师课程领导力的水平进行全面准确的评价。可以采用增值性评价、档案袋评价等评价方式对教师课程领导力进行判别。"增值性评价主要用学生发展的增值来表现教师的教学效果，相比于仅用一次成绩衡量教师教学水平来说更具体有效。"[1]通过借助增值性评价方式对学生、同事等群体的发展变化进行评价，可以衡量教师课程领导力的提升与变化。档案袋设计在美国的教师评价中应用广泛，借助呈现教师成长过程的变现数据可以清晰表现教师的发展变化，具有一定的真实性。因教师课程领导力的提升是一个较为缓慢的过程，利用档案袋的优势，可以对教师课程领导力的变化过程进行清晰记录，更为直观地展现教师课程领导力的变化，进而全面地对教师课程领导力进行评价。

综上，在对教师课程领导力进行评价时，破除"唯分数"的评价标准是重中之重。此外，以教师课程领导力发展为评价目的，需借助多方主体参与、多样评价方式建设并改进教师课程领导力评价标准。

三、落实教师减负政策，保障教师课程领导的时间和精力

教师工作负担是影响教师课程领导力发展的又一重阻力。一方面，有研究指出，时间是最大的阻碍因素之一，即教师没有时间从事课堂教学和管理以外的活动似乎是教师领导的一个关键障碍[2]。而发展教师课程领导力意味着教师需要付出更多的时间与精力，这可能导致一部分教师不愿意参与其中。加之，当前学校教育仍然以应试教育为导向，中小学校的教师往往"疲于应付升学的压力"[3]，在这样的大环境下，教师群体难以有更多的时间和空间来投入到具体的课程领导之中。另一方面，除了一般的教学任务，一线教师常常被迫承担名目繁多的非教学性事务，这类事务在客观上进一步加重了教师的工作负荷，不利于教师持续探索课程领导力。可见，教师普遍处于"超负荷"运作状态影响了教师始终无法深

---

[1] 任丹颖. 2019. 基于知识图谱的我国教师评价研究热点分析. 教育科学研究，(5)：84-91
[2] Muijs D, Harris A. 2006. Teacher led school improvement: Teacher leadership in the UK. Teaching and Teacher Education, 22 (8)：961-972
[3] 孙祯祥，张丹清. 2016. 教师信息化领导力生成动力研究——借助场动力理论的分析. 远程教育杂志，34（5）：105-112

入关注与推进自身课程领导力的发展。本次研究发现非教学性事务严重阻碍着教师课程领导的参与和发展。一项对全国十万余名中小学教师的问卷调查发现，九成以上的教师感觉工作负担过重，且带来沉重负担的源头既有教学性事务，也有超出本职工作外的非教学事务[1]。这与本次研究的结论相呼应。教师承担过多自身角色之外的事务，使得教师在面对繁重教育工作量的基础上还需承担无限增大的额外工作负担，不仅分散了教师的精力，最终难以保障教育教学效果；也使得教师在面对繁杂的工作时陷入难以管控的局面，难以获得自我效能感，最终产生消极的应付心理。由此看来，教师工作负担过重不仅影响着教育教学质量，也制约着教师的专业成长以及课程领导力的发展。

2019年12月，中共中央办公厅、国务院办公厅共同印发《关于减轻中小学教师负担进一步营造教育教学良好环境的若干意见》（以下简称《意见》），要求切实减轻中小学教师负担，"确保中小学教师潜心教书、静心育人"，同时要求各省级政府"列出具体减负清单"[2]。以此明确了各级政府在落实教师减负工作中的主体地位。因此，亟须深入落实减负政策，对教师负担工作进行调控治理，确保教师拥有一定的时间与精力进行课程领导。

（一）联合多方主体，细化落实减负政策

《意见》中明确要求各省级政府列出具体的减负清单，这就要求各级政府应重视教师减负工作，确立了其在教师减负工作中的重要主体地位，同时，政策对于各级政府对具体细节的细化与补充给予了一定的空间。在全国，诸如山西、江苏、河南等省份已纷纷发布教师减负清单，在体现国家政策文件要求的同时，结合地方实际加以深化，"具有比较强的针对性"[3]。但也有部分省级政府并未出台相关细则，有鉴于此，各级政府需发挥在教师减负工作中的统领作用，在各市县乡进行实施方案的具体探讨，应结合不同地区的资源与环境等特点，以提高国家政策在地方施行时的契合性为目标，汇集专家、相关部门及社会的多重力量，齐力共建地方性的政策表达，出台具体方案，最终保障进行减负时有所依据。

政策传递的层级与政策执行的效用成反比关系，"减负政策也不例外"[4]。因

---

[1] 熊建辉，姜蓓佳. 2019. 中小学教师工作负担现状调查与减负对策. 中国教师，(9)：72-75
[2] 中共中央办公厅，国务院办公厅. 2021-06-25. 中共中央办公厅 国务院办公厅印发《关于减轻中小学教师负担进一步营造教育教学良好环境的若干意见》. http://www.gov.cn/zhengce/2019/12/15/content_5461432.htm
[3] 教育部. 2021-06-25. 全国各省份均已出台教师减负清单. http://www.moe.gov.cn/fbh/live/2021/52874/mtbd/202101/t20210127_511392.html
[4] 葛新斌，叶繁. 2020. 教师减负的博弈困境及其破解之道. 教育发展研究，40（20）：46-52

而，在政府在推进减负工作时，首要赋予地方政府实施自主权，激发其活力以促进积极性的发挥，保障地方在推进减负政策时具有充分主动性。同时，在逐步落实各个地方的具体方案时，应考虑多样化的实施方式，如在教师工作负担过重的地区，结合学校、教师、学生、家长以及校外力量，集中多方主体协力推进减负工作的落实，形成政策落实具有长期与稳定性，以防学校等主体对减负留下"突击检查"的印象，从而为"迎合"检查而产生应付了事的行为。政策保障是保证教师合理工作负担的前提与支持条件，为有效提升教师课程领导力，确保教师具有进行课程领导的时间与精力，亟须细化明确政策的地方表达并有序推进落实工作。

（二）明确教师工作边界，合理安排工作任务

为保障教师具备进行课程领导的充足时间，除了进行系统的顶层设计与规划外，还需进行合理细致的调节调控。这就需要明确教师的工作边界，并为教师的日常教学工作和非教学性事务划定合理的工作范围与工作总量。

厘清教师工作职责，确立合理工作边界。教师作为教育事业的核心，其在学校教育中发挥着不可取代的重要作用，但是教师工作具有一定的边界，不可模糊或扩大。作为以教书育人为根本职责的教师，其工作天然地以教育教学工作为核心，其专业外的工作即非教学性事务则为非必要的、不合理的。因此，需明确教师的工作职责，区分教师工作的专业负担和非专业负担，专业之外的负担"可以考虑进行适当的缩减和转移"[①]。其中包括关注教师真实备课情况，减少形式化的教案抄写工作；缩减各名目的检查评比事项，减少机械化的报表申报工作；优化行政部门与学校管理机制，减少重复性的材料填写工作等途径。这些合理规范非专业性工作负担的方法可以让一线教师从非教学性事务的重担中脱身。由此，教师不仅可以从承担非必要责任的职责偏离中回归到教书育人工作本身，保障教育教学的质量，也能够促进教师将节省的时间投入到自我发展与课程领导之中，利于自身课程领导力的提升。

此外，教师的根本性工作即日常的教育教学工作的合理安排也需得到保障。我国现行的教师相关法律中并未对教师工作时间做出明确规定，这可能是由教师工作的复杂性所导致的。即便如此，面对教师普遍反映的日常教学工作繁忙的现状，应从各方面合理安排教师教学性工作，适当减少过长工作时间。教育行政部门应严格把控课程计划，监督学校不增加额外课时，为教师创设合理的工作时

---

① 李跃雪，赵慧君. 2020. 中小学教师工作负担异化的生成逻辑与治理思路. 教师教育研究，32（3）：67-72

间。同时，学校在安排教师工作任务时，要充分考虑其均衡性，尤以选择班主任的人选为代表，减少课时量较多的教师担任班主任的安排，适当分散给各学科教师来承担班主任工作。

总之，教师减负不仅是教育部门或单一部门的职责，更是基层教育行政部门等多部门需要努力的方向。因此，除了从国家意志层面对减负工作进行顶层设计与规划，更应在基层的减负进程中，杜绝相关部门的形式主义作风，真正塑造"减轻教师过重工作负担"的社会良好环境，让教师专注于教育教学，精益于课程发展与领导实践。

四、创设教师课程领导发展平台，组织教师专业培训

本次研究发现，专业支持不足严重影响着教师课程领导力的发展，教师也呼吁通过专业指导进而提升自己的专业能力，因而需采取措施促进教师发展。促进教师发展的措施大致可以分为两类：一是注重教师内因即教师自主发展；二是借助外部驱动的方式对教师进行培训。有鉴于此，教师课程领导力的提升需要社会力量提供发展资源，通过创设发展平台和组织培训，为教师课程领导力的发展提供有益支持。

（一）搭建教师课程领导力专业发展的项目平台

教师课程领导力发展的平台建立是促进教师课程领导力发展的有效且崭新的方式。地方需加强与社会各方的合作，建立相对稳定的平台，打造教师课程领导力提升的有效途径。发展教师课程领导力的平台包括实体平台和网络平台。

实体平台主要由社会组织构成，以美国的非营利性组织——"新型领导者组织"（New Leaders Organization，NLO）为例，作为在学校领导力开发领域影响较大的组织，它于 2011 年推出了"新兴领导者项目"（Emerging Leaders Program，ELP），旨在培养教师所必备的专业领导技能[①]。自推出以来，其在促进美国教师的教学水平、提升领导力，以及发展学生的成绩方面做出了突出贡献。

以此为鉴，在发展教师课程领导力方面，我国可以依托教育行政部门、社会组织、师范院校及专门的课程领导研究专家成立教师课程领导力发展中心等现实平台，以促进教师专业化发展、提升其课程领导力为使命，帮助教师在理论与实践中获得更好的成长。具体而言，首先，平台需在营造重视课程领导力的文化氛

---

① 王绯烨，洪成文. 2020. 美国新兴教师领导力计划的理念、实操和保障. 外国教育研究，47（1）：116-128

围中发挥作用。平台可以宣传与推广相关的领导力理论，同时着眼于课程领导力实践案例，使教师逐步认识到课程领导力在教育教学中的巨大作用。其次，形成利于教育发展的交流平台。借助平台可以凝聚具有课程领导力发展意愿的教师，他们可以在此中心相互交流、互相学习，在合作中促进自身课程领导力提升。再次，平台可以借助培训等活动让教师学习相关的理论，让教师在自主学习外还可以借助平台的力量促发自身课程领导力。最后，平台可以对参与的教师提供一定的保障，如获得校长的必要支持，避免和日常教育教学工作发生冲突等。

信息技术的快速发展为教师课程领导力的发展提供了更广阔的空间，借助信息技术搭建网络平台是教师领导力发展的重要方式。首先，须明确教师课程领导力发展平台的建设定位，即以提高基础教育教师的课程领导力为目标，强调教师的主动探索与发展，利用平台提供的辅助资源，将之运用到教育教学之中，以促进学生核心素养的落实和自身领导力的发展。在此平台中可以建设相关资源库，包括课程领导相关资料、视频、数据等，教师可以轻松获得相关资料。其次，网络平台的建设要重视理论性和实践性知识。平台的设计既要重视与教师课程领导力发展相关的理论知识，也要具备对教师产生启发和指导的实践性知识。最后，与现实平台建设同样重要的是，增设网络平台的交流区域。无论教师身处何地，都可以借助平台与其他教师进行交流协作，进而促进所有教师的发展。即使身处西部地区或经济发展相对落后的地区，网络的便利也能为资源相对不丰富的教师提供发展支持。

教师课程领导力发展平台的建立将为教师课程领导力发展提供有效且崭新的方式。地方需要加强与社会各方的合作，通过建立相对稳定的平台，打造有利于教师课程领导力提升的有效途径。

（二）组织教师课程领导力专业提升的相关培训

尽管近年来出台的教育政策中规定的各种教师发展项目或培训呈增加态势，但有关中小学教师课程领导力的专门培训较少，全国范围内的培训力量仍较为薄弱。因此，国家和地方各级教育行政部门需加强教师课程领导力的相关培训，提升中小学教师的课程领导力。本次研究发现，目前教师课程领导力发展面临结构性失衡的困境，因此，在进行教师课程领导力提升培训时，需从教师现状出发，针对其呈现的薄弱点，进行指导性的有效培训。

第一，设立以提升教师课程领导水平为根本的培训目标。培训目标的确定在一定程度上决定着这项培训活动的内容、形式以及培训效果，"切合培训对象的培训目标的制定是保证培训有效性的重要前提"①。基于此，在教师课程领导力培训目标的设定方面，应以教师课程领导力提升为根本目标，具体应把握以下几点。首先，教师课程领导力的培训目标应与国家教育发展和学校的发展目标相一致，并对国家和学校目标的实现具有促进作用。教师课程领导力的提升是助力学生发展核心素养落实、促进学校高品质发展及深入推进基础教育课程改革的重要保障与关键举措，因而以教师课程领导力提升为培训目标符合我国基础教育课程改革和学校活力发展的需要。其次，培训目标需与教师的个人需求相统一，由此才会促进教师积极投入培训之中。培训目标需针对教师课程领导力薄弱部分进行设置，如观念认识不清、实践存在困惑、认同水平较低等，符合教师需求的培训才会促进教师积极参与其中。最后，需使培训目标具体可操作化。在培训目标的设定上，应强调教师主体地位的发挥，设定"提升教师课程领导力，促进学生发展核心素养"为根本主题，进而确立总目标：关注教师课程领导力理论知识的扩充、注重教师课程领导力的实践与落实并提升教师课程领导认同力的水平。此外，在现实状况中，教师的课程领导力水平存在个体差异，且不同地区的教师课程领导力亦有所差别，处于不同发展阶段的教师的培训需求自然有所不同，因而在教师课程领导力培训目标的设置上，需有针对性地设置不同发展阶段的、符合地区特点的目标。

第二，选择以符合教师实际需求为中心的培训内容。提供教师需要的培训内容是培训有效性的保障。教师课程领导力的培训应从教师的实际需求出发，同时考虑教育政策或变革的时代要求，选择符合需要的培训内容，构建分门别类的有效培训内容体系。首先，培训应借助网上课程或线下课程对教师进行相关知识和理论的介绍与讲解，具体应分为以下内容。一方面，精研相关理论，提升专业水平。本次调查发现，教师课程领导认知力表现不佳，大部分教师对课程领导力的认识极为不足。因此，必须加强对相关知识的学习和扩充，并将其内化到自身的知识结构中。此类知识包括课程领导在内的领导理论，包括理论兴起的背景、相关概念等，还有课程的相关理论，尤其是教师薄弱的课程开发的理论与实践等。需注意的是，这些理论的选取要把握经典性和前瞻性相结合的原则，以针对教师课程思想的文化现代性缺失的现状；再者，针对教师课程领导认同力表现最差的现状，必须要求教师进行自我认同与职业认同等相关认同理论的学习，最终促进教师形成对课程领导的真正认同。另一方面，广涉时代信息，把握专业方向。除了了解并掌握相关理论，教师也需理解包括以核心素养为指引的第八次基础教育

---

① 张嫚嫚，魏春梅. 2016. 乡村教师培训存在的问题分析及对策思考. 教师教育研究，28（5）：74-79

课程改革在内的我国教育变革的相关政策，以把握时代动态，回应政策要求，更好地完成育人目标。此外，可借助典型课程领导案例对教师进行生动鲜明的讲解，让教师结合自己的知识和经验从不同角度分析案例，从而获得他人的成功经验以指导自身的课程实践。只有坚持以实践为基础，理论才能切中要害，才有可能一针见血，避免培训的"空讲"[1]。培训内容体系的建构应打破理论与实践割裂的状态，防止教师出现只了解相关理论知识却在教育实践中"无从下手"的困境。因而，在理论必修后，应进行个体体验，即为教师提供各种锻炼机会让其体验对团队开展课程领导，在此过程中，指导者和其他教师可就教师的领导行为给予针对性的指导与反馈。譬如，教师可能会"参与角色扮演，也可能会观摩一份教师团队运作的视频来进行相关的领导力分析"[2]。在此过程中，教师能够将理论知识更好地融入课程领导实践中，并在专家的建议下获得发展。在理论与实践相结合的培训内容体系下，教师既可以获得理论素养的提升，也可以获取课程领导实践有益经验的积累。

第三，创新以秉持灵活多样为原则的培训方式。灵活多元的培训方式是促进培训内容呈现的有效载体。教师课程领导力的培训必须根据教师的特点和现实需求采取多样的培训方式。在此过程中，线上与线下相结合、集体培训与个别指导相结合、自主研修与团队学习相结合的方式，加之合作探究的参与式、项目化培训等，可以让教师具有实时的亲身体验，达到课程领导力提升的目标。例如，在自主研修相关理论知识时，可以采用线上的方式。在当前信息技术高速发展的时代，教师培训需充分利用网络优势来建立教师课程领导力培训的资源库，及时为教师提供丰富的优质资源，使不同地区的教师都能获得相关学习，保证教师课程领导力发展的自主性与自在性。线下可进行教师课程领导的系统理论培训和实践训练。在此过程中，教师逐步实现理论的提升和实践技能的掌握，进而实现预期培训目标。而在集体培训和个别化指导中，需注意每位教师在课程领导实践中遇到的问题与形成的困惑存在个别化差异，因此专家或培训者可以提供一对一的专门指导。在这种指导方式下，教师收获到的个性化反馈将对其课程领导力的提升具有重要意义。集体培训可以采用团队学习、小组研讨等形式，在众人的思想交流与碰撞中，彼此点燃课程领导新想法，以此开发教师自身资源。同时，集中培训可以安排在时间较为集中的寒暑假，保障教师有充足时间进行集中学习。此

---

[1] 吴振利，王小依，王丹丹. 2013. 强"五性"以提高中小学骨干教师培训实效. 教育理论与实践，33（14）：27-29

[2] 王绯烨，洪成文. 2020. 美国新兴教师领导力计划的理念、实操和保障. 外国教育研究，47（1）：116-128

外，在培训的受众群体上，应将所有教师纳入培训对象之中，但考虑到现实情况的可行性，可以采取骨干教师引领其他教师的培训方式。先对全学科覆盖的部分骨干教师进行培训，之后让其发挥自身领导力，借助师徒结对等方式影响其他教师，从而带领处于课程领导力水平低阶段的教师快速成长。非常重要的是，对教师进行培训的须是对课程、课程领导有深刻研究的学者专家或颇具课程领导实践经验的教师专家。专家的培训可以从更高的视界和更深的层次对教师进行引导，以激发教师课程领导意识，激起教师课程领导意愿，介绍有关课程领导理论，教授教师课程领导方法，带领教师进行课程领导活动，帮助教师解决课程领导困惑。[1]需要注意的是，培训方式的选择是促使培训成果卓有成效的手段而不是培训目标本身，因而切勿出现由于只关注方式的多样性而使培训停留在浅层的情况。

第四，实施以教师课程领导成效为指向的培训评价。制定专业有效的考核评价机制是培训成果展现的必然要求。有效的培训评价机制既可以促进教师参与培训的主动性，也可以提升培训者的实施成效。故而，培训评价应以受训教师的效果评价为主，还可对培训者和培训项目进行评估。教师的培训效果评价应贯彻终始，在培训过程中，应建立教师培训档案袋，生成电子成长档案记录，对教师过程性变化进行描述记录；同时，需对教师培训前后的变化，即教师掌握的知识和实践经验进行测试评价，以此评估教师在培训中是否真正有所获益。"教师培训效果评价倡导基于行为改进的绩效评估取向，即教师培训评价的重心应放在测量与评定教师培训在促进教师行为改变方面的情况，从预设目标分析入手来评判结果目标的增长状态，以对培训进行事实描述和价值判断。"[2]鉴于此，专家可对教师的学习效果进行定期的追踪调查与效果评估，通过组织线上研讨等方式，了解教师的行为改进情况，并对教师问题进行及时反馈，帮助教师整体改进，加速教师将培训知识向课程实践的迁移，尽快提升教师课程领导力。以上对不同阶段教师的受训结果都应进行记录，生成每位教师独有的电子档案，并以此为基础，创建教师课程领导力的数据库，从而了解学校、区域乃至不同省份的教师培训效果。基于评价结果，可以对教师进行一定的奖励，如纳入职称考评等，给予教师更多发展与提升的机会，以此刺激教师参与培训的积极性。此外，借助建立培训项目的评价机制，不仅可以提升教师参与培训的积极主动性，还可以通过教师课程领导力的变化情况来反馈项目本身的效果，进而有针对性地提升培训

---

[1] 黄云峰，朱德全. 2015. 教师课程领导力的意蕴与生成路径. 教学与管理，(4)：1-3

[2] 朱宁波，秦丽楠. 2020. 新时代中小学教学名师的培养策略. 教育科学，36（1）：35-42

项目的质量。

为保障教师培训效果，确保教师有所获益，应着重注意以下几点：一是确保培训真正符合并满足教师课程领导力发展水平与需求；二是借助学习共同体等方式加强培训对教师的启发；三是展示鲜活的课程领导实践案例，保证紧密贴近教师实际；四是与培训者形成伙伴合作关系，切实促进教师将培训所得转换为实践成果；五是引导教师在受训后发挥引领作用，通过师徒结对等方式带领其他教师成长。

五、营造以核心素养为基石的考试文化，涵养教师的课程领导力

在考试文化的框架背景下寻找现实坐标，是教师落实核心素养中所表现出来的课程领导力的真实表征。一方面，以核心素养为命题取向的考试要求教师必须在教学中充分发挥课程领导能力，以培育学生的核心素养；另一方面，教师在日常教学任务中落实核心素养受到以分数为判别标准的考试文化的桎梏。为此，需要从制度、文化和教师三方面构建策略，改善教师进行课程领导落实核心素养的现实困境。

对"考试文化"这一古已有之的命题，相关研究给出了不同解读。有研究认为，考试文化与学校教育的本体功能相悖，使课程评价从注重甄别与选拔到促进建设与发展的功能转向充满阻碍，因此，真正意义上的课程改革应是一场文化变革[1]。也有研究以新加坡在国际学生评估项目（Program for International Student Assessment，PISA）测试中的成功为例证，认为考试文化作为一种系统独特的文化和制度安排，造就了一个高效的教育系统[2]。不可否认，考试文化作为潜在的促成因素，在东亚国家成功的 PISA 测试中扮演了重要角色[3]。与此同时，许多东亚国家已经看到了考试文化导致学生片面发展、教师被工具化等弊端，开始采取措施降低这种负面影响[4]。有研究指出，中国、韩国等东亚国家的师生承认考试文化影响着他们的认知和经历，并维护了教育公平，但又表现出一种既赞成又忧

---

[1] Tan C. 2012. The culture of education policy making: Curriculum reform in Shanghai. Critical Studies in Education, 53（2）: 153-167

[2] Deng Z, Gopinathan S. 2016. PISA and high-performing education systems: Explaining Singapore's education succes. Comparative Education, 52（4）: 449-472

[3] Tsai K C, Özturgut O. 2013. PISA and beyond: What can we learn from Asian education. Pacific-Asian Education Journal, 25（2）: 5-16

[4] Zheng H. 2020. Stakeholder perceptions on the role of school inspection standards in demonstrating education quality in China. Quality Assurance in Education, 28（2）: 105-121

虑的矛盾态度①。还有研究指出，考试文化不仅仅是一种教育现象，更是一种社会现象，因此，变革考试文化不能仅仅从教育系统内部出发，而应综合政治、经济、文化与社会等多方面因素②。无论学界对考试文化的褒贬如何，一个不容否认的事实是，考试文化经过历史的沉淀早已在大众心中生根发芽，并将继续对现实的各类教育活动和社会心理产生潜在而复杂的影响③。为此，正向发挥考试文化的积极作用，探索考试文化下如何帮助教师更好地进行课程领导具有更为重要的现实意义。

（一）建立引导教师潜心培育学生核心素养的评价制度

目前对教师的评价中，学生的升学率与考试成绩是核心指标，而当下的考试内容依旧是以知识取向为主，阻碍了教师对学生终身发展的关注④。事实上，核心素养关切的正是学生在必备品格与关键能力上的终身持续发展。因此，对教师的评价应综合考虑学生学习结果的质量与教师引导学生学习过程的质量。在优化学生学习结果质量上，成绩依然是重要参考，但此时的学生成绩源自以核心素养为导向的标准化考试以及灵活多元的评价方式。同时，增值性教师评价应被引入，具体地说，就是将教师指导下学生核心素养发展的进步情况作为一项关键的教师评价指标。在优化引导学生学习过程质量上，因为核心素养需要教师更新教学观念⑤、改进教学方式⑥、开展家校合作⑦，所以教师基于核心素养的备课、课堂教学、实践育人、课后服务以及作业与考试命题设计质量、优质课例研发、信息技术与教育教学融合以及家庭教育指导情况等，都应作为教师评价的重要依据。

---

① Deng L, Wu S, Chen Y, Peng Z. 2020. Digital game-based learning in a Shanghai primary-school mathematics class: A case study. Journal of Computer Assisted Learning, 36（5）：709-717

② Rappleye J, Komatsu H. 2018. Stereotypes as Anglo-American exam ritual? Comparisons of students' exam anxiety in East Asia, America, Australia, and The United Kingdom. Oxford Review of Education, 44（6）：1-25

③ Zhao X, Selman R L, Haste H. 2015. Academic stress in Chinese schools and a proposed preventive intervention program. Cogent Education, 2（1）：1-14

④ Yuan R. 2017. Appropriating national curriculum standards in classroom teaching: Experiences of novice language teachers in China. International Journal of Educational Research, 83：55-64

⑤ Zhu C, Wang D. 2014. Key competencies and characteristics for innovative teaching among secondary school teachers: A mixed-methods research. Asia Pacific Education Review, 15（2）：299-311

⑥ Ashraf M A, Tsegay S M, Meijia Y. 2021. Blended Learning for Diverse Classrooms: Qualitative Experimental Study with In-Service Teachers. SAGE Open, 11（3）：1-11

⑦ Deng L, Wu S, Chen Y, et al. 2020. Digital game-based learning in a Shanghai primary-school mathematics class: A case study. Journal of Computer Assisted Learning, 36（5）：709-717

（二）营造超越传统考试文化的新型评价文化

传统考试文化偏重单一评价方式，强调结果，其中纸笔测验是最重要的方式[1]。然而，新型评价文化则悦纳多元评价方式，注重过程，如形成性评估。形成性评估作为一种有效的学习改进策略和高效教具，已在世界范围内使用，如美国、欧洲等。美国基于"不让一个孩子掉队"（No Child Left Behind, NCLB）的理念，通过增强评估补助计划（The Enhanced Assessment Grant Program），设计了"英语学习者在英语状态下的理解和交流评估"（Assessing for Comprehension and Communication in English State to State for English Language Learners, ACCESS for ELLs）、综合英语学习者评估（Comprehensive English Language Learner Assessment, CELLA）、英语语言发展评估（English Language Development Assessment, ELDA）和西部山区评估（Mountain West Assessment, MWA）四项英语学习者（English Language Learners, ELL）测试，强化形成性评估[2]。欧洲语言共同参考框架（Common European Framework of Reference for Language, CEFR）则强调了开发符合实际教学和学习情况的方法的必要性[3]。尽管这种新型评价文化得到了专家和教师教育工作者等利益相关者的倡导和认可，但尚未在课堂中得到充分采用[4]。故而，宜开发多元评价工具，在以核心素养为导向改革考试命题的同时，将考试无法较好检测出的核心素养交由其他评价方式进行评价。例如，合作素养可以借助小组探究任务进行考察；问题解决素养可以采用实地考察、项目实践加以评价；探究与反思素养可以通过撰写研究性报告加以反映。此外，对于不同教育内容与学龄段，评价的时机也不能一概而论，要因"育"制宜、因"生"制宜地开展过程性评价与诊断性评价，有效释放评价的促进与发展功能。

（三）提升教师的核心素养教育能力为考试文化改革提供保障

提升教师的核心素养教育能力，不仅是保障考试文化改革成果的重要举措，而且是切实提升教师课程领导力的关键环节。2022年3月，我国颁布了最新的义

---

[1] Tan C. 2012. The culture of education policy making: Curriculum reform in Shanghai. Critical Studies in Education, 53（2）: 153-167

[2] Bunch M B. 2011. Testing English language learners under No Child Left Behind. Language Test, 28（3）: 323-341

[3] Jones N, Saville N. 2009. European language policy: Assessment, learning, and the CEFR. Annual Review of Applied Linguistics, 29: 51-63

[4] Zeng J, Huang L. 2021. Understanding formative assessment practice in the EFL exam-oriented context: An application of the theory of planned behavior. Frontiers in Psychology, 12: 774159

务教育课程方案和课程标准。"让核心素养落地"是此次课程标准修订的着力点。这为教师落实核心素养提供了根本遵循，但这并不意味着教师只需简单地扮演课程追随者和实施者的角色[①]。本次研究发现，绝大多数教师在朝向核心素养的自主转型上遭遇瓶颈，并因能力不足无法胜任培养学生的核心素养的使命，相关研究亦佐证了这一结论。一项研究通过半结构化访谈和课堂观察发现，大多数教师没有完全具备以核心素养为导向的课程教学实践能力，不了解核心素养背后的一般概念，导致落实情况不佳[②]。因此，不能完全寄希望于教师的自我突破，而应创设条件为教师增能。针对教师概念认知模糊的问题，应强化专业培训[③]。组织核心素养研制方、新教材编写与审查方、考试命题方及教育督导评估方，分批次为教师开展协同培训。在培训内容上，除了包括核心素养的理念阐释，还应结合教学实例进行操作化讲解。针对教师实践操作迷茫的问题，一要组织开发遴选核心素养教育教学的优质案例，并搭建资源共享平台，让教师有现实参照；二要发挥名师引领作用，建立名师跟踪指导常态化机制，确保每位教师在核心素养教育教学实践中都有充分机会接受名师的持续指导与帮助。

---

① Yuan R. 2017. Exploring pre-service school counselling teachers' learning needs：Perceptions of teacher educators and student-teachers. Journal of Education for Teaching，43（4）：1-17

② Lu H，Jiang C，Guo F. 2022. English teachers' conceptualizations of key competencies in English language teaching and challenges to their implementation. Frontiers in Psychology，13：849099

③ Zhu C，Wang D. 2014. Key competencies and characteristics for innovative teaching among secondary school teachers：A mixed-methods research. Asia Pacific Education Review，15（2）：299-311

参 考 文 献

鲍东明. 2014. 从"自在"到"自为":我国校长课程领导实践进展与形态研究. 教育研究,35(7)

陈向明. 2000. 质的研究方法与社会科学研究. 北京:教育科学出版社

陈效飞,郝志军. 2019. 论批判教育理论下课程领导共同体的创建. 教育研究,40(4)

董泽华,周文叶,崔允漷. 2017. 如何知道教师落实学科核心素养情况?——美国中小学教师实施课程标准调查述评. 全球教育展望,46(12)

风笑天. 2008. 社会调查原理与方法. 北京:首都经济贸易大学出版社

李臣之. 2014. 校本转化中教师课程领导. 课程·教材·教法,34(8)

刘月霞,马云鹏. 2015. 课程领导的"困"与"路"——深化基础教育课程改革的思考. 中国教育学刊,(4)

娄元元. 2016. 教师领导视野下的我国教师政策分析. 中国教育学刊,(9)

罗晓红,肖意凡. 2020. 课程领导:自然教育园本课程建构与实施的关键. 学前教育研究,(11)

马丽. 2019. 中小学校长领导力影响因素研究. 武汉:华中师范大学

任学宝. 2016. 使核心素养落地是校长课程领导力的重要标志. 人民教育,(12)

申荷永. 1999. 充满张力的生活空间——勒温的动力心理学. 武汉:湖北教育出版社

孙锦明,王从华. 2018. 学科建设取向下的校长课程领导实践范式创新. 课程·教材·教法,38(2)

孙祯祥. 2018. 教育信息化进程中的教师领导力. 成都:电子科技大学出版社

万恒,宋莹莹. 2020. 女性教师领导力发展困境与突破——基于5所中学的实证调研. 教师教育研究,32(5)

王绯烨,洪成文. 2019. 骨干教师对教师群体的作用和影响——基于教师领导力视角的个案探讨. 首都师范大学学报(社会科学版),(4)

王绯烨，洪成文，萨莉·扎帕达. 2014. 美国教师领导力的发展：内涵、价值及其应用前景. 外国教育研究，41（1）

王吉康，徐继存. 2021. 西方教师领导力发展的实践模式、理论模型及对我国的启示. 比较教育学报，（3）

吴晓玲. 2018. 校长课程领导的取向差异与水平分层探析. 课程·教材·教法，38（6）

许锋华，陈俊源. 2021. 核心素养视域下的 K-VPI 教师课程领导力：模型建构与内涵阐释. 南京社会科学，（11）

叶菊艳，朱旭东. 2018. 论教育协同变革中教师领导力的价值、内涵及其培育. 教师教育研究，30（2）

余进利. 2009. 课程领导研究. 上海：上海教育出版社

曾艳. 2012. 教师领导的三种发展思路及其认识论基础. 复旦教育论坛，10（3）

赵迎. 2021. 高校青年教师领导力模型构建研究. 教育发展研究，2021，41（1）

中华人民共和国教育部. 2022. 义务教育课程方案（2022年版）. 北京：北京师范大学出版社

朱旭东等. 2021. 高质量教师教育学科体系建设——以北京师范大学教师教育研究中心为例. 中国教师，（6）

Glatthorn A A. 2003. 校长的课程领导. 单文经，等译. 上海：华东师范大学出版社

UNESCO. 2021. Reimagining Our Futures Together：A New Social Contract for Education. Paris：UNESCO

附　　录

附录1　教师课程实践情况调查问卷

尊敬的老师：

　　您好！我们是"核心素养视域下的中小学教师课程领导力研究"课题组的成员，本次调查旨在了解教师的课程实践情况。本次调查不计姓名，请您在符合实际的选项上打"√"，在横线上填写相应信息，选择题除特别注明"可多选"外，每题限选一项。由衷感谢您的支持与配合！

华中师范大学课题组
2021年3月

1. 您的性别是：
①男　②女
2. 您是从哪一年开始从事教师工作的？＿＿＿＿＿＿＿年
3. 您所在学校位于：
①中心城区　②远郊城区　③镇　④乡村
4. 您所在学校位于：
①民族地区　②非民族地区
5. 您所在学校的性质是：

①公办学校　②民办学校

6. 和本地区（城区/镇/乡村）同学段的其他学校相比，近两年您所在学校的排名处于？

①中等及以下　②中上　③最好

7. 您现在任教的科目是？（可多选）

①语文　②数学　③英语　④物理　⑤化学　⑥生物　⑦道德与法治/思想政治　⑧地理　⑨历史/历史与社会　⑩音乐　⑪美术　⑫体育与健康　⑬信息技术　⑭科学　⑮其他（请注明_____）

8. 您现在任教的学段是？

①小学　②初中　③高中

9. 您的入职学历是：

①初中及以下　②中专　③技校　④职业高中　⑤普通高中　⑥大学专科　⑦大学本科　⑧硕士研究生　⑨博士研究生

10. 您的职后学历是：

①初中及以下　②中专　③技校　④职业高中　⑤普通高中　⑥大学专科　⑦大学本科　⑧硕士研究生　⑨博士研究生

11. 您是否有师范类专业背景？

①是　②否

12. 您现在的职称是：

①暂未评级　②三级教师（员级）③二级教师（助理级）　④一级教师（中级）　⑤高级教师（副高级）　⑥正高级教师（正高级）

13. 您现在兼任的职务是：（可多选）

①无　②班主任　③备课组长　④教研组长　⑤年级负责人　⑥教务主任/副主任　⑦副校长　⑧校长　⑨其他（请注明_____）

14. 您因为教育教学获得的最高奖励是？

①暂未获得　②校级　③县（区）级　④市级　⑤省级　⑥国家级

15. 请在符合您实际情况的栏目上画"√"。

陈述	非常不符合	不太符合	一般	比较符合	非常符合
1）您掌握了先进前沿的教育理念与课程思想					
2）您掌握了国家与地方的最新课程政策、课程方案与学科课程标准					
3）您能将课程政策及时与恰当地传达给学生和家长					

续表

陈述	非常不符合	不太符合	一般	比较符合	非常符合
4）您引领学生、家长或同事合力形成并落实基于核心素养的课程愿景					
5）您总是基于对核心素养与本班学生的整体认识开展单元教学设计					
6）您充分利用现有课程资源（学校、社区、网络等），以最大程度地保障学生核心素养的培育效果					
7）您与同事共商共享基于核心素养的课程设计方案					
8）在您的课上，大部分学生注意力高度集中并踊跃发言					
9）您关注并回应不同学生的学习需要					
10）您在课程实施中善用现代信息技术引导学生逐步实现自主发展					
11）您在课程实施中善用教科研成果引导学生逐步实现自主发展					
12）您经常根据教学实际及时调整教学进度或方式					
13）您以课程愿景的落实成效为基准，开展课程实践与学生发展的质量评估					
14）您会根据教学数据、成长记录等证据开展课程评价					
15）您在教学过程中同步开展学情收集、教学诊断或课程评估					
16）您会根据课程反思结果优化课程设计					
17）您通过开发校本课程，满足了学生的个性化发展需要（未开发课程请选"非常不符合"）					
18）您积极开发新的课程资源，以提升学生核心素养的培育效果（未开发课程请选"非常不符合"）					
19）您依据学科课程标准等有关规定科学地开发课程（未开发课程请选"非常不符合"）					
20）开发新课程后，您总是邀请专家把关课程质量（未开发课程请选"非常不符合"）					
21）您了解中国学生发展核心素养					
22）您了解所教学科的核心素养					
23）您对教师课程领导力有一定的了解					
24）您知道如何发挥课程领导力去培育学生的核心素养					
25）您知道教师课程领导力对于发展学生核心素养的意义					
26）您认为教师这一职业群体能够并且应该参与课程领导、管理与决策					
27）您认为只有具备行政职务，教师才能够进行课程领导、管理与决策					
28）您认为积极参与课程共同体建设的教师都是"课程领导者"，即使他们没有行政职务					

续表

陈述	非常不符合	不太符合	一般	比较符合	非常符合
29）您认为自己能够并且应该参与课程领导、管理与决策					
30）您具有强烈的课程领导意愿					
31）您在课程决策中充分重视同事的专业建议					
32）您相信只要付出必要的努力，自己能有效地完成各项工作					
33）即使工作繁忙，您仍然能够合理规划自己的日常工作					
34）您在课程实践中总是得到学生、家长、同事、领导或专家的支持与配合					
35）您所在的学校，办学理念、培养目标（育人目标）、课程目标三者之间高度契合					
36）您所在的学校，形成了彼此信任的文化氛围					
37）您所在的学校，教师之间互帮互助，协同发展					
38）您所在的学校，管理层在课程决策时会充分吸纳教师的意见					
39）您的校长为教师的专业成长提供了充分的条件					
40）您的校长经常与不同的教师交流课程改进意见					
41）您的校长提供机会让没有职务但业务能力突出的教师参与课程管理与决策					
42）您的校长对教师的努力给予适当的奖励					

您的学校所在地：_____省（自治区/直辖市）_____市_____县（区）

您的学校名称：_____

附录2　教师课程领导力访谈提纲

1）您认为在日常的教育教学中应该着重发展学生的哪些能力与品质？请结合实例谈谈您是如何做的。

2）您认为核心素养对教师的课程实践提出了哪些新要求？

3）请谈谈您是如何开发校本课程的。

4）当下正在进行基于核心素养的课程改革，您如何看待教师在此过程中的定位？

5）您如何理解教师的课程领导力？您如何看待核心素养和教师课程领导力的关系？

6）您认为什么样的教师能够在课程与教学中去引领或影响其他教师？您认为自己是这样的教师吗？或者您身边有这样的教师吗？请结合实例具体谈谈。

7）您是否参与过学校的课程决策与管理？您具体承担了哪些职责？您认为没有职务的老师可以拥有课程领导力吗？

8）您认为培养或提升教师课程领导力的最佳方式是什么？

9）您认为当下教师来领导课程存在哪些有利因素和阻碍因素？

10）许多教师谈到考试是核心素养落实的较大障碍，对此您是怎么看待的？

后　记

本书为国家社会科学基金"十三五"规划2018年度教育学一般项目"核心素养视阈下的中小学教师课程领导力研究"（项目编号：BHA180120）的最终研究成果。

2018年项目启动以来，笔者开展了文献梳理、研究设计、研究工具的反复打磨与科学论证、大规模的实证调查以及数据回收后的处理与分析等工作，共历时四年。成书过程中，笔者力图对教育研究的思辨取向和实证取向进行融通，并努力追寻量化研究与质性探索的相互印证与补充。本书的撰写不仅反映了研究者对学术品质的追求，更凸显了团队合作的重要性。本书的顺利成稿离不开课题组成员的通力合作与集思广益，也离不开调研以及出版过程中有关部门与同志的大力支持。

感谢全国教育科学规划领导小组办公室的指导。感谢华中师范大学教育学院领导对本书出版的大力支持。感谢华中师范大学教育学院课程与教学研究所全体同事的关心。感谢科学出版社编辑的细致工作。感谢所有对本书出版给予过关心与帮助的部门与同志。全书由许锋华主持撰写并统稿，主要成员有陈俊源、王欣玉、杨雁茹、张晓琳、许文哲、王瑶等。